黃袍加身，重塑天下格局

承亂啟盛的大隋

戰馬嘶鳴、江山動蕩

隋朝短暫卻波瀾壯闊的三十七年！

覃仕勇 著

一段無法忽視的歷史——

短命隋朝，如何成就唐代盛世？

揭示大運河、三省六部制背後故事，一場帝國夢，興衰隨之翻轉！

目錄

序言

隋朝的歷史很短，卻是最先在我腦海裡留下「王朝」概念的朝代。

這個概念源於漫畫。

說起兒時的漫畫，那真是滿滿的回憶。

我收藏過的漫畫，林林總總，有好幾百本。

可惜這些「寶貝」總是在收藏過程中偶遇「不速之客」，或被借去或被偷走，書本不斷流失；甚至在我出外求學以後，書本四散，書魂飄零，十不存一二。

後來經歷了兩次搬家，最終丟失，不可再尋。

書本雖然盡失，如今說起卻是歷歷如繪。

為什麼會這樣？除了圖文令我印象深刻之外，最主要的，每一本都與我有一段交織了歡笑或淚水的「緣分」，每一本背後都有一段與我相關的故事。

如果時間和精力允許，我很願意把這些故事講述出來，它將是一件非常賞心的事。

總覺得，我今天還能對文學、史學、美術、書法保持十足的興趣，這應該歸功於兒時閱讀過和收藏過漫畫。

如果把關於漫畫最深邃的記憶翻挖出來，我最早接觸且印象深刻的，應該是我鄰居朋友家的一本漫畫。

那是一本破舊且髒，還殘缺的漫畫，沒有封面，前後都嚴重缺頁，只剩下中間薄薄的二三十頁。

序言

朋友和我都還沒有上學，不識字。

那天黃昏，他拖著兩條長長的鼻涕，樂呵呵地拿著書到我家院子裡，和我一起坐在院子的泥地上，用沾滿了鼻涕的手翻看著書。

畫風很粗獷，接連十幾幅畫裡都有一張大弓，這張大弓的主人是一個長著鐵線一樣鬍鬚的粗獷男人，瞪著眼、齜著牙。

圍繞著這張大弓，出現了一系列單看圖畫就可以看得懂的故事：這個長著鐵線一樣鬍鬚的粗獷男人在街市上舉著大弓，嘴裡在高喊著什麼，人們被成功地吸引了過來。

有人去試那張大弓，弓的形狀卻毫無改變。

有兩個人一左一右去拉那張大弓，一個人在左邊，用兩隻手去拽弓身；另一個人在右邊，也用上了兩隻手去拉弓弦，弓的形狀仍毫無改變。

有一個身材魁梧的男人去拉弓，臉上青筋暴起，弓被拉了半開。

鬍鬚長著像鐵線的粗獷男人拉弓，弓被拉成滿月。

來了一個將軍，弓被崩斷了。

這些畫，畫得實在有趣。

我們雖然弄不懂畫裡講的具體內容，只是胡亂翻著看，卻感覺趣味無窮，不時指著畫裡的人物笑。

我們還拿了瓦礫、石塊在院子裡照著書上的畫來畫人、畫弓、畫馬、畫大刀。

後來，在高中教書的父親回來，看到這本書，他認真地告訴我，書裡講的是《隋唐演義》裡山東好漢秦瓊「五馬鬧花燈」的故事。

我一邊聽父親講故事，一邊盯著書裡的畫看，聽得津津有味，也看得津津有味。

朋友帶著他的破書回家了，父親看出了我的不捨和落寞，後來到書店幫我買回那本破書的完整版。

從此，我和漫畫結下了不解之緣。

我最先收集的漫畫，就是「隋唐演義」系列漫畫。

我因此知道了中國古代歷史上有兩個朝代：隋朝、唐朝。

隋朝、唐朝是兩個朝代，為什麼會合稱在一起呢？我一開始的理解是：山東好漢秦瓊「五馬鬧花燈」的演義故事是發生在隋朝將要滅亡、唐朝將要開始的時間交叉點上，那麼，這段演義故事就叫「隋唐演義」。

這個理解並沒有錯。

但現在歷史學家治史，每論及唐朝的文化、經濟以及各項政治制度，仍是離不開隋。

所謂言唐必說隋是也。

即隋朝和唐朝總是被捆綁在一起的。

合在一起的隋唐，也已被當作中國最強盛的時期。

這到底又是什麼緣故呢？中國古代歷史上有兩大鼎盛王朝，它們分別是漢與唐。

而在漢唐之前，都有一個龐大而短命的王朝：秦和隋。

秦朝統一了春秋戰國以來天下紛爭亂糟糟的局面，本身的統治時間不長，國祚只傳了兩帝一王，共十四年歷史，卻為兩漢奠定了長治鼎盛的基礎。

隋朝則是結束了自西晉末年以來長達三百年的分裂局面，並清除各種文化亂象，大力推行漢化，其統治時間稍長，隋文帝、隋煬帝兩帝在位時間共三十七年，為後來唐宋的漢文化大發展奠定了堅實的基礎。

序言

一位史學家在書中說：「漢、唐並稱中國盛世。貞觀、永徽之治，論者以比漢之文、景；武功尤遠過之。然非其時之君臣，實有過人之才智也。唐太宗不過中材，論其恭儉之德，及憂深思遠之資，實尚不如宋文帝，更無論梁武帝；其武略亦不如梁武帝，更無論宋武帝、陳武帝矣。若高祖與高宗，則尤不足道。其能致三十餘年之治平強盛：承季漢、魏、晉、南北朝久亂之後，宇內乍歸統一，生書民幸獲休息；塞外亦無強部；皆時會為之，非盡由於人力也。」

在史學家的眼裡，唐朝的貞觀、永徽之治，比漢朝的文景之治強盛多了，在武功方面更是遠遠超出。

但唐太宗的才幹，不過是中等級別，文治不如宋文帝、梁武帝，武治更被宋武帝、陳武帝遠遠甩開。

之所以出現了三十多年的治平強盛，都是時數、運數所致，並非全由人力。

顯然，史學家所說的時數、運數，主要來自隋文帝一統天下，終結了漢、魏、晉、南北朝以來三百多年的動亂，使內重歸於統一。

一句話，隋朝在中國古代歷史上地位很重要，不容忽視！但隋朝被綁在唐朝之上，且其本身的歷史太短，還是遭到大眾的忽視。

本書從隋朝的誕生淵源說起，到隋朝全面終結，描繪了一幅隋朝全景圖，力圖讓大家對隋朝有一個整體的了解。

第一章

亂世紛爭：大一統之前的風雲變幻

一位很有作為的皇帝，被活活氣死

北魏孝文帝拓跋宏是一位在南北朝時期非常有作為的皇帝，也是一位在中國歷史上傑出的少數民族政治家、改革家。

孝文帝執政期間，致力於整頓吏治，傾心漢化，遷都洛陽，對北魏和中國歷史產生了深遠影響。

他本人曾寫詩「白日光天兮無不曜，江左一隅獨未照」，表達了要完成南北統一大業的遠大志向。

歷代史家對孝文帝評價極高。

北魏裴延儁評價其「天縱多能，克文克武」。

南宋儒者葉適稱讚其「有舜，文王之姿」。

一代大儒真德秀則說：「元魏孝文號為賢主。」

明代大文學家、史學家王世貞從文學的角度稱讚說：「自三代而後，人主文章之美無過於漢武帝、魏文帝者。」

不過，談及孝文帝這些成就，還得從他的祖母馮太后說起。

馮太后的來歷可不簡單。

馮太后的祖父是北燕的最後一代君主馮弘。

北魏神三年（西元 430 年）秋，北燕明君馮跋病死，弟弟馮弘廢殺了馮跋的太子馮翼，自立為天王。

馮弘凶狠陰毒，登上了大位，把哥哥的一百多個兒子全部賜死，天怒人怨，眾叛親離，甚至他的好幾個兒子都不願認他為父，逃入北魏。

這幾個逃入北魏的兒子中，有一個名叫馮朗。

馮太后就是馮朗的女兒，十二歲被文成帝拓跋濬選為了貴人，十六歲被立為皇后。

馮太后沒有小孩，拓跋濬另立宮中貴人、南朝壽陽人李氏所生的兒子拓跋弘為太子。

北魏實行子貴母死制度，拓跋弘在被立為太子時，生母李貴人即被賜死，由馮太后撫養成人。

北魏和平六年（西元 465 年），文成帝拓跋濬駕崩，年僅十二歲的皇太子拓跋弘即位，是為獻文帝。

政局動盪，馮太后臨朝聽政，定策誅殺了權臣乙渾，執掌朝政。

馮太后朝權一在手就欲罷不能，深深地愛上了權力的魔杖。

隨著拓跋弘一年年地成長，馮太后不得不一點點地還政。

但是，北魏皇興三年（西元 469 年），馮太后威逼拓跋弘立兩歲的兒子拓跋宏為太子，並於北魏皇興五年（西元 471 年）威逼拓跋弘讓出皇位。

這樣，年僅十八歲的拓跋弘成了歷史上最年輕的太上皇。

為了讓拓跋弘徹底告別政壇，馮太后又於北魏承明元年（西元 476 年）將之毒死。

孝文帝拓跋宏年紀太小，馮太后興沖沖地重新臨朝聽政。

也就是說，基本上整個獻文帝朝和孝文帝朝前期，北魏的真正統治者，就是馮太后。

馮太后對北魏朝廷進行了一系列中央集權化的改革，對後來的孝文帝影響至深。

當然，對孝文帝影響最深的，還是馮太后替他選的兩位皇后。

這兩位皇后都是馮太后的姪女，姐姐叫馮媛，妹妹叫馮潤，是馮太后哥哥的女兒，其中馮媛為第一任皇后。

北魏太和十四年（西元 490 年），馮太后死在太和殿，時年五十歲。

二十四歲的孝文帝為祖母舉行了盛大的葬禮，同時，正式親政。

孝文帝沿襲祖母改革的步伐進一步推進。

他先整頓吏治，立三長制，實行均田制。

北魏太和十八年（西元 494 年），他以「南伐」為名，遷都洛陽，全面改革鮮卑舊俗：規定以漢服代替鮮卑服，以漢語代替鮮卑語，遷洛鮮卑人以洛陽為籍貫，改鮮卑姓為漢姓，自己也改姓「元」。

他鼓勵鮮卑貴族與漢士族聯姻，然後參照南朝典章，修改北魏政治制度，並嚴厲鎮壓反對改革的守舊貴族。

在改革過程中，孝文帝的決心和手段都非常強大。

孝文帝的第一位皇太子元恂自幼得馮太后的溺愛，囂張跋扈，目中無人，反對孝文帝的改革。

孝文帝對之杖責，收不到成效，一怒之下，將之賜死於河陽，按平常禮儀入葬。

皇后馮媛雖然接受了漢服，但拒絕學習漢語。

孝文帝義無反顧地將之廢掉，並遣送到瑤光寺為尼。

孝文帝的鐵腕使鮮卑經濟、文化、社會、政治、軍事等方面大大地發展，緩解了民族隔閡，史稱「孝文帝改革」。

馮媛被廢後，孝文帝立馮潤為后。

馮潤比姐姐馮媛還難惹，恃寵生嬌，脾氣火爆。

孝文帝遷都洛陽後，一直忙於南征，經常不在皇宮。

馮潤獨守官中，難耐寂寞，和一個宮中執事高菩薩在一起了。

這高菩薩長得相貌堂堂，身體十分健壯，馮潤和他難捨難分。

為了能夠長相廝守，馮潤讓他假扮宦官，經常在宮中與他玩樂。

孝文帝後來在汝南患病，馮潤就更加目中無人、更加放肆。

她還籠絡了中常侍雙蒙等充當心腹，培植黨羽。

宮中眾人忍無可忍，將此事告知彭城公主。

彭城公主是出了名的美人，但紅顏多舛，年紀輕輕丈夫就死掉了，回到宮中守寡。

馮潤同母異父的弟弟北平公馮夙是個流氓加惡棍的浪蕩公子，垂涎於公主的美色，霸王硬上弓，準備強奪強娶。

馮潤也配合兄弟，不斷施壓於公主。

無奈之下，彭城公主偷偷帶著十餘侍從前往汝南向皇帝求救，同時告發了馮氏淫亂後宮的醜事。

正是：「垂死病中驚坐起，暗風吹雨入寒窗！」正在病中的孝文帝，初聞此噩耗，猶如五雷轟頂、天旋地轉。

北魏太和二十三年（西元499年），孝文帝帶病回到洛陽，捕殺了高菩薩、雙蒙等人，但只和馮潤分居，沒有廢黜她。

孝文帝身體本來就差，經過這場情事變故，身體每況愈下，最後病死於南征途中。

臨終前，孝文帝對兩個弟弟彭城王元勰、北海王元祥說：「皇后不守婦道，我死以後，她恐怕會干涉朝政，你們可用我的遺令將她賜死，仍按皇后禮制厚葬，別敗壞了馮家的名聲。」

孝文帝死後，彭城王、北海王等按皇帝遺令，強迫馮潤服毒而死，謚號幽皇后。

荒唐太后以女充男，將一新生女嬰立為皇帝。

話說，北魏的開國之君拓跋皀是一個厲害的人，同時也是一個很變態的人。

說他厲害，那是因為他善於抓住時機，因勢而起，擴張疆土，勵精圖治，將鮮卑政權推進封建社會。

說他變態，那是因為他喜歡吸毒，長年服食寒食散，剛愎自用、猜忌多疑，以殺人為樂。

最變態的是，他非常崇拜漢武帝死前殺鉤弋夫人，因此為自己的王朝立下了一條「子貴母死」的規定，即後宮妃嬪中，包括皇后，誰的兒子冊封了太子，誰就必須死。

因為這條規定，他的子孫出生率受到了極大影響。

有了這條規定，任何一個後宮妃嬪，包括皇后，任何人都不可能懷著輕鬆的心態替北魏的皇帝生兒子，因為生了兒子，就可能被冊封為太子，而兒子被冊封為太子之日，就是自己被賜死之時。

這太可怕了！北魏皇宮的妃嬪小心翼翼地生活和生產著，任何人都不肯第一個生兒子，因為第一個兒子被冊封為太子的可能性最大。

不管怎麼樣，總會有一個人先生下兒子，生下了兒子，被冊封為太子後，就會有一個無辜的女人含淚告別人世。

就這樣，北魏的君主傳了一代又一代，傳到了第九代。

第九代宣武帝元恪原本和第一任皇后于氏生過一個兒子元昌。

于皇后剛生下兒子的時候，後宮裡的女人彈冠相慶，以為自己沒事了。

沒想到，元昌不久就夭折了。

一下子，後宮的氣氛突然緊張起來，大家都不願意和宣武帝同房。

可嘆宣武帝空有三宮六院數千妃嬪，卻要面臨斷子絕孫的危險。

所幸，有一個姓胡的女人視死如歸，挺身而出，公開表態說：「天子豈可獨無兒子，怎可為了一己之生死而令皇家沒了嫡傳的血脈呢？」這話傳到宣武帝的耳中，宣武帝感激加感動，使勁寵幸，終於使她有了身孕。

在懷孕期間，胡氏每夜都當著眾人在佛前莊重起誓：「但願所懷是個男孩，即便因為當上太子而殺了我，也在所不辭！」佛也許真被感動了，保佑她順利地生下了兒子元詡。

宣武帝開心極了，加封胡氏為充華嬪。

元詡三歲那年，被冊立為太子。

按照祖訓，胡氏該上路了。

但宣武帝不肯按祖訓處死胡氏。

他鐵了心要廢除「子貴母死」的規矩，保護好胡氏，不讓這個偉大的女人受到一絲一毫的傷害。

元詡六歲那年，宣武帝病故了，死時才三十三歲。

宣武帝一死，他唯一的兒子元詡便繼承了帝位，胡氏翻身做主人，成了北魏的皇太后。

由於皇帝年齡太小，胡太后就臨朝稱制，掌握了北魏大權。

胡太后沒受過什麼教育，見識也很少，指望她治理好國家，機率接近於零。

事實也證明了這一點，胡太后在領略到了權力的魔力之後便一發不可收拾。

興建宮殿、佛寺，蓄養情夫，揮霍無度，把北魏變得烏煙瘴氣，綱紀大亂，民不聊生。

胡太后胡搞了十幾年，元詡便想收回母親的權力。

為了維持現有的權力，胡太后打算殺死親生兒子元詡。

不過，她遲遲沒有動手。

因為，一道巨大的難題擺在她面前：元詡是宣武帝元恪唯一的兒子，且元詡本人還沒有兒子，元詡一死，立誰為君？也算是天遂人願，不久，元詡的潘嬪懷孕了！胡太后喜形於色，坐等著皇子出生，然後動手殺掉元詡，再立幼帝，繼續執政，號令四方。

可是，胡太后失望了。

苦等了九個月，潘嬪生產了，生下的卻是個公主！胡太后急瘋了。

繼續等元詡有了兒子再動手？不行，再等，恐怕會節外生枝。

胡太后決定瞞天過海，對外詐稱是皇子降生，大赦天下，改元武泰。

胡太后的想法是，除掉元詡，刻不容緩。

除掉元詡後，就用這個小公主冒充皇子，先繼承皇位作為過渡，然後再從元詡的堂姪輩裡選個小王子來頂替。

說做就做，胡太后毒殺了元詡，以女充男，立潘嬪生下的皇女為帝。

在這種背景下，潘嬪生下的皇女就成了中國歷史上的第一位女皇帝。

雖然她對外的身分是男皇帝，但事實上就是女皇帝。

不過，這位女皇帝的在位時間並不長。

胡太后自料紙難包住火，這種事，瞞得了一時，瞞不了一世，因此下詔書宣稱：「潘嬪實際上生的是女兒。原臨洮王元寶暉的後代元釗，是孝文帝的嫡系後代，應該做皇帝。文武百官各進二級官位，宿衛進三級官位。」宣布迎立臨洮王三歲的世子元釗即位。

胡太后的做法激怒了大軍閥爾朱榮。

爾朱榮上表章抗言說：「皇后生女，稱為儲君，疑惑朝野，表面悲哀，實則慶幸，宗廟之中，祖先被欺，天下百姓，離心離德，致使朝廷危如累卵，國家毀於一朝，選君於嬰孩之中，寄治乳抱之日，必然導致奸臣逆豎把持朝政，亂臣賊子破壞綱紀，他們便可隨心所欲地指影以行權力，借形而弄詔令，這就是矇住眼睛捕捉麻雀，塞著耳朵盜取銅鐘。」

不日，爾朱榮率大軍殺向京師洛陽，聲稱要立長樂王元子攸為帝，處死了胡太后和小皇帝元釗，隨後又製造了史上有名的「河陰慘案」，敲響了北魏王朝的喪鐘。

高歡為何總能壓制宇文泰？

曾有人說，中國出現過兩個南北朝時期。

這第一個南北朝時期，指的當然是魏晉十六國之後、楊堅篡周代隋完成天下大一統之前，南北兩方陣營相對峙的時代。

第二個南北朝時期，指的則是靖康奇禍之後，南宋與金相對峙時代。

但是，我們比較一下，所謂的「第二個南北朝時期」，南宋與金帝國之間雖然時有殺伐，但彼此內部政權是比較穩定的。

它們的滅亡，並不是死於內亂，而是雙雙亡於剛剛崛起的蒙古新貴之手。

在第一個南北朝時期，南北對峙雙方內部的變幻頗多，卻又各不相同。

南朝這邊，劉宋、蕭齊、蕭梁這幾個政權，你方唱罷我登場，輪番上陣與北魏相抗衡。

北朝那邊，保持較長時間的穩定，不動聲色地接住了南朝方面宋、齊、梁的大戰。

但是，到了後面撐不住了，北方六鎮起義，國內大亂，北魏一下子崩塌，分裂成了東、西兩魏。

一開始，東、西兩魏的大本營分別在洛陽和長安。

洛陽是原先北魏的首都，不說別的，單說這一點，就可以知道，這紛爭不息的兩魏局勢，一定是東強西弱。

事實也是如此，東魏繼承了北魏的部分人口和軍隊，西苞汾、晉，南極江、淮，東盡海隅，北漸沙漠；而西魏僅占據經濟凋敝且人口稀少的陝西、寧夏及甘肅部分地區。

因此，東魏的決策者高歡，對西魏怎麼看都不順眼，恨不得早一天吞下西魏，完成北方的統一。

不過，西魏的實際當權者宇文泰，卻是個永遠不肯服輸的主人，張牙舞爪地與高歡對抗。

於是，兩魏之間就發生了「小關之戰」、「弘農之戰」、「沙苑之戰」、「河橋之戰」等一系列戰爭。

「小關之戰」的爆發時間是東魏天平三年（西魏大統二年，西元536年）十二月，當時，高歡倚仗自己擁有優勢兵力，兵分三路西征，自己親領一路，司徒高敖曹一路，大都督竇泰一路，與宇文泰激戰於今陝西潼天以東地區。

宇文泰面對強大來敵，沉著應戰，採取了「集中精銳，各個擊破」的戰術，先以精騎潛出小關，襲滅竇泰一路，然後回師北上，一路擊潰高歡。

該戰，以西魏勝利告終。

為了擴大「小關之戰」後取得的戰果，東魏天平四年（西魏大統三年，西元537年）八月，宇文泰親率獨孤信等十二將東伐，發動了「弘農之戰」。

宇文泰初戰告捷，先克槃豆，再取東魏糧食基地弘農，迫降了宜陽、邵郡等地。

高歡勃然大怒，於同年十月集結起二十萬之眾，以排山倒海之勢撲向占據了弘農的宇文泰部。

宇文泰駐紮在沙苑，聞高歡來犯，遂引軍於渭曲布陣迎戰。

由此，打響至為慘烈的「沙苑之戰」。

宇文泰以逸待勞，部署得當，正奇相搭，虛實相間，經過一番格殺、血拚，最終擊潰了高歡，並尾隨掩殺，斬殺了一萬多東魏軍士，俘虜了七萬多人，全取了河東，進而占據了洛陽城郊的金鏞城。

為了挽回頹勢，高歡於東魏元象元年（西魏大統四年，西元538年）整頓兵馬，發起了「河橋之戰」。

他讓侯景、高敖曹圍困住據守金鏞城的東魏大將獨孤信，自己親率主力向西，與前來救援金鏞的宇文泰激戰於河陰。

雙方鏖戰了兩個多月。

儘管互有勝負，旗鼓相當，但對宇文泰來說，他是客場作戰，不但糧運難繼，而且各方面的排程難於執行，時間一久，便難於支撐。

最後，宇文泰僅留下都督長孫子彥繼續據守金鏞，自己燒營而遁。

高歡歡呼著追殺到崤山，勝利而還。

此戰，高歡一舉收復了南汾、潁、豫、廣四州。

我們看，「小關之戰」、「弘農之戰」、「沙苑之戰」、「河橋之戰」這四場大戰，高歡連輸三場，卻未傷及根本；但宇文泰僅僅輸在第四場，卻舉國大震，人心浮動，變亂四起。

其中，沙苑所俘軍人趙青雀、雍州百姓于伏德等叛亂影響很大，讓宇文泰疲於奔命、焦頭爛額、苦不堪言。

不過，高歡雖然在「河橋之戰」獲勝，卻只是慘勝，其得力猛將高敖曹、大都督李猛、西兗州刺史宋顯都在這場大戰中喪生，再也無力西進。

於是，雙雄之間的爭霸，暫時告一段落。

玉壁大戰中的疑點在？

「沙苑之戰」剛剛結束的時候，宇文泰就派軍進駐在河東，使高歡不敢再像以前那麼肆無忌憚地西渡黃河進入關中，要鬧事，也只能南下在河南一帶展開。

但是，如何拱衛河東，卻是一件很傷腦筋的大事。

鎮守弘農的并州刺史王思政經過一番實地考察，認為只要在玉壁修築一個城防，就足以粉碎高歡謀取河東之心。

經過宇文泰審批，王思政親自規劃管理，在汾河、涑水河分水嶺的峨眉塬北緣，修築了城防堅固的玉壁城。

此外，他還以玉壁城為依託，沿汾河修築了大大小小十多個防禦工事，構成有效的縱深防禦。

有了玉壁城拱衛的河東，不僅可以牽制住高歡的西進，還直接威脅到高歡的軍事中樞所在地晉陽，成了一把指向高歡咽喉的尖刀。

高歡因此倒吸了一口冷氣。

東魏興和四年（西魏大統八年，西元 542 年），寢食難安的高歡率軍前來攻打玉壁城，準備拔掉這一根眼中釘。

不過，由於高歡來得急，考慮不周，選擇出兵的時機不對，時值隆冬，天氣突然轉冷，很多士兵、馬匹被凍僵、凍死，沒辦法展開大型攻擊。

高歡在玉壁城下苦撐多日，天氣還沒有回暖的跡象，而凍死的士兵人數一天天增多，最後，不得不含恨退去。

東魏武定元年（西魏大統九年，西元 543 年），高歡本來是想再攻玉壁城的，但是，他手下的豫州刺史高慎竟然獻虎牢關向宇文泰投降了！高歡被迫領兵南下，與宇文泰在邙山一帶展開生死血拚。

這一戰，對宇文泰來說，真是得不償失。

他因為接收虎牢之地，招來高歡的瘋狂反撲，損失了士卒六萬多人，連丟豫州、洛州，就連弘農也幾乎失守。

高歡本來可以趁此機會收復河東、平定關中的。

但是，士將疲倦，群心厭戰，又兼內有圖謀叛己之臣，外有山胡等強敵覬覦，高歡抱憾東歸，錯失千古良機，成終生大恨。

東魏武定四年（西魏大統十二年，西元 546 年）八月，經過休整兩年多的高歡再次西征。

這次西征，高歡把第一要務放在攻克玉壁城上。

他整軍十五萬，駐紮於汾河北岸，與玉壁城隔河相對。

這時的玉壁城守將已由原先的王思政換成了韋孝寬。

由於王思政調任荊州刺史，他向宇文泰推薦晉州刺史韋孝寬前來接替自己的職位。

有意思的是，在南北朝時期，一南一北都出現了一個姓韋的名將。

南朝的是淮南韋虎 —— 韋睿；北朝即是韋孝寬。

成就韋孝寬不世之威名的，就是在玉壁城與高歡這一場萬眾矚目的曠世大戰。

戰鬥的過程，堪稱古代戰場最精彩的攻防大戰之一。

雙方無所不用其極。

高歡作為攻方，占據戰鬥的主動，每一次交鋒，都是他率先變招，韋孝寬被動應對，見招拆招。

交戰的第一回合：高歡在城外築起土山，以求居高臨下，用拋石機、弩箭遠端攻擊城內；韋孝寬針鋒相對，在城樓上構架城樓，層層加高，力爭保持著高出城外一頭的優勢，壓制著對方。

堆土山工程龐大，東魏士兵苦不堪言；在城樓上建構木樓相對容易，所以西魏可以輕鬆應對。

這場爭高賽最後以高歡認輸告終。

高歡於是把攻擊方向轉向了地下。

他在城南挖掘了十條地道，同時聲東擊西，猛攻北城；韋孝寬洞察其奸，加派軍隊在北城堅守，然而在城南沿城挖掘壕溝，靜待敵軍破土探頭，當敵軍探頭時，立刻動手，繼而在地道口堆積木柴，用鼓風機向地道深處鼓煙而入。

西魏士兵被煙燻火燎，鼠竄而遁。

第二回合，韋孝寬完勝。

比較讓人疑惑的是第三回合。

這次，高歡以攻車撞擊城牆 —— 攻車上的巨大圓木每撞擊城牆一次，都弄得驚天動地，如果沒辦法破解，必將城塌人亡。

照說，這一招至剛至猛，破無可破。

但是，史書上載，韋孝寬以柔克剛，他命士兵用布匹做成帳幔，從城樓上垂放下來。

這麼做有什麼用呢？有人說，這一招可以減緩攻車的撞擊力。

真的嗎？真的能達到化解攻車巨大撞擊力的程度嗎？實在難以置信！於是，又有人說，這一招的主要功效，不是減緩攻車的撞擊力，而是遮擋住操作攻車的東魏士兵的視線，使他們無法掌握出力撞擊的時機。

總之，這一回合，韋孝寬又贏了。

第四回合，高歡為了消滅這些討厭的巨大帳幔，他讓士兵焚燒。

韋孝寬為了保護帳幔，製作出鉤鐮刀，從城樓上伸下來，割斷了那些舉向帳幔的火把。

火把跌下，反倒燒壞了不少攻車。

火攻不行，高歡又打起了水的主意。

他看到玉壁城裡面的飲水，取自汾河，於是讓人築起堤壩，改變流經城內的河道，斷絕城中水源。

韋孝寬沒有辦法，只好發動人力，在城內打井取水。

最後，高歡祭出了最為喪心病狂的一招：挖了更深的地道，一直挖到城牆下面，先用木頭撐住，然後放火焚燒木頭，以致使城牆倒塌。

這招夠毒夠狠，韋孝寬怎麼破？史書載，韋孝寬在城牆後方築起柵欄，撐住了城牆。

真是無法想像！這場攻防戰持續了五十多天，高歡黔驢技窮，手下軍士死傷慘重，折損了七萬多人，氣恨交加，舊病復發。

有大星墜於營中，軍中驚疑有將星墜落，士氣一落千丈。

高歡擔心此兆應在自己身上，黯然下達撤軍的命令。

歸途中，軍中訛傳高歡被西魏大弩射殺，人心惶惶。

韋孝寬又趁這機會大造聲勢，派大軍四處高喊：「勁弩一發，凶身自殞。」

為穩定軍心，高歡強支病體，在露天大營召集諸將宴飲。

白雪飄零，天高地迴，侍臣斛律金作下千古名曲〈敕勒川〉：「敕勒川，陰山下，天似穹廬，籠蓋四野。天蒼蒼，野茫茫，風吹草低見牛羊。」

高歡親自和唱，哀感流淚。

東魏武定五年（西魏大統十三年，西元547年），正月朔日，出現日蝕。

在病榻上的高歡嘆息道：「日為了我嗎？死亦何恨！」最神似霸王項羽

的人，連死法都一樣。項羽善戰、敢戰、能戰，有拔山倒海之威勢，有橫絕一世之氣概，喑惡叱吒，千人皆廢！可惜的是，策略目光稍遜，政治格局太小，最終於垓下敗逃，英雄末路，烏江自刎，將星隕落。

不過，就算死，項羽也死得悲壯激越，動人心魄。

他看到洶湧而來的漢軍中有以前的友人呂馬童，大喝道：「若非吾故人乎？」呂馬童一聽，臉色大變，不敢與之對視，低頭對身邊的王翳說：「此項王也。」

項王豪邁不減，大吼道：「吾聞漢購我頭千金，邑萬戶，吾為若德。」

拔劍自刎而死。

後世凡出勇將、悍將、猛將，人們總喜歡把他比喻成「小霸王」、「小項羽」。

比如三國孫策，又比如李密。

吳郡太守許貢曾暗中寫信給曹操，密勸曹操拘禁和限制孫策，有提到「孫策驍雄，與項籍相似」。

庾信的〈哀江南賦序〉也將孫策與項羽相提並論，稱：「孫策以天下為三分，眾才一旅；項籍用江東之子弟，人唯八千。」

老實說，把孫策比喻為項羽，還是有幾分相似的，《三國演義》因此幫孫策加了一條綽號「小霸王」。

李密曾「牛角掛書」研讀《項羽傳》，把項羽當成自己的人生偶像；而他死後，魏徵替他寫墓碑文時，也把他比喻成項羽。

無論如何，把隋末李密比喻成項羽，這差距不是普通的大。

至於《水滸傳》裡的「小霸王」周通，就只能是一個周伯通式的笑話了。

這裡說一個被眾多史學家公認最接近項羽的猛人 —— 東魏名將高昂。

高昂，字敖曹，是渤海蓨縣人，北魏東冀州刺史高翼第三子，幼時便桀驁不馴，年紀稍長，神力蓋世，膽量過人，無法無天。

高翼遍求嚴師管束這個不肖子。

但這個不肖子受盡嚴師捶撻，既不還手，也不放在心上，依然我行我素，熱衷於騎馬射箭，還放言說：「男兒當橫行天下，自取富貴，誰能端坐讀書當一個老博士。」

高敖曹此語之豪氣雖遠不如項羽幼時見秦始皇所說的「彼可取而代也」，但其不同凡響，已見一斑。

高敖曹與長兄高乾最為契合。

高乾看中了博陵崔聖念的女兒，派人上門提親。

博陵崔氏自恃是名門大族，看不上渤海高氏，再加上高乾完全就是一個紈褲子弟、小混混的模樣，斷然拒絕。

高敖曹大怒，帶了一群人將崔氏女搶出來，讓她和兄長高乾在野外拜堂成親。

老爺子高翼知道後，對這個逆子的做法是既激賞，又後怕，他仰天長嘆說：「高敖曹這逆子如果不使我滅族，就應當光宗耀祖。」

高敖曹不斷惹是生非，高翼飽受牽連，經常被關在監獄中。

高翼在獄中悲呼道：「我四個兒子都是無法無天之徒，我死後也不知還有沒有兒子幫我添土？」北魏設定在北邊防禦柔然的六鎮將士因為待遇下降，發動起義，天下大亂。

高敖曹兄弟四人趁勢而起，在起義軍和朝廷之間不斷變換身分。

爾朱榮成為北魏權臣後，忌憚高氏兄弟，將他們誘捕，囚禁在駝牛署。

北魏孝莊帝刺殺爾朱榮後，放出高氏兄弟，讓他們兄弟去收拾爾朱榮的餘黨。

高敖曹披甲執戈，猶如猛虎出柙，兩三下就清除了洛陽周圍的爾朱榮殘部。

孝莊帝大喜，讓他們趕赴山東、河北一帶招兵，以拱衛京師。

高敖曹拔劍起誓，決意要為朝廷效命。

然而，高氏兄弟才抵達河北，京城就被爾朱別部攻陷，孝莊帝被殺。

高敖曹此時在信都，收到噩耗，悲痛不已。

殷州刺史爾朱羽生在這時機率五千兵馬襲擊信都。

高敖曹勃然大怒，不穿戴披掛鎧甲，雙手執兩條長槊，率領十餘騎兵，急忙出城迎戰。

高乾聽到軍士報告，大驚，即率城中五百人追出助戰。

但是，還是慢了一步。

高敖曹十餘騎兵已大勝而歸，不但驅逐走強敵，而且十餘騎兵均毫髮無傷，堪稱奇蹟。

史稱：「（高敖曹）馬槊絕世，左右無不一擋百，時人比之項籍。」

孝莊帝已死，高敖曹兄弟勢弱無所依，最終投奔了新崛起的一代梟雄高歡。

高歡自稱出身於渤海高氏，稱高敖曹為叔，並讓自己的兒子高澄對高敖曹行子孫之禮。

高歡與爾朱餘部在韓陵山展開決戰。

高歡部僅有三萬兩千人，敵軍卻有二十萬之眾，壓力非常大。

初戰不利，高歡被迫後撤。

爾朱聯軍趁勝掩殺。

情況萬分危急。

高敖曹率一千騎兵猛然從慄園出擊，將爾朱兆的軍隊攔腰截斷，反敗為勝。

清除了爾朱餘部，於是便進入高歡與宇文泰雙雄對峙、兩虎相爭的時代。

高敖曹曾從商洛山區進軍，一路勢如破竹。

但是，在攻陷上洛城之戰中，高敖曹被流矢射中右肋，險些丟了性命。

高歡召還高敖曹後，任命他為大都督，統率七十六個都督，與行臺侯景在虎牢練兵。

高敖曹特地為父親大修墳墓，口中念念有詞地說道：「您生前就怕死後沒人幫您添土，現在我來為您添土了！」當時的鮮卑人普遍看不起漢人，認為漢人懦弱，但聽到高敖曹的名字，卻大氣也不敢喘。

高敖曹也很有個性，他反過來看不起鮮卑兵，自己帶領的都是由清一色漢人組成的軍隊。

某次，高歡對高敖曹有些不放心，說：「高都督你所率領的都是漢族子弟，恐怕不濟事，我不如另撥一千多鮮卑兵入你部曲，如何？」高敖曹昂然答道：「我這些部曲訓練已久，前後歷次戰鬥，戰鬥力遠勝鮮卑人。」

高歡只好無奈地笑笑。

高敖曹不但看不起鮮卑人，還逮到機會就罵他們，動輒就將他們斬殺。

高歡部曲以鮮卑人居多，高敖曹這樣肆無忌憚地凌辱鮮卑人，便因此得罪了許多人，這也為他的死埋下禍根。

東魏元象元年（西魏大統四年，西元 538 年），高敖曹與宇文泰在河橋交戰，由於輕敵，高敖曹軍被衝散，他單騎逃往河陽城。

鎮守河陽城的是高歡的堂弟高永樂，此人與高敖曹有舊怨，緊閉城門不納。

後面追兵已至，高敖曹自知不能免，於是昂起頭，對追兵吼道：「來吧！送你一個開國公的爵位。」

眾人一擁而上，瓜分了高敖曹的首級。

高敖曹死，年三十八歲。

高歡聞高敖曹死訊，如喪考妣，追封高敖曹為太師、大司馬、太尉、錄尚書事、冀州刺史，謚曰忠武。

北齊皇建元年（西元 560 年），北齊孝昭帝高演追封高敖曹為永昌王，並將他的靈位放在世宗高澄的陵廟中。

史學家蔡東藩對於高敖曹之死，一語以惜之，云：「高敖曹以輕敵而亡，輕躁者之不可行軍，固如此哉！」而對於項羽之死，語多指責，稱：「彼殺人多矣，能無及此乎！天亡天亡，夫復誰尤！」

歷史奇觀：十四歲小孩發動政變

南北朝時的北齊王朝是個短命王朝，從建立到滅亡，僅二十七年。

而在這二十七年時間內，一共出現了高洋、高殷、高演、高湛、高緯、高恆等六位皇帝。

這些皇帝個個性格乖戾，執政能力一代不如一代。

這其中又以後主高緯最為不堪。

高緯荒淫無道，獨愛馮小憐，自稱「無愁天子」，政治腐敗，自毀長城，殺了名將斛律光、蘭陵王，最終迎來了王朝末日。

高緯的父親高湛把帝位傳給高緯，是一時鬼迷心竅，誤聽了寵臣和士開的鬼話。

高湛後宮有美女無數，皇后胡氏更是世間罕有的美女。

但高湛偏偏喜歡北齊開國皇帝高洋的皇后、他的嫂嫂李祖娥，軟硬兼施、誘迫成奸，然後與之雙宿雙飛，長棲在昭信宮。

高湛這麼做，可就苦了皇后胡氏。

胡皇后青春年少，孤寂難耐，就紅杏出牆，和高湛的親信隨從、給事和士開在一起了。

和士開相貌俊俏，風流倜儻，彈得一手好琵琶。

高湛也很厚道，覺得自己有愧於胡皇后，不但不加以責怪，還有意成全他們，積極製造機會讓他們相會。

和士開勾搭上了胡皇后，內心雖然也感激高湛，但畢竟君心難測，他還是希望把自己一生的榮華全都寄託在胡皇后身上，就慫恿高湛退位，把帝位傳給胡皇后的兒子高緯。

北齊河清四年（西元 565 年），高湛宣布傳位給十歲的太子高緯，自任太上皇。

從此深居宮中，專事淫樂。

高緯說話結巴，做事吊兒郎當，高湛其實並不喜歡他。

高湛喜歡的是同樣為胡皇后所生，僅比高緯小兩歲的高儼。

高儼聰慧狡黠，而且狠忍、堅強。

有一件事足以證明：高儼有喉疾，為了根治，他讓醫生用鋼針直刺入喉，這期間，他「張目不瞬」，眼睛連眨都不眨一下。

一個乳臭未乾的小屁孩，會有這樣的表現，實在讓人驚駭。

高湛沒有理由不寵愛他。

高湛禪位後，「名號雖殊，政猶己出」、「軍國大事咸以奏聞」，手裡依然掌控著北齊的大權，他封八歲的高儼為東平王，隨後一路拜開府、侍中、中書監、京畿大都督、領軍大將軍、領御史中丞，遷司徒、尚書令、大將軍、錄尚書事。

高儼迅速成了北齊手握軍政大權的風雲人物。

一開始，老臣都想看這個小孩子的笑話。

沒想到，高儼辦理起政事來，幹練勇敢、老成決斷，讓人敬畏。

以致一年之後，高湛「以後主為劣，有廢立意」，多次想廢了高緯，重新立高儼為皇帝，只不過被群臣勸住了。

而在父親的支持下，高儼的地位差不多要與高緯並列了。

史載：「儼恆在宮中，坐含光殿以視事，諸父皆拜焉」、「儼器服玩飾，皆與後主同」。

北齊天統四年（西元 568 年）年底，高湛酒色過度，死了，年僅三十二歲。

按照常理，高湛死了，高緯親政，高儼就危險了。

但高儼若無其事，因為他手中握著軍政大權，所以有恃無恐。

事實上，高緯真不敢對高儼怎麼樣，他加封高儼為琅琊王，且各式各樣的官職還在不斷增加。

高儼十二歲就做到了大司馬，儼然曹操、司馬懿、霍光一類權臣的角色。

因高湛已死，胡太后與和士開的關係正式公開化，和士開的很多做法都肆無忌憚，大加排除異己，封淮陽王，日益權重。

高緯雖然忌憚和士開，卻計無所出，不知如何是好。

高儼想除掉和士開，而且毫無高緯的顧慮，他矯詔騙和士開到御史臺，一刀就把和士開送上了西天。

殺了和士開，高儼一不做二不休，乾脆率領京畿三千多軍士殺往高緯的住處，準備殺高緯而代之。

這時的高儼才不過十三四歲，居然誅殺大臣，發起政變，表現出來的能力和魄力讓人震驚。

高緯驚駭之餘，向老臣斛律光問計。

斛律光身為一時名將，臨危不亂，分析說，這不過是「小兒輩弄兵」，沒什麼可害怕的，勸高緯親自出馬，斷言「與交手即亂」。

果然，高緯一出現，高儼部眾便作鳥獸散，政變宣告失敗。

部眾既散，高儼成了光桿司令，身上又背負了「逆賊」的罪名，那就什麼官也不是了，成了一個孤立無助的小孩子，只好跑到母親胡太后宮中躲起來。

顯然，這種躲，躲得了一時，躲不了一世。

北齊武平二年（西元 571 年）九月下旬，高緯找到了機會，巧妙地避開了母親胡太后的耳目，在深夜將高儼祕密抓到大明宮處死。

高儼死時年僅十四歲。

胡太后得知後，大哭十多次。

為了安慰母后，高緯下令厚葬高儼，追封其為楚恭哀帝。

高儼有四個遺腹子，對這幾個孩子，高緯是不可能讓他們存活在人世的，於是在他們出生後便被幽禁而死。

斛律金：北齊第一名

受時下一些影視作品的影響，在很多人心目中，北齊的第一名將是蘭陵武王高肅，即高長恭。

有人把蘭陵武王高長恭吹噓成「北齊最後的支柱」，甚至說高長恭是「中國古代十大名將」之一，地位與韓信、衛青、霍去病、李靖等人並列。

高長恭當然是很能打的，《北齊書‧卷十一‧列傳第三》裡面記載：「芒山之敗，長恭為中軍，率五百騎再入周軍，遂至金墉之下，被圍甚急。城上人弗識，長恭免冑示之面，乃下弩手救之，於是大捷。」

帶領五百騎殺入重圍，這份膽氣、這份狠勁，以及這份衝殺能力，當然是很厲害的。

單憑這一戰的表現，高長恭的確可以炫耀一輩子了。

但是，無論是《北齊書‧卷十一‧列傳第三》還是《北史‧卷五十二‧列傳第四十》，關於高長恭的戰績，僅此一件，其他均乏善可陳。

由此可見，高長恭雖然能打，但只能算是衝鋒陷陣的猛將，遠不能與韓、衛、霍、李等名將相提並論。

宋徽宗建武廟祭祀古代七十二名將，韓、衛、霍、李等人入廟從祀，高長恭卻未在其中。

這七十二名將中，南北朝共占六席，北齊僅有斛律光一人上榜。

嚴格地說，斛律光和高長恭並不是同一代人，他比高長恭年長了二十六歲，他的父親斛律金是北齊高祖高歡座下第一大將，而高長恭是高歡的孫子。

東魏天平四年（西魏大統三年，西元 537 年），高歡與宇文泰在洛陽邙山交兵，高歡陷入重圍，形勢岌岌可危，正是斛律光的父親斛律金捨生忘死，為高歡開路，最終潰圍而出。

東魏武定四年（西魏大統十二年，西元 546 年），高歡率軍狂攻韋孝寬鎮守的玉壁，歷時五十餘日，士卒死傷七萬多人，高歡心如死灰，三軍沮喪，士氣低落。

斛律金用鮮卑語高唱〈敕勒歌〉，穩定了軍心，大軍才沒有發生潰亂，徐徐結陣而返。

斛律金當然也是一代名將，史稱其「性敦直，善騎射，行兵用匈奴法，望塵識馬步多少，嗅地知軍度遠近」。

青出於藍而勝於藍，斛律光更勝出乃父許多倍。

斛律光身為將門虎子，少工騎射，以武藝知名。

在十七歲那年，他首次隨父出征，初試鋒芒，出手不凡，一箭射落宇文泰的長史莫者暉並將之擒獲馳歸。

高歡親睹這一過程，對其讚嘆不已、大加嘉獎，擢升他為都督。

斛律光陪伴高歡的長子高澄狩獵，看見一隻大鳥，雲表飛颺。

說時遲，那時快，斛律光引弓發矢，一箭正中其頸。

該鳥形如車輪，旋轉而下，至地，龐然一大鵰也。

高澄取鵰觀玩，深壯異焉。

丞相屬邢子高感嘆說：「此射鵰手也。」

斛律光是高澄的親信都督，從此人們都稱他為「落鵰都督」。

高澄原本已經做好了奪取東魏皇位的所有準備工作，卻在受禪前夕被人刺殺，其弟高洋繼承了他的事業，建立了北齊。

斛律光從而成了高洋最為倚重的將領。

在北齊與北周爭鋒過程中，斛律光不負眾望，率兵大敗北周的儀同王敬俊，奪取了北周的絳川、白馬、澮交、翼城等四戍，後來陣斬北周開府曹回公，驚走北周柏谷城主帥薛禹，進取文侯鎮。

北周屢戰不勝，於是與崛起於漠北的突厥汗國結好，共略北齊。

突厥於北齊天保六年（西元 555 年）徹底消滅了柔然殘部，取代了柔然的地位，征服了契丹等部族，建立了一個以鄂爾渾河上游為中心，東起遼海，西抵西海，南臨大漠，北至北海的大汗國。

北齊河清二年（西元563年），北周與突厥的木杆可汗成功結盟。

北周兵分兩路，一路由柱國楊忠率領，經突厥由北往南攻；另一路由大將軍達奚武率領，由南向東北進攻，約定會師晉陽。

楊忠動作神速，自北而南，連續攻占了二十幾座北齊城池，在陘嶺與木杆可汗的十萬突厥騎兵會合，從恆州再分成三路大軍，氣勢洶洶地撲向晉陽。

北齊武成帝高湛率大軍從鄴城倍道兼行，趕往晉陽主持戰事，另派斛律光率三萬步騎兵進駐平陽，抵擋達奚武。

可笑的是，達奚武聽說是斛律光來了，竟然不戰而走。

斛律光緊追不捨，追殺入周境，俘獲周軍二千餘人，大奏凱歌。

晉陽方面，由於木杆可汗出工不出力，楊忠孤軍失援，大敗而遁。

北齊河清三年（西元564年），北周當政的宇文護一怒之下，調集了長安二十四軍，以及各地軍隊，共二十多萬，出潼關伐齊。

北周分三路東進：中路由柱國大司馬尉遲迥、齊國公宇文憲、柱國庸國公可叱雄等人率領，眾稱十萬，直指洛陽；南路由大將軍權景宣統領，進圍懸瓠（今河南汝陽）；北路由少師楊䳒統領，攻打軹關（今河南濟源西）。

突厥的木杆可汗在晉陽吃了大虧，為了重振威名，便整頓起十幾萬騎兵，侵入北齊長城，騷擾幽州、并州。

北齊多處受敵，舉國大震。

當然，對北齊構成最大威脅的還是北周的中路大軍。

尉遲迥率領的北周中路大軍連戰連捷，一直殺到了洛陽城下，屯兵於邙山，日夜攻打，志在必得。

高湛派斛律光率騎五萬馳往赴擊。

小字輩高長恭就是在這場大戰中一戰成名的。

但是，高長恭只是這場大戰的配角，真正的主角還是斛律光。

斛律光披堅執銳，親自射殺了北周柱國庸國公可叱雄，揮軍掩殺，一直逐殺到十幾公里之外。

北周尉遲迥、宇文憲保住小命逃脫，軍械、器甲、輜重丟棄殆盡。

聽說高湛要親臨洛陽策勛頒賞，斛律光命人將斬獲的周軍屍體堆成京觀。

高湛睹京觀而稱善，封斛律光為冠軍縣公，遷太尉。

這次邙山之戰是高長恭事業的頂點，但對斛律光而言，還遠遠不是。

北周經過邙山之敗，仍不肯服輸，於北齊天統三年（西元 567 年）再次圍攻洛陽，阻斷齊軍糧道。

北齊後主高緯命斛律光率步騎三萬前往接戰。

斛律光軍至定隴，與北周張掖公宇文桀、中州刺史梁士彥、開府司水大夫梁景興率領的諸軍相遇。

斛律光擐甲執銳，身先士卒，鋒刃相交，大敗周軍，斬首兩千多。

斛律光引軍再到宜陽，與周齊國公宇文憲、申國公拓跋顯敬相峙百日有餘，最後大敗宇文憲軍，俘虜其開府宇文英、都督越勤世良、韓延等人，斬首三百多。

宇文憲趁斛律光還軍，命宇文桀、大將軍中部公梁洛都與梁景興、梁士彥等率三萬步騎迂迴到其前面攔擊。

斛律光遇神殺神，遇佛殺佛，在鹿盧交陣斬梁景興，獲馬千匹，興盡而歸。

該年年底，斛律光率步騎五萬在玉壁營築了華谷、龍門二城，與宇文憲、拓跋顯敬相持。

面對強大的斛律光，宇文憲變乖了，再也不敢輕舉妄動。

斛律光趁機進圍定陽，修築起南汾城，置州設郡以逼迫北周。

一下子，民眾前來歸附有萬餘戶。

北齊武平二年（西元 571 年），斛律光率眾築平隴、衛壁、統戎等鎮、戍十三所。

北周方面再也坐不住了，派柱國木包罕公普屯威、柱國韋孝寬率步騎萬餘進攻平隴。

斛律光與之激戰於汾水之北，大敗周軍，俘斬千計。

隨後，斛律光又率五萬步騎沿平陽道進攻姚襄、白亭等城戍，攻無不克，俘虜城主、儀同、大都督等九人，斬殺和捕獲數千士卒。

作為回應，北周方面派其柱國紇干廣略圍攻宜陽。

斛律光率五萬步騎往救，在城下大破周軍並乘勝追擊，奪取了北周建安等四戍，俘獲周軍千餘人。

這樣，在北周人的心目中，斛律光儼然成了讓他們望而生畏的戰神。

北周名將韋孝寬深忌斛律光之英勇，決定實施反間計以除之。

他製造謠言，編成兒歌，其中有「百升飛上天，明月照長安」、「高山不推自崩，槲樹不扶自豎」等句。

斛律光表字明月，這「明月照長安」中的「明月」和「槲樹不扶自豎」的「槲」，指的都是他。

北齊後主高緯昏庸，猜疑心重，果然中計，將斛律光殺害。

時年為北齊武平三年，即 572 年，斛律光該年五十八歲。

補充一下，這一年，高長恭被任命為大司馬，但他在次年也被高緯殺害了。

斛律光的死訊傳到北周，北周武帝宇文邕大喜過望，下令赦免國內所有的罪犯，讓國人都來分享他的快樂。

北周平滅北齊後，宇文邕追贈斛律光為上柱國、崇國公，指著詔書對一眾文臣武將說：「此人若在，朕豈能至鄴！」唐建中三年（西元 782 年），唐德宗追封古代名將六十四人並為他們設廟享奠，「北齊右丞相咸陽王斛律光」赫然位居其中。

北宋宣和五年（西元 1123 年），宋室依照唐代慣例，為古代七十二位名將設廟，斛律光和手下敗將宇文憲、韋孝寬均在其中。

最後說一下，北齊文宣帝高洋後期患上了精神病，肆意殺人，曾經騎馬執矛，三次要刺斛律光的父親斛律金。

斛律金巍然不動，一身正氣震懾著了高洋。

高洋三次都不敢將矛刺出。

後主高緯要殺斛律光，卻下得了狠手。

他單傳斛律光進宮來見，讓被後世稱為「北齊第一御用殺手」的衛士劉桃枝埋伏在涼風堂，持錘從其背後下手。

斛律光在跪拜高緯時，後腦中了劉桃枝砸來的一錘，強支不倒，回首瞋目喝道：「桃枝常為如此事。我不負國家。」

劉桃枝聽了，勢如瘋狗，嗷嗷狂叫，叫上另外三個大力士，以弓弦其頸，拉而殺之。

嗚呼，一代名將，就這樣死於宵小之手。

史稱：斛律光死時，「血流於地，鏟之，跡終不滅」。

第二章

隋朝之業：開國的艱難

勇猛堪比歇業的隋太祖楊忠

隋太祖楊忠先後在北魏、南梁、西魏、北周各大陣營效力，病逝於北周天和三年（西元 568 年）。

他的廟號太祖，以及諡號武元皇帝，是他的兒子楊堅在建立隋朝後追加的。

在中國古代歷史的大一統王朝中，隋文帝楊堅的帝位來得比較容易。

楊堅能走到登頂那一步，雖說離不開他篡位前夕天時、地利、人和等一連串因素，但最主要的是靠他的父親楊忠馳騁疆場，捨生忘死，浴血奮戰大半生奠定下的堅實的基礎。

楊堅稱帝後，辦了一場認祖歸宗活動，認有「關西孔子」之稱的東漢太尉楊震為祖。

但楊震的後裔族群，是弘農望族；楊堅卻是出自山東寒族。

也就是說，隋楊王室能從草根蛻變為貴族，全仗楊忠一人之力。

在北魏末年，北方六鎮亂起，天下騷動。

楊忠的父親楊禎避居中山，死於戰亂。

年方十九歲的楊忠則被南梁軍隊擄到了江南。

沒意外的話，楊忠應該成為南朝人了。

但是，北魏永安二年（西元 529 年），梁武帝派白袍名將陳慶之護送叛魏降梁的北海王元顥返回魏國，楊忠混在軍中，回到了洛陽。

陳慶之在北魏大顯神威，震駭一時。

元顥卻不甘於做南梁的傀儡皇帝，不斷排擠陳慶之，致使陳慶之進退失據，最終全軍覆滅，他本人易容改裝逃回了建康。

楊忠在元顥事敗後投入了爾朱榮的陣營，在爾朱度律帳下充當統軍。

特別要說明的是，在黃河北面大敗元顥黨羽的是爾朱榮親自任命的先鋒獨孤信。

獨孤信「美容儀，善騎射」，之前在跟隨爾朱榮征討韓婁時，曾匹馬挑戰，擒獲漁陽王袁肆周，揚名軍中，被號為「獨孤郎」。

楊忠「美髭髯，身長七尺八寸，狀貌瑰瑋，武藝絕倫，識量沉深，有將帥之略」。

兩位大帥哥在洛陽相識，結成了莫逆之交。

再補充一下，獨孤信有七個如花似玉的女兒，他的大女兒嫁給宇文泰的兒子宇文毓，即北周的第二位皇帝北周明帝；他的四女兒嫁給李虎的兒子李昞，這個李昞就是唐高祖李淵的父親。

獨孤信後來也和楊堅結成了親家，將他的七女兒獨孤伽羅嫁給楊忠的兒子楊堅。

獨孤信因此被後人戲謔為「中國古代歷史上最厲害的岳父」。

楊忠和獨孤信初相識，因為獨孤信職位比他大，所以，接下來很長的時間裡，他都是跟隨獨孤信轉戰四方。

爾朱家族被高歡舉兵平滅，楊忠和獨孤信一起追隨北魏孝武帝元脩西遷，得進封侯爵。

北魏永熙三年（西元 534 年），楊忠參與了平定潼關、攻克回洛城的戰鬥並和獨孤信前往征討東魏荊州刺史辛纂占據穰城。

楊忠打敗辛纂，驅馬直奔穰城，大聲喝斥守門者說：「今大軍已至，城中有應，爾等求活，何不避走！」楊忠這一聲斷喝的威勢，不亞於長坂橋上張飛的三聲斷喝。

守門士兵聞之色變，紛紛作鳥獸散。

楊忠率部衝殺入城，彎弓大呼，擒殺了辛纂，攻占了穰城。

不得不說，攻占穰城，是楊忠出道後建立的第一件奇功。

但這件奇功很快就被淹沒了。

半年之後，東魏的高敖曹、侯景等人領大軍進逼，穰城成了一座孤城。

沒辦法，楊忠只好和獨孤信棄城而逃，再次進入江南，投奔南朝梁武帝。

梁武帝認為楊忠和獨孤信都是世間罕見的奇才，大加重用。

其中，楊忠擔任文德主帥，得封為關外侯。

兩人在南梁居住了三年，以探親為由，請假回西魏並表示「事君無二」。

梁武帝深義之，禮送甚厚。

西魏大統三年（西元 537 年），楊忠與獨孤信順利回到西魏都城長安。

西魏丞相宇文泰非常喜愛楊忠的勇猛，將他留在自己的身邊，不離左右。

宇文泰到龍門打獵，楊忠「獨當一猛獸，左挾其腰，右拔其舌」，猶如天神下凡。

宇文泰壯之，稱他為「揜於」。

「揜於」是鮮卑語，意指猛獸。

楊忠從此以「揜於」作為自己的表字。

楊忠跟隨宇文泰作戰，屢建戰功。

在「沙苑之戰」中，他陣擒高歡手下大將竇泰；在「河橋之戰」中，他與五名壯士力戰守橋，致使敵人無法前進；此後，他參與了破黑水稽胡、解玉壁之圍、邙山之戰、平定蠻帥田柱清之亂等一系列軍事行動。

侯景渡江，梁武帝喪敗，宇文泰欲經略漢、沔，特意授楊忠都督三荊、二襄、二廣、南雍、平、信、隨、江、二郢、淅十五州諸軍事，鎮守穰城。

楊忠以穰城為據點，攻取了南朝梁的齊興郡、昌州、雍州、竟陵郡、隨郡、安陸等地，將漢東之地全部納入西魏的版圖中。

楊忠攻取雍州時，他的手下只有兩千兵馬，但他排程得當，讓將士變換旗幟，按照次序前進，竟然展示出了幾萬兵馬的威勢。

南梁雍州刺史、岳陽王蕭詧在雍州城樓上觀望，驚疑不定，開城誠心歸服。

楊忠攻打隨郡時，活捉了南梁守將桓和，周邊的城堡和營壘紛紛望風請求投降。

楊忠準備攻打安陸前，南梁以凶猛霸道聞名的猛將柳仲禮統軍回守，諸將都有些畏懼。

楊忠不以為然，說：「攻守勢殊，未可卒拔。若引日勞師，表裡受敵，非計也。南人多習水軍，不閒野戰，仲禮回師在近路，吾出其不意，以奇兵襲之，彼怠我奮，一舉必克，則安陸不攻自拔，諸城可傳檄而定也。」

他精選兩千騎兵，銜枚夜進，在淙頭大戰柳仲禮。

在激戰中，他親自陷陣，手擒柳仲禮，悉俘其眾。

安陸的南梁守將馬岫因此大感震恐，舉城而降。

楊忠率軍抵達石城，準備進逼江陵。

但宇文泰答應了梁元帝蕭繹的求和，同意其成為西魏附庸，召楊忠回師。

楊忠大奏凱歌，因功進封爵位為陳留郡公，位至大將軍。

北周孝閔帝元年（西元 557 年），宇文泰之子孝閔帝宇文覺受禪登基，建立了北周政權，楊忠入朝擔任小宗伯。

北周明帝二年（西元 558 年）二月，北齊北豫州刺史司馬消難請求投降北周。

楊忠與達奚武一起率領五千騎兵前往受降。

兩人馳入北齊境內五百里，三次派遣使者與司馬消難聯絡，卻都沒有聯絡上。

到了距離北豫州虎牢城十幾公里處時，達奚武擔心情況有變，打退堂鼓，勸楊忠按原路撤回。

楊忠堅定地說：「有進死，無退生。」

獨以千騎夜趨城下。

虎牢城依山而建，四面峭絕，楊忠到了城下，徒聞擊柝之聲。

幸好，司馬消難沒有食言，開門迎楊忠入城。

北齊將領伏敬遠卻指揮甲士兩千據守東城，大戰一觸即發。

楊忠指揮若定，讓人回去通知達奚武前來接應司馬消難和他的部屬，自己領三千騎殿後。

到了洛水南岸，楊忠命眾人解鞍而臥。

等齊軍追至洛水北岸，楊忠激勵眾將士說：「但飽食，今在死地，賊必不敢渡水當吾鋒。」

齊軍遙見楊忠軍的威勢，竟不敢逼近。

達奚武協助楊忠把司馬消難及其部屬護送入長安後，長嘆道：「達奚武自是天下健兒，今日服矣！」其實，達奚武這個感嘆是多餘的，和楊忠相比，他們之間的差別可不是一點、兩點，而是天差地別。北周保定二年（西元 562 年）五月，當政的宇文護與突厥結盟，準備聯合討伐北齊，一眾大臣都說：「齊氏地半天下，國富兵強。若從漠北入并州，極為險阻，且大將斛律明月未易可當。今欲探其巢窟，非十萬不可。」

在這一片唱衰之聲中，獨有楊忠慷慨激昂，主動請纓，他說：「師克在和不在眾，萬騎足矣。明月豎子，亦何能為。」

宇文護大為欣喜，改年，即北周保定三年（西元 563 年）九月，任命楊忠為元帥，統步騎一萬人，繞道向北，與突厥從北路出發討伐北齊。

另外命令達奚武率領步兵、騎兵三萬人從平陽南路出發，約好時間在晉陽會合。

楊忠從武川出兵，進展神速，在一個月內，連續攻占了北齊二十多座城池，勢頭不下於當年威震華夏時的關雲長。

北周保定三年年底，楊忠順利與突厥的木杆可汗、地頭可汗、步離可汗所率領的十萬騎兵會合，進攻晉陽。

一方面因為突厥內部衝突叢生，諸部無力齊心；另一方面，達奚武在平陽遇上了北齊名將斛律光，他竟不戰而退，做了個可恥的逃兵。

楊忠孤軍攻晉陽不下，只得撤軍。

次年，即北周保定四年（西元 564 年）八月，宇文護親自出兵洛陽，命楊忠出沃野次會同突厥討伐北齊。

因宇文護在邙山之戰兵敗，楊忠最終無功而返，罷兵返回鎮所蒲坂。

北周天和三年（西元 568 年），楊忠病逝，享年六十二歲，被追贈太保，都督同、朔等十三州諸軍事，賜諡號「桓」。

其子楊堅承襲封爵。

很多人不知道，隋朝的開國之君隋文帝楊堅是個美男子。他原本也只想安安靜靜地做個美男子的隋文帝。

雖然《隋書》把楊堅的相貌寫得如同神龍下凡，請不要相信，這些都是後來史官為「君權天授」所造的勢。

我們看一下，史官們是怎麼造勢的。

一、寫隋文帝長了一顆龍頭——「為人龍頷，額上有五柱入頂」，額頭上有五個隆起的肉瘤延伸到頭頂上。

二、「目光外射，有文在手曰王」，手上天生長有一個「王」字掌紋。

三、「長上短下，沉深嚴重」，上身長，下身短，態度嚴肅深沉。

老實說，額頭生的五個肉瘤延伸到頭頂上，不是病了就是很醜。

而根據陸游在《老學庵筆記》中的記載，楊堅可是一個美男子——「隋文皇帝聰明神武屢有徵應，天姿奇偉瑰麗異常，美顏英氣猶冠絕古今，動則龍行虎步，靜如巍然玉山，臉如皎然朗朗之滿月，目如曙星無微不照，遠近冠帶莫不友愛之。」

因為長得太美太帥，楊堅每次入宮謝恩，都會引得「周帝胄宗室鮮卑貴婦競相擁於宮門左右爭睹其顏，相踐踏而致死者數人」。

西晉衛玠是個絕世美男，人們為了爭睹他的風采，圍觀的人太多，結果，衛玠每次為了從圍觀的人群中逃出，耗費了大量的精力，久而久之，就病倒了，最後離開了人世。

成語「看殺衛玠」就是這麼來的。

楊堅呢，是來爭看他的人太多，從而導致有些觀眾被擠死了。

我們有理由相信，那時的楊堅，應該沒有想到自己以後會當上皇帝。

他的內心，就滿足於安安靜靜地做一個美男子。

話說回來，史官把楊堅的相貌寫得稀奇古怪，用意並非醜化，而是旨在說明：楊堅是天上真龍下凡，肉胎還保留有龍的特徵。

他們還把楊堅的族譜與弘農楊氏硬是寫在一起。

弘農楊氏是關中大族，史上比較出名的人物有漢初赤泉侯楊喜。

楊喜的赤泉侯是因為追殺項羽到烏江邊，搶到了項羽的一條大腿，從劉邦那裡討來的。

楊喜之後，在漢武帝託孤霍光主政時代，出現了一個名叫楊敞的丞相。

當然，最出名的還是東漢的「關西孔夫子」楊震，此人是儒學大師，時學術界之泰斗。

東漢末年，還出了一個楊修。

有些史官說，楊堅的六世祖楊鉉是楊震的八代孫，楊鉉生楊元壽，楊元壽生楊惠嘏，楊惠嘏生楊烈，楊烈生楊禎，楊禎生楊忠，楊忠生楊堅。

但是，據《周書．楊忠傳》載，楊忠於北周保定三年（西元 563 年），率軍聯合突厥伐北齊時，曾「出武川，過故宅，祭先人，饗將士，席捲二十餘鎮」，即隋楊先世家族其實是生活於武川。

鑑於武川是匈奴鮮卑人雜居之地，即隋楊先世可能不是漢人，而是匈奴人或鮮卑人。

另外，《隋書．高祖紀》所記載的「鉉生元壽，後魏代為武川鎮司馬」屬於孤證，其他的書找不到佐證。

楊鉉這個人是有史可查的，但楊鉉的兒子裡並沒有叫「楊元壽」的人。

最關鍵的是，楊震是儒學大師，即弘農楊氏崇尚儒學。

隋室之家族關係常與儒教道德倫理相牴觸，反與西北民族風俗習慣符合。

這也佐證出隋楊先世為西北少數民族而非漢人。

另外，楊堅之父楊忠娶了山東呂姓寒女為妻。

如果他是弘農華陰望族，在當時門第極嚴的社會傳統下，是不可能做出這種行為的。

再說回楊堅的相貌。

《隋書．高祖紀》還講了許多讓人難以置信的奇聞。

比如說，楊堅剛出生於馮翊般若寺，寺中就「紫氣充庭」，然後有從河東來的尼姑趕來對其母親呂氏說「此兒所從來甚異，不可於俗間處之」，最後把小楊堅抱走了。

又說楊堅周歲時，呂氏偷偷前去探望，剛剛抱起，發現其頭上凸起一個角，遍體起鱗，頓時花容失色，鬆手驚呼。

孩子因此墜地，哇哇大哭。

尼姑聞聲從外面衝進來，一邊抱孩子，一邊責罵呂氏，說道：「已驚我兒，致令晚得天下。」

一個當尼姑的，說這種大逆不道的話，她到底是有多大的膽子啊！怪事層出不窮。

楊堅年十五，被北周太祖宇文泰授予散騎常侍，車騎大將軍，封成紀縣公；年十七，遷驃騎大將軍，加開府。

據說，周太祖宇文泰見了楊堅，讚不絕口地說：「此兒風骨，不似代間人。」

想想看，宇文泰是什麼人？乃是曹操式的人物，一時之梟雄。

既然楊堅長了這樣的不凡「風骨」，他豈能相容？更奇怪的是，宇文邕登位後，不但不多防著楊堅一點，反而與之聯姻，聘楊堅長女楊麗華為太子宇文贇的太子妃。

史書載，齊王宇文憲曾提醒宇文邕說：「普六茹堅相貌非常，臣每見之，不覺自失。恐非人下，請早除之。」

宇文邕卻淡淡地說：「此止可為將耳。」

宇文邕的兒子宇文贇是個出了名的紈褲子弟，任性的程度與北齊的高緯相同。

宇文邕的心腹王軌多次警告說：「皇太子非社稷主，普六茹堅（楊堅的鮮卑姓為「普六茹」）貌有反相。」

宇文邕很不耐煩地說：「必天命有在，將若之何？」這「必天命有在，將若之何」之類的話，只能是史家編的了。

之所以這麼編，無非是想證明上蒼一直在保佑著楊堅，即楊堅是真命天子，百毒不侵。

史書中還出現了宇文贇繼位後，曾對皇后楊麗華說「必族滅爾家」之類的話。

但說過之後並沒有任何動作。

前面說了，周宣帝宇文贇就是個紈褲子弟，什麼都不懂，登位後就知道吃喝玩樂，他是在北周宣政元年（西元 578 年）六月即位的，覺得皇帝這個職位耽誤到自己玩樂，幾個月之後，即在北周大成元年（西元 579 年）二月，便下詔傳位於長子宇文闡並改年號為大象，自己宅在後宮，終日與嬪妃宮女們玩樂。

到了北周大象二年（西元 580 年）五月，宇文贇便駕崩了。

當時才二十二歲。

天哪！宇文贇的兒子宇文闡才八歲，哪守得住偌大的江山？改年二月，楊堅輕而易舉地從這位小外孫的手裡奪過了政權，篡周建隋，建立了隋朝，成了隋朝的開國之君隋文帝。

五月，隋文帝楊堅派人害死宇文闡，諡號靜帝，葬於恭陵。

只能說，楊堅這個皇帝位，來得太容易了。

楊堅篡周建隋時，李唐家族在忙什麼呢？

隋大業十四年（西元 618 年）三月，隋煬帝在江都被禁軍將領元禮、馬文舉、裴虔通等人發動兵變殺死。

同年五月，李淵逼迫隋恭帝禪位給自己，在長安稱帝，建國號唐，定都長安。

李淵即位後，追諡父親李昞為元皇帝，廟號世祖；追諡祖父李虎為景皇帝，廟號太祖；而他本人在唐貞觀九年（西元 635 年）病逝後，被兒子李世民上諡號太武皇帝，廟號高祖。

唐高祖李淵出生於北周天和元年（西元 566 年），隋煬帝楊廣出生於北周天和四年（西元 569 年），兩人只差了三歲。

最妙的是，李淵和楊廣兩人是姨表之親。

李淵的祖父李虎與北周太祖宇文泰、名將于謹、大帥哥獨孤信等八個人對西魏有輔佐之功，被加「柱國」銜的最高武官，號稱「八柱國」。

其中，宇文泰為兒子宇文毓謀娶到了「八柱國」之一獨孤信的大女兒。

宇文毓後來成為北周的第二位皇帝，北周明帝。

李虎為兒子李昞謀娶到了獨孤信的四女兒。

時為西魏十二府兵大將軍之一的楊忠，則為兒子楊堅謀娶到了獨孤信的七女兒。

不難看出，唐高祖李淵和隋煬帝楊廣是同一輩人；李淵的父親李昞和楊廣的父親楊堅是同一輩人；李淵的爺爺李虎和楊廣的爺爺楊忠是同一輩人。

但李淵的爺爺李虎身為「八柱國」之一，楊廣的爺爺楊忠只是西魏十二府兵大將軍之一，二者的官位和級別相差甚多。

為什麼會這樣？原因很簡單。

他一出生，身分就比楊堅尊貴。

儘管楊堅在稱帝後稱自己是東漢太尉楊震後人，他的父親楊忠實際上卻是出自山東寒族。

北魏末年，天下大亂，楊忠的父親楊禎死於戰亂，楊忠則在經歷了一連串磨難後結識了大帥哥獨孤信。

並在此後很長的一段時間裡，跟隨獨孤信一起闖蕩江湖，漸漸有了點名氣。

李虎的出身好，他的先祖可以遠推到西漢飛將軍李廣，甚至春秋李老君李耳；近則可以推至十六國時期西涼開國君主李暠。

李暠的兒子李歆是西涼第二任君主；李歆的兒子李重耳在西涼滅亡後，出仕北魏，官至弘農太守；李重耳的兒子李熙，官至金門鎮將；李熙的兒子李天錫，官至宿衛統兵的武官幢主。

這個李天錫就是李虎的父親。

李虎一出生，地位就比楊忠高。

當然，李虎也是有過人之處的，史稱其「少倜儻，有大志」。

但他的經歷，既遠沒有楊忠豐富多彩，也沒有像楊忠那樣歷經艱難、九死一生。

也就是說，單論領兵打仗及軍事才能，李虎遠遠不能和楊忠相比。

但李虎在有生之年，他的身分和地位都一直位居楊忠之上。

李虎早年得太保賀拔岳賞識，官拜寧朔將軍、屯騎校尉，後拜左廂大都督。

可笑的是，北魏永熙三年（西元 534 年），賀拔岳遭侯莫陳悅殺害，眾將都在謀議擁戴響震天下的梟雄人物宇文泰來接掌賀拔岳的部隊。

李虎卻有眼無珠，連夜奔往荊州，極力勸說賀拔岳的哥哥賀拔勝前來接收賀拔岳手下的人馬。

賀拔勝知道自己的斤兩，沒有聽從。

李虎這才改變了初衷，審時度勢，重新站隊，回去向宇文泰報到。

但是，在經過閿鄉的時候，誤走誤撞的李虎被另一個大梟雄高歡俘獲，隨後被捆送到了洛陽。

可以說，李虎這次真是糗大了。

不久，北魏孝武帝元脩謀取關中，知道李虎是宇文泰的人，派他回去輔佐宇文泰鎮守關中。

李虎這才正式成為宇文泰的手下。

此後，李虎忠心追隨宇文泰，而且追隨得非常緊，屬於牢牢捆綁在一起那種。

以至於宇文泰做出諸多驚天動地的事蹟，包括：建立西魏政權、與東魏交兵等，都有李虎的身影。

所以，在論功的時候，李虎都會理所當然地分到一份。

這麼一來，雖然李虎表現平常，但天長日久，由薄而厚，功勞越積越多，終於在西魏大統三年（西元 537 年）受封隴西郡公，與安定公宇文泰、廣陵王元欣、趙郡公李弼、河內公獨孤信、南陽公趙貴、常山公于謹、彭城公侯莫陳崇同為「八柱國」。

西魏大統三年（西元 537 年），在南梁羈留了三年的楊忠才逃回到長安，並成為宇文泰所倚重的大將。

楊忠跟隨宇文泰擒獲竇泰、攻破沙苑、大殺四方，因功升征西將軍、都督諸軍事、驃騎大將軍等，封陳留郡公，賜姓普六茹氏。

那邊的李虎死得比較早，他在西魏大統十七年（西元 551 年）病逝，北周建立後，被追封為唐國公，諡號襄。

李虎共有八子，分別是長子李延伯、次子李真、三子李昞、四子李璋、五子李繪、六子李禕、七子李蔚、八子李亮。

由於長子李延伯早夭，次子李真戰死，而且這兩人都沒有子嗣，所以，第三子李昞襲爵，為唐國公。

楊忠則在北周建立後歷任小宗伯、大司空、柱國大將軍等，進封隨國公。

北周與北齊爭鋒，楊忠多次率軍打敗北齊軍隊，曾一口氣攻陷北齊二十多座城池。

楊忠病逝於北周天和三年（西元 568 年），享年六十二歲，追贈太保，謚號桓。

楊忠共有五子，分別是長子楊堅、次子楊整、三子楊瓚、四子楊嵩、五子楊爽。

楊忠死後，爵位由長子楊堅承襲。

唐國公李昞出生於西魏大統二年（西元 536 年），隨國公楊堅出生於西魏大統七年（西元 541 年），兩人只相差五歲。

李昞壽數不永，他在北周建德元年（西元 572 年）病逝，享年三十七歲。

也就是說，李昞並未能目睹楊堅禪代的過程。

李昞有四子：長子李澄、次子李湛、三子李洪、四子李淵。

《舊唐書》記載：「高祖長兄曰澄，次曰湛，次曰洪，並早卒。」

因為三位長兄早卒，所以由七歲的李淵襲爵。

七歲的人襲爵，能做得了什麼？北周大定元年（西元 581 年），楊堅受北周靜帝禪讓，建立隋朝。

楊堅的皇后獨孤伽羅是李淵母親的妹妹。

因為這個緣故，李淵得到了楊堅的器重，在十六歲的年紀，懵懂地成了楊堅的千牛備身（皇帝的禁衛武官）。

李淵年紀稍長，被楊堅先後任命為譙州刺史、隴州刺史和岐州刺史。

楊廣即位之初，李淵先後做了滎陽、樓煩兩個郡的太守，後來被任命為殿內少監、衛尉少卿。

隋大業十一年（西元 615 年），李淵拜山西河東慰撫大使，隨後，又拜太原留守。

從這個時候開始，李淵有了自己的勢力。

隋末群雄並起，李淵乘勢從太原起兵，攻占長安。

特別說一下，李淵的大哥李澄和三哥李洪死得很早，沒有留下子嗣；他的二哥李湛雖然留下了李博義和李奉慈兩個兒子，但這兩個兒子也許是太過年幼，也許是太過無能，在李淵起事時所發揮的作用完全比不上李淵的兩個兒子李建成和李世民。

倒是李淵的叔叔和堂兄弟如李孝恭、李道宗、李神通、李瑗等人出了大力。

不管怎麼樣，在楊堅時代，李氏家族是比較弱勢的，沒什麼發言權。

尉遲迥是北周忠臣嗎？

尉遲迥年輕時是一個人見人愛的大帥哥，史稱其「少聰敏，美容儀。」

他的優秀基因遺傳了一代又一代，子孫也同樣俊秀漂亮。

他有一個孫女，名叫尉遲熾繁，花容絕代，早早嫁給北周宗室西陽公宇文溫。

北周宣帝宇文贇即位那一年，宗室命婦要進宮朝聖，宇文贇和尉遲熾繁見面了。

宇文贇是個荒淫無度的君主，不管什麼三綱五常，也不管什麼倫理道德，強行把尉遲熾繁留置皇宮，把她封為了長貴妃。

尉遲熾繁的丈夫，可憐的宇文溫，不久被皇帝隨意捏造了一個罪名處死了。

之後，更冊封尉遲熾繁為皇后。

尉遲迥還有一個孫女，後來在隋文帝楊堅的宮廷中當宮女。

楊堅無意中發現，便忘了和自己的妻子獨孤皇后曾經發過「只願一生愛一人」的誓言，迅速寵幸了她。

此事讓獨孤皇后黯然神傷，不久便鬱鬱而終。

這兩個孫女的美色足以反映出尉遲迥年輕時的帥。

尉遲迥不但帥，而且才能出眾。

梁太清三年（西元549年），侯景在建康作亂的時候，梁武帝坐困臺城，遣人到荊州宣讀密詔，任命當時的荊州刺史、自己的第七子蕭繹為侍中、假黃鉞、大都督中外諸軍事、司徒，承制行事，起兵勤王。

蕭繹起兵後，先攻滅自己的姪子、兄長，再東下攻殺侯景。

他雖然最後消滅了侯景，梁武帝卻早已餓死於城中。

於是蕭繹在江陵稱帝，即梁元帝。

梁元帝的弟弟武陵王蕭紀嚴重不服，在蜀地自立為帝，率軍東下，準備進攻江陵。

所謂鷸蚌相爭，漁翁得利。

蕭氏兄弟刀兵相向，最適合坐據長安的宇文泰從中攫利。

況且，懦弱的梁元帝擔心爭不過弟弟，寫信向宇文泰求援，並懇請宇文泰征伐蜀地。

宇文泰立即召開群僚會議，商議出兵事宜。

有人竟然看不出其中的巨大福利，反對出兵。

尉遲迥踴躍請求帶兵出戰。

宇文泰和尉遲迥是英雄所見略同。

實際上，宇文泰和尉遲迥是舅甥關係——宇文泰的姐姐就是尉遲迥的母親，宇文泰叫尉遲迥外甥；尉遲迥則要恭敬地叫宇文泰一聲舅舅。

你看，尉遲迥和宇文家就有血親關係，而北周宣帝宇文贇作為宇文泰的孫子，卻娶了尉遲迥的孫女尉遲熾繁，這關係實在有點亂。

話說回來，宇文泰看見外甥尉遲迥的想法和自己一致，心中大樂，就把這一件好差事交給他去辦了。

於是，尉遲迥意氣風發地帶領大軍前往伐蜀，基本上沒大費什麼周章，就收取了蜀地，成就了「滅國大功」。

憑這個「滅國大功」，他在宇文泰手下拜為侍中、驃騎大將軍、開府儀同三司，晉爵魏安郡公。

宇文泰之子孝閔帝宇文覺受禪建周後，他又得拜柱國大將軍。

甚至，宇文覺認為尉遲迥的平定蜀地大功可以與霍去病封狼居胥相比，封他為寧蜀公，遷任大司馬，以本官鎮守隴右。

改年又進封他為蜀國公，食邑一萬戶，出任秦州總管、秦渭等十四州諸軍事、隴右大總管。

尉遲迥的孫女婿宇文贇即位後，專門任命他為大右弼，還轉任大前疑，出任相州總管。

補充一下，宇文贇的後宮制度很紊亂，他不是只有一個皇后，而是有五個皇后！其中，最正牌的皇后是楊堅的女兒楊麗華。

宇文贇即位不到兩年，才二十二歲的年紀就病逝了。

宇文贇的長子宇文闡只有八歲，這樣，北周的權柄就旁落到了楊堅手上。

楊堅有心想要篡奪北周的政權，卻不能忽視尉遲迥的存在。

他讓尉遲迥之子魏安公尉遲惇帶去詔書，以會葬名義徵調尉遲迥，試探尉遲迥的態度。

尉遲迥認定楊堅有圖謀篡位之野心，拒絕接受徵調，留下了兒子，謀劃起兵。

尉遲迥這一表現，擺明是要跟楊堅作對。

但單憑這一點，楊堅還不好對尉遲迥下手。

他進一步試探尉遲迥的意思：派出鄖公韋孝寬前往相州，代替尉遲迥擔任總管。

尉遲迥沉不住氣，帶人前往迎殺韋孝寬。

這樣，雙方撕破臉，可以開打了。

尉遲迥召集文武士庶，登城北樓作戰前動員，他說：「楊堅以凡庸之才，藉後父之勢，挾幼主而令天下，威福自己，賞罰無章，不臣之跡，暴於行路。吾居將相，與國舅甥，同休共戚，義由一體。先帝處吾於此，本欲寄以安危。今欲與卿等糾合義勇，匡國庇人，進可以享榮名，退可以終臣節。卿等以為何如？」尉遲迥這一番話煽動性很強，史稱：「眾咸從命，莫不感激。」

以至於不但尉遲迥自己所管轄的相、衛、黎、毛、洺、貝、趙、冀、瀛、滄各州都聽從他的號令，青、膠、光、莒各州以及滎州刺史邵公宇文冑、申州刺史李惠、東楚州刺史費也利進、東潼州刺史曹孝達，都聞風響應。

這還不夠，尉遲迥又向北交結高寶寧，通知突厥；向南通知陳國，答應割讓長江、淮河一帶的土地，共討楊堅。

為了能與楊堅抗衡，尉遲迥多走了一步棋：擁戴趙王宇文招的兒子以號令天下。

戰爭先在尉遲迥弟弟的兒子尉遲惇與北周名將韋孝寬之間展開。

沁水之戰，韋孝寬一擊破敵，並乘勝進抵鄴城城下。

尉遲迥不顧年歲已高，親自披堅執銳，部署下十三萬人，在城南列陣，迎戰韋孝寬。

韋孝寬已經七十二歲高齡，鬚髮蒼然。

兩位老將，各自指揮軍隊交戰。

韋孝寬笑到了最後，不但擊潰尉遲迥十三萬之眾，而且趁勢破城。

尉遲迥走上城樓，悲呼數聲，舉劍自殺。

尉遲迥從起兵到失敗，共計六十八天。

尉遲迥一死，楊堅再無顧忌，順利地篡周建隋，開創了大隋帝國。

對大隋帝國而言，尉遲迥當然是大奸臣、大逆賊，他家的男子全被殺害，女眷充公為奴為僕，這就是尉遲迥孫女在楊堅後宮充當宮女的緣由。

隋煬帝無道，隋失其鹿，天下共逐。

大唐開國後，尉遲迥的從孫、庫部員外郎尉遲耆福曾向唐高祖上表，請求改葬尉遲迥。

朝廷群臣議論，認為尉遲迥忠於周室，詔命允許。

唐人著《北史》，對尉遲迥也大讚其「能志存赴蹈，投袂稱兵」，將他與起兵討伐王莽的翟義以及舉兵反對司馬昭的諸葛誕相提並論。

武則天篡唐建周，越王李貞起兵反武。

唐高祖之女常樂公主也以尉遲迥的事蹟激勵夫君趙瑰起兵響應，她說：「我聞楊氏篡周，尉遲迥乃周出，猶能連突厥，使天下響震，況諸王國懿親，宗社所託，不捨生取義，尚何須邪？」把尉遲迥視為一個大忠臣。

明末人張煖目睹清兵入關、神州陸沉之慘象，悲呼道：「周滅而有王謙、尉遲迥，斯皆破家殉國、視死猶生。」

與張煖同時代的大史學家王夫之卻不以為然，指責尉遲迥是一個大野心家。

王夫之說：「尉遲迥怎麼可以算得上北周的忠臣？當時宇文闡稱帝已經兩年，他的帝位是從他父親那繼承過來的正統帝位，雖被楊堅逼迫，但並未失德，尉遲迥卻改奉趙王宇文招之少子以起兵。想當年，被人稱為逆賊的曹操都不敢奉劉虞以反叛漢獻帝，尉遲迥如此肆無忌憚，可知其心懷異志也。如果說尉遲迥算得上忠臣，那麼劉裕之討劉毅，蕭道成之拒沈攸之，如果他們也像尉遲迥那樣失敗身死，是不是也要把他們視為晉、宋仗節死義之臣呢？僅僅因為楊堅無功而欲奪人之國，那凡是手頭有兵的，都想做與楊堅相同的事。所以說，尉遲迥其實就是另一個楊堅罷了。」

關於獨孤信的煤精印。

西安市的歷史文化沉澱和累積非常豐富。

西安市文史研究館館員多是文化藝術界名流，館員們的學術領域涵蓋歷史、考古、文學、民俗、宗教、書畫、建築、工藝美術、傳統醫學、園藝、攝影、民間工藝等。

其中，有一名考古專家是一位博古通今的通才。

他在研究中國道教文化、研究乾陵無字碑、研究蜀道及石門石刻以及歷史上西安建都等問題，都有比較透澈和獨到的見解，蜚聲考古界。

1990 年代初期，他到各地采風，經過陝西時，特地到文化館參觀。

這一參觀，發現了一件寶貝：一塊多面體的黑色石頭，石頭的多個表面都鐫刻著文字，即這塊石頭是一個多面體印章。

那麼，印章上刻的是什麼字呢？文化館工作人員在十年前就用印油把這些字都印在了一張紙上，以供參觀。

印文上的字並不是難辨的甲骨文，也不是難認的篆體字，而是和楷書差不多的魏碑。

但工作人員印出了這些字，也只是覺得好玩，誰也沒看出這些印章的主人是誰。

他們說，也許就是一個古代小人物的東西，誰知道呢？的確，古代大人物的印章，都用密度極高、極堅固、極通透又溫潤的美玉來製作。

而這枚印章的材料，其實是一塊煤精。

煤精是褐煤的一種變種，比煤輕，容易碎，是石頭中的次品、渣類，歷史大人物會用它製作印章？而且，這枚印章一共有二十六個面，其中十四個面鐫刻有印文，每一個面印文都不同，大概，印章的主人就是刻來玩的。

或者，印章的主人就是一名以雕刻印章為生的工匠，他在一塊煤精上刻了十四個印章，目的是節省材料、攜帶方便，可以透過這一個小小的煤精石，隨時向顧客展示自己的作品、炫耀自己的手藝，以招攬生意。

很好，推理很合乎邏輯。

但是，這名考古專家在看到那些印在白紙上清清楚楚、易辨易認的印文時，不禁怒火中燒。

這些印文都是些什麼呢？這些印文分別為：大司馬印、大都督印、刺史之印、柱國之印，看看，大司馬、大都督、刺史、柱國，還小人物？還雕刻匠？這都是大官、重臣、國之柱石的人物呀！且慢，其他印文還有：臣信上疏、臣信上章、臣信上表、臣信啟事、信啟事、信白箋、密、令顯而易見，這個印章的主人不但是朝廷重臣，而且名叫「信」！中國歷史上哪朝哪代有位名叫「信」的朝廷重臣？如果還不知道，那麼，有一面的印文已經是把答案戳到觀看者的眼底了：「獨孤信白書」！這不就是西魏重臣獨孤信的印章嗎？！說起獨孤信，那可是一個舉足輕重的歷史大人物哪！獨孤信和宇文泰、李虎、楊忠等人都出身於武川鎮，並與宇文泰、李虎等八人一併被封為西魏「八柱國」。

獨孤信本人戰功赫赫、聲名遠播。

他看著「獨孤信白書」的五字印文，非常生氣，非常不理解，為什麼堂堂文化館幾十人，竟然聽都沒聽過歷史上赫赫有名的獨孤信的大名？他向工作人員追問發現這枚印章的經過。

工作人員趕快翻查資料和相關紀錄，原來，它是在 1981 年 11 月 9 日被陝西省一所中學的學生在放學路上撿到的。

當時，他以為這塊黑色石頭是人們玩甩骰子遊戲的骰子，但看到「骰子」上刻的不是數字而是充滿古韻的文字，覺得非比尋常，就拿到文化館了。

他連聲嘆氣，說：「一個學生都知道這塊寶貝非比尋常，幾十名文化工作者卻把它當成普通古玩對待，天哪，這可是一個稀世之寶啊！」這個稀世之寶經考古專家鑑定之後，收藏於陝西歷史博物館，現在成了陝西歷史博物館的鎮館之寶。

北周宇文部的愛恨情仇

中國古代演義史書中，比較著名的就《三國演義》、《隋唐演義》、《封神演義》、《殘唐五代史演義》等幾種。

這其中，成就最高的是《三國演義》，其次是《隋唐演義》。

《三國演義》是「七分史實，三分虛構」，即受史實框架限制，塑造人物不免束手束腳。

《隋唐演義》則是「一分史實，九分虛構」，史實基本被架空，作者敘事天馬行空，虛構出一大批栩栩如生的英雄人物，為婦孺老幼所津津樂道。

這裡說一下《隋唐演義》中濃墨重彩描繪的隋唐第二條好漢宇文成都。

宇文成都身長一丈，腰大十圍，金面長鬚，虎目濃眉。

頭戴一頂雙鳳金盔，身穿一件鎖子黃金甲，坐上一匹能行千里的黃花馬，使一條鳳翅鎦金钂，重四百斤。

書中說他是「上界雷聲普化天尊臨凡」、「身負三載龍命」，端的是威風凜凜天神一般的存在。

「上界雷聲普化天尊臨凡」、「身負三載龍命」之說當然是假的，但宇文成都的來頭的確不小。

作者把他設計為宇文化及的兒子。

下面，重點說一說宇文化及的家族淵源。

宇文化及是北周上柱國宇文盛之孫，右衛大將軍宇文述長子。

宇文盛是北周太祖宇文泰的得力幹將。

實際上，宇文盛和宇文泰都來自鮮卑宇文部。

按照地域分布，鮮卑分為西部鮮卑、中部鮮卑和東部鮮卑。

西部鮮卑包括：吐谷渾部、乞伏部和禿髮部等；中部鮮卑包括：拓跋部和柔然等；東部鮮卑包括：宇文部、段部和慕容部等。

十六國時期，鮮卑人充當了極其耀眼的角色，分別建立了慕容氏諸燕、西秦、南涼、北魏等國家。

這些國家中，命最長的是拓跋部建立的北魏。

北魏的誕生可以追溯到東晉太元十一年（西元 386 年）拓跋皀在牛川自稱代王建國時。

過了一百四十多年，即北魏正光四年（西元 523 年），北魏設定在北方防禦柔然的六鎮軍民爆發起義，國家即陷入動亂之中。

最先在亂世中崛起的契胡酋長爾朱榮，此人平定了六鎮之亂，成了權臣，徹底威脅到朝廷的生存。

孝莊帝對爾朱榮的強勢深感不安，手藏利刀，趁爾朱榮進京面見之機將之刺死。

爾朱榮雖死，但他的勢力還在，他的堂弟爾朱世隆和姪子爾朱兆攻打洛陽，擒殺了孝莊帝。

這麼一來，局勢更亂。

已被鮮卑化的漢人高歡和已被漢化的鮮卑人宇文泰雙雙橫空出世，兩雄爭鋒，互不相讓。

高歡在北魏中興二年（西元 532 年）立元脩為帝，即孝武帝。

孝武帝無法容忍高歡專政，於北魏永熙三年（西元 534 年）投奔長安的宇文泰。

高歡一看情勢不對，趕快立元善見為皇帝，即孝靜帝，並遷都於鄴。

這麼一來，北魏出現了兩位皇帝、兩個政權。

史稱宇文泰控制的長安政權為西魏，而稱高歡控制的鄴城政權為東魏。

西魏和東魏都是傀儡政權，名存實亡，不久雙雙被宇文氏家族和高氏家族代替，前者稱北周，後者稱北齊。

北周與北齊相爭，北周笑到了最後。

但北周的笑聲未歇，就被隋楊篡奪了。

宇文盛、宇文述父子都是北周重臣，得到了隋文帝的敬重。

宇文述原本在北周拜開府，封濮陽郡公，平定尉遲迥叛亂後，又拜上柱國，封褒國公。

隋文帝即位，拜其為右衛大將軍。

宇文述共有三子，長子宇文化及，右屯衛大將軍；次子宇文智及，將作少監；幼子宇文士及，中書侍郎、左衛大將軍、涼州都督、郢國公。

也就是說，《隋唐演義》所虛構的宇文成都，如果按照史實排列，他應該是鮮卑宇文部人，宇文述之孫。

北周五帝的命運

北周是一個先天不足，後天發展又有些畸形的朝代。

北周太祖宇文泰的確是一時之雄傑，他立足於關隴，爭戰東魏，蠶食南梁，奠定了好大一片基業。

但他壽數不長，僅五十歲就病逝了，且在其有生之年，並未登基稱帝，他的廟號「太祖」，是他的兒子北周孝閔帝宇文覺追尊所得。

宇文覺於父親逝後第二年，便廢西魏恭帝自立為周天王，定都長安，建國號周。

不過，宇文覺的才略遠不能與其父相比，他所做的這一切，其實是堂兄宇文護的鼎力相助。

說「鼎力相助」還是美飾之詞，實際上，宇文覺不過是個傀儡，宇文護才是在幕後操控大局的人。

畢竟，當上皇帝這一年，宇文覺不過是一個十六歲的懵懂少年，沒有堂兄在幕後操控，哪能完成這種大事？宇文護其實只比叔叔宇文泰小六歲，在宇文泰崛起之年就緊隨其後，歷經戰場，屢建戰功，才能不在宇文泰之下。

唯因如此，宇文泰在西巡病重之際，派人駕驛站車馬星火傳見宇文護，鄭重地對宇文護託以後事，說：「我如今已經危在旦夕，恐怕不久於人世。我的兒子們都還年幼，但是外敵內憂尚未平定，此後國家政權都託付給你，希望你勉力從事，完成我的志願。」

將權力悉數移交給宇文護。

宇文護接掌過國政，不辜負叔叔之託，迫使西魏恭帝元廓禪位於宇文覺，建立了北周。

說句公道話，如果宇文護真有私心，他可以按部就班，一點點消滅和轉移掉叔叔宇文泰的影響，然後自己從西魏恭帝那裡受禪稱帝，完全不用理會叔叔宇文泰的兒子們的。

但是他沒有。

可惜的是，半大不小的小夥子宇文覺沒有這樣的覺悟，他認為堂兄宇文護的存在會威脅到自己的地位，自己雖羽翼未全，便想除掉這位堂兄，自己獨立執政。

宇文護覺察後，勃然大怒，舉手投足之間，就把他從皇帝的寶座上趕下來，貶為略陽公並幽禁，不久將之送上了黃泉路。

宇文覺從當上皇帝到停止呼吸，這前後時間不到一年，死時年僅十六歲。

廢掉了宇文覺，宇文護還沒有自立的意思，而是畢恭畢敬地到岐州迎立叔叔宇文泰的庶長子宇文毓為帝。

宇文毓比宇文覺年長八歲，之前當皇帝的是宇文覺，僅僅因為宇文覺是宇文泰唯一的嫡子罷了。

除了宇文毓之外，宇文泰還有宇文邕等十一個庶子。

宇文護在宇文泰十二個庶子中迎立了一個年紀最大而不是年紀最小的，說明他還是沒有太多私心。

而且，在宇文毓即位後的第三年，宇文護主動上表交還朝政大權。

宇文毓大喜過望，高興地答應了宇文護的請求。

這麼一來，宇文護警覺了。

宇文毓的確是不願意當傀儡皇帝的，他非常迫切地想親自理政。

宇文護恐懼而不自安，讓人在宇文毓的食物中下毒，再殺一帝，另立宇文泰第四子宇文邕為帝。

宇文邕是宇文泰所有兒子中最為出色的，在他很小的時候，宇文泰就覺得他氣度不凡，常對別人說：「將來能實現我的志向的，一定是這個兒子。」

他在北周武成二年（西元 560 年）四月即帝位，隱忍了十二年，終於在北周天和七年（西元 572 年）三月誅殺了堂兄宇文護，從籠罩在堂兄宇文護的陰影中走出來，獨掌朝政，於北周建德六年（西元 577 年）平滅北齊，統一北方，把北周的國力推向頂峰。

不過，在北周宣政元年（西元 578 年）六月，宇文邕在率諸軍伐突厥途中病倒，還軍長安後即逝，年僅三十六歲。

宇文邕是一位嚴父，他扳倒了堂兄宇文護後，格外珍惜這來之不易的皇權，於北周建德元年（西元 572 年）冊立了年方十三歲的兒子宇文贇為太子，並對之嚴加要求。

宇文邕所奉行的是「棍棒出孝子」的教育理念，動輒大棒交加。

處於青少年叛逆的宇文贇對父親恨之入骨，以至於宇文邕死後才一天，他就不守孝，歡呼著登基當上了皇帝。

宇文贇非常荒唐，他對處理政事沒有半點興趣，當皇帝的唯一目標就是享受。

當他發現，當上皇帝後，每天大臣都會來煩他，他不堪其擾，因此宣布禪位，把帝位讓給了兒子宇文闡，自己當太上皇風流快活去了。

說起來很多人不會相信：宇文贇從即位到禪位，這前後時間不到一年！而且，他在當上太上皇風流快活了一年多之後，就瞪眼嚥氣，早早去了九泉之下的父親宇文邕那裡。

宇文贇死時年僅二十二歲。

這就害慘了他的兒子宇文闡。

宇文贇有宇文闡的時候，他才十四歲，前一年，他剛剛當上太子。

替宇文贇生下宇文闡的，是一個婢女。

這個婢女姓朱，名滿月，吳地人，因家族犯法，她被收入東宮，負責打理新太子的衣服，那年，她已經二十五歲了。

雖說宇文贇在隔年就迎娶隨國公楊堅的長女 —— 十三歲的楊麗華為太子妃，但他沒有忘記朱滿月，他在當上皇帝後，一口氣立了五位皇后，其中楊麗華為天元大皇后，朱滿月為天大皇后，另外，陳月儀為天中大皇后，尉遲熾繁為天左大皇后，元樂尚為天右大皇后。

不難看出，在五大皇后中，朱滿月因為是宇文闡的母親，地位僅次於宇文贇的正室楊麗華。

宇文贇死後，陳月儀、尉遲熾繁、元樂尚遵守遺旨，出家為尼；楊麗華被尊為皇太后，朱滿月被尊為帝太后。

皇太后和帝太后共同扶持八歲的小皇帝宇文闡坐江山，這情形和清朝末年慈安、慈禧兩宮皇太后垂簾聽政的境況有幾分相似。

但是，兩宮皇太后垂簾聽政的情形不過短短幾個月，皇太后的父親楊堅果斷動手，於北周大定元年（西元 581 年）逼宇文闡禪讓，自立為帝，建立隋朝，是為隋文帝。

北周從 557 年宇文覺稱周天王算起，到 581 年宇文闡禪位，歷經五帝，共二十四年國祚。

楊堅是怎麼處置幼帝宇文闡和北周這兩位太后的呢？楊堅先降宇文闡為介國公，幾個月之後，為除後患，派人將之殺害。

宇文闡死時才九歲，是個非常可憐的孩子。

除了宇文闡被毒死外，宇文氏全族五十九名男丁全部被殺。

清人趙翼因此在《廿二史札記》中痛斥說：「竊人之國，而戕其子孫至無遺類，此其殘忍慘毒，豈復稍有人心。」

宇文闡的母親朱滿月被斥去做尼姑，法號法淨，於隋開皇六年（西元 586 年）去世，時年四十歲。

皇太后楊麗華是楊堅的女兒，楊堅當然不忍心趕她去當尼姑，他封女兒為樂平公主，和自己的妻子獨孤伽羅商量著，讓女兒改嫁。

奈何楊麗華是個烈女，堅決不同意。

楊堅最終只好作罷。

事實上，楊麗華對父親楊堅的篡周行為是非常憤恨的，至死都不予以原諒。

楊堅也無言以對，心中對她抱有無限愧疚。

楊麗華以樂平公主的身分死於隋大業五年（西元609年），享年四十九歲。

南梁亡國前三年，帝位傳九人，亂象橫生

西晉末年，經過「八王之亂」和「永嘉之亂」，神州大地版圖破碎，晉室「衣冠南渡」之後，形成了南北分裂、長期對峙的態勢。

這種對峙態勢維持了二百多年。

最終，隋文帝楊堅清掃宇內，將南北歸於統一，合四海重為一家。

關於隋文帝楊堅的統一大功，史冊濃墨重彩地記載下了他北擊突厥、南平陳國的輝煌功勳。

但是，隋文帝楊堅統一南北過程中有一個細節 —— 收歸西梁，也不應該被忽略。

畢竟，西梁雖小，它好歹也是一個實際存在著的政權。

而且，這個政權與前朝南梁淵源極深，如果不及時吞併和消滅，其隨時都會有起兵作亂的可能。

後來的事實也證明，即使它已經被隋文帝楊堅收併，國被滅了三十多年，在隋朝末年，它還是死灰復燃，造成不小的動靜。

那麼，這個小小的西梁國，是怎麼來的呢？這得從它的前身南梁說起。

按照傳統的史學觀點，中國南北朝時期是從南朝宋與北魏對峙時算起。

南北朝對峙的前大半時間裡，北朝一直都很穩定，一直都是北魏的天下。

南朝卻經歷了宋、齊、梁三朝的政權更替。

即南梁是南北朝時期南朝第三個朝代。

南梁的開國皇帝就是歷史上著名的「菩薩皇帝」梁武帝蕭衍。

梁武帝蕭衍在當政前期，是一個非常英明的君主，他勵精圖治，把國力治理得蒸蒸日上。

史家公論：南梁是南朝經濟、文化最繁盛的朝代而且遠強於北朝。

實際上，與南梁對峙的北魏，已經開始走下坡了。

北魏從孝文帝元宏死後，漢化的鮮卑貴族日益腐化墮落，各種社會衝突頻傳，國力江河日下，後來又發生了「六鎮之亂」，因此戰亂不息，分裂成了東、西兩魏。

如果說，梁武帝能抓住機會，向北發展，說不定，他就是那個統一南北的「千古一帝」。

但是，梁武帝老了，他當了近五十年的皇帝，已步入耄耋之年，偏偏又戀棧不退，每日沉醉於饞臣的歌功頌德之中，不思進取，沾沾自喜。

最好笑的是，他喜諛恨諫，佞佛、假慈悲。

他在國內大力營造佛教氣氛，鼓吹民眾信佛。

甚至上演四次捨身同泰寺的鬧劇，勞民傷財。

梁武帝的假慈悲有多假呢？從他對待姪子蕭正德的態度可窺見一斑。

蕭正德是他的六弟蕭宏之子。

他在稱帝之初，因為膝下無子，將蕭正德過繼為子。

他為什麼要這麼做？其中道理天下人皆知。

這讓蕭正德在幼小的心靈上留下了很深的烙印 —— 我就是梁朝帝位的繼承人。

但是，隨著梁武帝的長子、大名鼎鼎的昭明太子蕭統出生，蕭正德夢碎了。

蕭正德被梁武帝勒令回歸本宗。

不過，梁武帝也沒有虧待蕭正德，封他為西豐縣侯，食邑五百戶，後又升任其為吳郡太守。

蕭正德卻憤憤不平，他內心的落差實在太大。

一般人遇到這種情況，憤憤不平歸憤憤不平，最多就發幾句牢騷，然後認命。

憤憤不平的蕭正德卻做出了一個讓人不可思議的舉動 —— 他投奔了北魏！南齊宗室蕭寶夤在南齊滅亡後一直生活在北魏，他向北魏孝明帝元詡上奏說：「豈有伯為天子，父作揚州，棄彼密親，遠投佗國？不若殺之。」

蕭寶夤的話真是一針見血、一語中的啊！如果北魏孝明帝元詡聽勸，馬上殺了蕭正德，那後來就不會有那麼多事了。

但北魏孝明帝元詡一時婦人之仁，沒有下手；當然，也沒有禮遇蕭正德。

碰壁後的蕭正德，竟然又灰溜溜地溜回南梁了。

梁武帝以「菩薩渡人」的姿態，接納了蕭正德，沒有數落、沒有責備，只是流著淚訓誡一番，就恢復他的封爵，任命他為征虜將軍。

這等於是在南梁帝國中樞埋下了一顆定時炸彈。

亂世梟雄侯景原是爾朱榮的手下，擔任過爾朱榮的先鋒，參加了鎮壓「六鎮之亂」，立過不少軍功。

高歡消滅了爾朱家族後，侯景投降了高歡。

因為才能出眾，他遭到高歡的猜忌。

高歡所在的東魏陣營正與宇文泰所在的西魏陣營展開生死廝殺，侯景一怒之下，就想轉向投靠宇文泰。

宇文泰與高歡英雄所見略同，都認定侯景是個禍害天下的害人精、破壞之王，對他心懷戒備，不肯接納。

這樣已經和高歡、宇文泰鬧翻的侯景，只好狼狽不堪地投奔了梁武帝。

已經年老昏聵的梁武帝，缺乏高歡、宇文泰的識人眼光，以為侯景是上天恩賜給自己用以安邦定國的「武曲星」，給予侯景很高的待遇，比如：河南王、大將軍、持節等。

如果梁武帝真的是鐵了心重用侯景，可能也沒事。

問題是，他心猿意馬、把持不定。

他的另一個姪子蕭淵明，在高歡的兒子高澄發兵攻打侯景時，落入了東魏人之手，擁有「菩薩心腸」的梁武帝，為了解救姪子，竟然產生了拿侯景去換回蕭淵明的想法。

梁武帝的心態被侯景察覺，侯景忍無可忍，舉兵叛變。

侯景援引了那個一心要做太子而不得的蕭正德為內應，舉僅有的八千兵起事，突襲了建康城。

因為有蕭正德的內應，侯景順利攻破朱雀門，進圍臺城（宮城）。

臺城尚未攻下，蕭正德便急忙地登基為皇帝，改元正平，封侯景為丞相。

形勢發展到這一步，侯景的勢力空前擴張，已擁有十萬人之眾。

南梁太清三年（西元549年），侯景攻破臺城，為了遣散前來救援梁武帝的援軍，他廢黜了蕭正德，入覲梁武帝及皇太子，矯詔讓各路援軍散去。

等到各路援軍相繼退去，侯景占領了建康全城，控制了梁朝軍政大權。

當然，侯景也不是傻子，他知道梁武帝恨透了自己，於是命令斷絕臺城的供應，餓死梁武帝，立蕭綱為帝，是為簡文帝。

改年，侯景廢蕭綱，改立豫章王蕭棟為帝。

所有人都知道，侯景這是在為自己稱帝鋪陳。

果然，一個月之後，侯景命蕭棟禪讓，自己風光地登基為帝，國號為漢，改元太始。

似乎，從理論上說，南梁算是滅亡了。

但史家並不以為然。

因為，侯景能控制的不過建康一地，並未征服整個江南。

而侯景如此冒失地稱帝，招致了梁軍和各地武裝的強烈攻擊。

南梁大寶二年（西元 551 年），侯景的主力在巴陵被蕭繹的大將王僧辯擊敗，其勢力迅速委頓，一蹶不振。

次年，王僧辯與蕭繹的另一大將陳霸先在白茅灣會盟，誓師東下，一舉攻破建康。

侯景在逃亡中被部下所殺。

這樣，歷時四年的「侯景之亂」之人間慘劇宣告落幕，江南一片殘破。

該年十一月，在王僧辯、陳霸先等人的勸進下，蕭繹稱帝於江陵，改元承聖，是為梁元帝。

建康是東吳、東晉、南宋、南齊、南梁的五朝故都，雖被侯景蹂躪得不成樣子，但其地理優勢擺在那，江陵根本不能與之相比。

只能說，蕭繹在江陵稱帝，地點選錯了。

南梁承聖三年（西元 554 年）十月初九，西魏大舉圍攻江陵，情勢危急。

當時，王僧辯和陳霸先被派出分守建康、京口，王僧辯救援不及，而遠在京口的陳霸先更是鞭長莫及。

江陵很快陷落，梁元帝蕭繹被殺，在梁元帝宮中值事的陳霸先的兒子陳昌、姪子陳頊等人，被擄至長安。

西魏人殺了梁元帝蕭繹，另立梁元帝之姪、昭明太子蕭統之子蕭詧為帝，讓蕭詧作為自己的代理人，著手經略江南。

由於蕭詧這個小王國是西魏政府建立的一個傀儡集團，不同於梁元帝的南梁，所以，被史家稱為「西梁」。

那麼，西梁已經出現，南梁是否已經滅亡了呢？沒有。

西梁所轄地方不過方圓三百里，很小。

占據著江南要地的王僧辯與陳霸先經過反覆商議，打算迎梁元帝第九子蕭方智到建康稱帝。

由東魏蛻變而成的北齊政府不甘心西魏勢力南擴，也想趁梁國破敗來瓜分地盤。

北齊文宣帝高洋派其弟上黨王高渙護送原被東魏俘虜的貞陽侯蕭淵明前來繼梁帝位。

高洋在寫給王僧辯的信裡，口氣很硬。

王僧辯一開始是拒絕的，但經不過北齊軍一番劈頭蓋臉的砍伐，終於低頭，於該年五月迎蕭淵明入建康。

蕭淵明這個曾引發侯景舉兵作亂的人，趾高氣昂地登上皇位，改元天成，立蕭方智為太子。

王僧辯雖然低頭了，陳霸先還是不服。

該年九月，陳霸先發軍突襲石頭城，擒殺了王僧辯。

蕭淵明嚇得臉都綠了，只得乖乖退位。

九月，蕭方智在陳霸先的擁戴下即皇帝位，改元紹泰，是為梁敬帝。

陳霸先自任尚書令、都督中外諸軍事、車騎將軍、揚、南徐二州刺史，掌握實權。

陳霸先經過三年多的打理，基本控制了長江下游地區，穩定了自己的地位，覺得時機已經成熟，遂於南梁太平二年（西元 557 年）廢掉梁敬帝蕭方智，自己在建康稱帝，建立了陳朝。

陳霸先稱帝，第一個舉手反對的人是王僧辯生前的部將王琳，此人非常能打，是王僧辯的得力幹將，軍功與杜龕並稱第一。

他派人入北齊迎還梁元帝之孫永嘉王蕭莊，在郢州擁之為帝，年號天啟，設定百官，自己總管軍國大事。

不得不說，王琳非常勇猛，他先後擒捉了前來討伐的陳將侯安都、周文育等。

在南陳天嘉元年（西元 560 年），當他與陳將侯調在蕪湖交戰時，由西魏蛻變成而成的北周政府發兵攻打其大本營郢州，他被弄得手忙腳亂，最終不得不與蕭莊逃入了北齊。

至此，南梁正式滅亡，共歷十帝，享國五十八年。

西梁集團雖然延續著蕭氏的國統，但其是附屬於北周的小政權，國小力弱，仰人鼻息，於隋開皇七年（西元 587 年）被楊堅廢除。

西梁共傳宣帝蕭詧、明帝蕭巋、後主蕭琮三世，存在了三十二年。

很多人沒有想到，過了三十一年，到了隋義寧二年（西元 618 年），蕭琮的姪子，同時也是梁武帝蕭衍六世孫的蕭銑，於岳陽稱帝，國號仍為梁，年號鳴鳳，設定百官，勢力範圍東至九江，西至三峽，南至交趾，北至漢水，擁精兵四十萬，雄踞南方。

不過，蕭銑這個梁國的存在時間只有三年，在唐武德四年（西元 621 年），即被初唐第一名將李靖所滅，蕭梁的歷史才算正式終結。

千金公主欲復國，結局很慘烈

北周整個王朝共歷五帝，但真正能執政治國的只有第三位武帝宇文邕，其餘的多為傀儡皇帝。

北周的基業當然是太祖宇文泰打下來的，宇文覺並沒什麼才能，之所以能從西魏恭帝元廓那裡受禪稱帝，完全是堂兄宇文護的操控。

宇文覺既是北周的開國皇帝，也是北周的第一個傀儡皇帝。

北周的第二個傀儡皇帝是宇文覺的庶兄宇文毓。

宇文覺不甘於當傀儡皇帝，與堂兄宇文護鬧翻，結果被趕下帝位，並離奇死亡。

宇文毓也不甘於當傀儡皇帝，與堂兄宇文護鬧翻，結果被毒殺。

宇文護連除兩帝，還沒有自立的意思，又立宇文泰第四子宇文邕為帝。

宇文邕不甘於當傀儡皇帝，卻懂得韜光養晦，隱忍了十二年，趁堂兄宇文護不備，突然爆發，將之誅殺，從此獨掌朝政，平滅了北齊，統一北方，把北周的國力推向頂峰。

就在宇文邕雄心勃勃地要出師剷除突厥大患之際，卻英年早逝，年僅三十六歲。

這一點，北周武帝宇文邕的遭遇與數百年之後的後周世宗柴榮頗為相似，兩人都是不世之英主，都是在出師剷除外患的時候病逝的，讓人嘆惜。

宇文邕死了，帝位當然就傳給了他的兒子宇文贇。

宇文贇是個不肖子，登上帝位後，不到一年，就禪位給了年僅七歲的兒子宇文闡，自己當太上皇在皇宮風流快活。

七歲的小皇帝宇文闡坐江山，這情形，就像一個七歲的小孩子守著一個超級大寶藏，引得無數野心家覬覦不已。

這其中，最明顯的人就是丞相楊堅。

有人會覺得奇怪：就算小皇帝宇文闡年紀小，守不住江山，那麼，整個宇文家族不是還有其他年紀大的人嗎？他們難道不會幫忙看著？是的，宇文家族當然還有許多年紀大的人。

不說別的，單說北周太祖宇文泰的兒子，就有趙王宇文招、陳王宇文純、越王宇文盛、代王宇文達、滕王宇文逌等。

這些人之中，趙王宇文招是北周太祖宇文泰第七子，頗有文才武略，曾跟隨過武帝東征伐齊、與齊王宇文憲率軍征討稽胡，立過很多戰功。

但是，北周宣帝宇文贇繼位之初，猜忌諸叔，不但誅殺了齊王宇文憲，還將包括趙王宇文招在內的五王驅逐出京到封地就國了。

這使得京師再無得力的宇文氏子弟坐鎮，楊堅在宇文贇死後，從容竊取了權柄。

當然，宇文贇在病重時，也曾徵召趙、陳、越、代、滕五王回京輔政。

可這又使得五王如龍離大海、虎離深山，沒有了兵力與楊堅抗衡；這一孤身入京，無異於自投羅網，被楊堅輕而易舉地擒殺。

於是，楊堅再無顧慮，於北周大定元年（西元 581 年）二月廢黜了宇文闡，自立為帝，建立隋朝，是為隋文帝。

楊堅手段狠辣，不但毒死了小外孫宇文闡，還將宇文氏全族男丁全部斬殺。

趙王宇文招入京前，曾將自己最小的兒子留在封地。

相州總管尉遲迥就擁戴此子起兵與楊堅對抗。

後來尉遲迥兵敗，宇文招的這個小兒子當然未能倖免於難。

趙王宇文招有一女，在宇文贇即位之年被封為千金公主，許配到突厥和親。

宇文贇沒有父親武帝宇文邕的雄才大略。

武帝宇文邕在離世前的幾個月，還自信滿滿地率軍要去平滅突厥。

但宇文贇在武帝宇文邕死後沒幾個月，就向趙王宇文招徵召了最聰穎漂亮的堂妹千金公主，送給突厥首領沙缽略可汗阿史那・攝圖為妻。

千金公主出塞的時間是北周大象二年（西元 580 年）二月，一年之後，即北周大定元年（西元 581 年）二月，楊堅便大肆誅殺北周宗室諸王，建立了隋朝。

噩耗傳來，千金公主悲痛欲絕，她發誓要報這國仇家恨。

她不斷慫恿夫君沙缽略可汗，要沙缽略可汗出兵侵隋。

於是，突厥正式向隋朝宣戰。

沙缽略可汗聲稱：「我本是北周家的親戚，如今楊堅滅了北周，我如果坐視不管，還算是個男人嗎？」他召集了四十萬大軍，打出替北周復國的旗號，自木硤、石門兩道大舉入侵，先後攻下武威、天水、安定、金城、上郡、弘化、延安等城，長安震動。

兩年前護送千金公主出塞和親的副使長孫晟這時成了楊堅座前紅人。

和親活動結束後，長孫晟在突厥居住了一年多，熟悉突厥內情，知道突厥各部之間並非鐵板一塊，他向楊堅建議：以離間計挑撥突厥各部落。

楊堅依計而行。

結果，隋朝的離間計很成功：沙缽略可汗的叔姪反目成仇，沙缽略陷入孤立，腹背受敵，境況日益窘迫，前景不妙。

楊堅大感高興，下詔書宣稱說：「從前周、齊抗衡，中原分裂，突厥坐收漁翁之利，操控著局勢。北周和北齊相互猜忌，都怕突厥偏向對方，所以搜刮百姓而去餵養豺狼，突厥因此更加貪婪。本朝應進攻突厥，樹立威嚴。」

這種情況下，年方二十歲的千金公主意識到了現實的殘酷，決定暫時將自己的國恨家仇放在一邊，先幫助丈夫走出困境。

她寫了親筆信給楊堅，表示自己雖是北周公主，卻十分欽佩楊堅的聖明，請求做大隋皇帝之女。

沙鉢略也寫信低頭並說：「皇帝是婦父，即是翁，此是女夫，即是兒例，兩境雖殊，情義是一。今重疊親舊，子子孫孫，乃至萬世不斷。上天為證，終不違負。」

楊堅雖然對突厥喊打喊殺，但他也是有所顧忌，一看沙鉢略為低頭，就找個臺階下，賜公主楊姓，收為養女，改封為大義公主，要她懂得「大義」二字，以「和」為貴。

這樣，兩國休兵，邊境重現安寧。

隋開皇七年（西元 587 年），沙鉢略病死，其子雍閭都蘭可汗（即葉護可汗）繼位。

大義公主按照突厥的習俗，又嫁給沙鉢略的兒子都蘭可汗。

隋開皇九年（西元 589 年），楊堅滅掉南朝陳國，命人把後主陳叔寶的一面屏風賜給大義公主，表面上是炫耀恩寵，實際上是內含威懾。

公主看到屏風，知道南陳已經滅亡，隋楊更加強大，報仇無望，復國無期，悲憤莫名，情難自抑，提筆在屏風上題詩一首。

盛衰等朝露，世道若浮萍。

榮華實難守，池臺終自平。

富貴今何在？空事寫丹青。

杯酒恆無樂，絃歌詎有聲？

余本皇家子，漂流入虜廷。

一朝睹成敗，懷抱忽縱橫。

古來共如此，非我獨申名。

唯有明君曲，偏傷遠嫁情。

來人默記下這首詩，回去一字一句地背誦給楊堅聽。

楊堅不語，嘿嘿冷笑。

不久，長孫晟出使突厥，下詔廢除了大義公主的公主封號。

為了牽制都蘭可汗，長孫晟讓楊堅以宗女安義公主許配給突利可汗，扶一個，打一個。

突利可汗在隋朝的扶助下，大敗都蘭可汗。

都蘭可汗失敗之後，惱羞成怒，斬殺了公主。

該年為隋開皇十六年（西元 596 年），公主年僅三十四歲。

最後補充一下，楊堅雖然一度下詔書對突厥人喊打喊殺，說什麼「本朝應進攻突厥，樹立威嚴」，但突厥人實在太強大了。

在強大的對手面前，他不得不送錢、送物、送女人進行籠絡。

安義公主嫁給突利可汗（後被楊堅改稱為啟民可汗）為妻後，不到兩年，公主就死了。

楊堅生怕啟民可汗不高興，又趕快補嫁了義成公主。

這義成公主的命運，與千金公主驚人相似。

她在啟民可汗死後，又根據突厥風俗，先後嫁給了啟民可汗的三個兒子：始畢可汗、處羅可汗、頡利可汗。

隋朝滅亡後，義成公主發誓要報家仇國恨，多次慫恿夫君，要夫君率兵入塞滅唐。

突厥人入侵勢頭最急、最猛、最具滅國性的是唐武德九年（西元 626 年）冬天。

該年，李世民策動了玄武門事變，登上了帝位。

頡利可汗趁大唐政權交接，親率二十餘萬大軍，勢如破竹，一直殺到長安城外，在渭水便橋的北岸安營紮寨。

李世民一身虎膽，以帝王之尊，單人獨騎揚鞭來到渭水便橋的南岸，與頡利可汗隔河相談，雙方在便橋歃血為盟，化干戈為玉帛。

大唐王朝躲過此劫後，李世民積蓄力量，等待時機，於薛延陀、回紇等部背叛突厥時，派出名將李靖，對突厥發起了迅速而準確的一擊——突襲到突厥老巢，當場處決義成公主，擒獲了頡利可汗。

第三章

沙場英豪：大隋猛將的傳奇故事

有李廣之能、霍去病之勇、班超之謀的長孫晟

老實說，唐太宗的岳父長孫晟的名氣，遠遠比不上他的女兒長孫皇后，甚至比不上他的兒子長孫無忌。

長孫皇后在中華歷史上享有千古第一賢后的美譽，玄武門之變前夕曾親自勉慰諸將士，在夫君即位後，她又經常借古喻今，竭力匡正夫君為政的失誤，盡力保護忠正大臣，被夫君譽為「嘉偶」、「良佐」，在世時著有《女則》三十卷，逝後諡「文德皇后」，葬於唐昭陵。

長孫無忌是唐太宗的得力助手，策劃並參與了玄武門事變，在凌煙閣功臣中位列第一。

後來在立儲之爭時支持高宗，被任為顧命大臣，授太尉、同中書門下三品。

唐太宗對長孫無忌喜愛到什麼地步呢？貞觀六年（西元 633 年），時為吏部尚書長孫無忌在受召時，忘記解下佩刀，匆匆入宮。

這一情節比《水滸傳》裡「林沖帶刀誤闖白虎堂」嚴重上百倍。

按照大理寺少聊戴胄的意思，長孫無忌佩刀入宮，罪該和監門校尉一起處死。

唐太宗既想維持法律公正，又不忍心大舅子就這樣被處死，非常為難，將此案交司法機關複議再複議，最後在尚書右僕射封倫的巧妙斡旋下，總算免除了長孫無忌和監門校尉的死罪。

再說回長孫皇后和長孫無忌的父親長孫晟，他其實是一位世間罕見的名將。

宋代張預編的《十七史百將傳》，以及明代黃道周所著的《廣名將傳》都將長孫晟列入其中。

長孫晟的曾祖父是北魏上黨文宣王長孫稚、父親是北周開府儀同三司長孫兕。

長孫晟有多厲害呢？現在我們說起漢代名將，大腦最先會出現飛將軍李廣、驃騎大將軍霍去病、定遠侯班超等一系列熠熠生輝的名字。

而李、霍、班的特點，長孫晟兼而有之。

李廣的特點是善射，箭術一時無雙。

長孫晟的箭術也是妙絕天下，海內咸服。

北周風氣尚武，貴族子弟都以騎射矜誇。

每次在貴族圈內舉行騎馬射箭比賽，長孫晟都獨占鰲頭。

長孫晟也因此在北周天和四年（西元 569 年）擔任了司衛上士，而在該年，他才十九歲。

西晉「八王之亂」起，中原板蕩，周邊的游牧民族乘勢而入，局勢鬧得一團糟。

雖說劉裕篡晉，平滅了南燕，攻破了後秦，安定了南方；稍後拓跋燾也清掃了北方各種大大小小的勢力，形成了南北對峙的局面。

周邊又有新的游牧民族紛紛崛起，到了南北朝後期，已經有突厥、吐谷渾、党項和遼東的高麗等，在中原的北方形成了一股弧形的勢力，對中原構成了巨大威脅。

當北魏分裂為東魏、西魏，東魏、西魏又分別蛻變成北齊、北周時，中原北方的東、西兩大陣營彼此忙於攻殺交戰，無暇對外，突厥發展迅速，一躍而成北方第三大勢力。

為此，北齊、北周都爭相向突厥交好，北齊傾府藏以結其歡，北周亦每年向突厥獻絹帛十萬段。

突厥的可汗雖是粗人，但驀然得此好處，樂得坐享其成，同時也隱約懂得「鷸蚌相爭，漁翁得利」的好處，得意洋洋地放話說：「但使我在南面的兩個兒子孝順，何憂無物邪？」北周方面不甘心做突厥可汗的「孝順兒子」，想翻身做長輩，祭出了「大絕招」—— 和親。

於是，北周大象二年（西元 580 年），北周宣帝宇文贇就封趙王宇文招之女為千金公主，許配給突厥首領沙缽略可汗阿史那‧攝圖為妻。

用女人來討好對方，當然多少有點丟臉。

為了挽回一絲顏面，北周朝廷認為突厥人向來崇拜和敬仰武力，而長孫晟是朝內最厲害的角色，於是就讓他充當汝南公宇文慶的副使，護送千金公主到沙缽略可汗的牙旗之下，目的是讓他去使點顏色讓突厥人看，使之不敢對北周太過輕慢。

的確，北周朝廷此舉收到了奇效。

此前，北周曾先後派數十位使者前往突厥，都遭到了沙缽略可汗的輕視和汙辱，長孫晟這一趟出行，卻得到了前所未有的禮遇。

事情說起來有點戲劇性。

那天，沙缽略可汗接見長孫晟時，空中有兩隻大鵰飛著爭食。

長孫晟請射兩鵰，得到同意後，他抽箭彎弓，說時遲，那時快，一箭飛出，洞貫雙鵰！突厥人驚為天神。

沙缽略可汗喜形於色，隆重地引長孫晟為貴賓，並讓各位子弟貴人都與長孫晟親近，學習其射箭的本事。

和親使團回國之日，沙缽略可汗依依不捨，盛情挽留長孫晟。

長孫晟生性豪爽，豁達大度，四海為家，爽快地答應了。

從此，長孫晟成了沙缽略可汗身邊形影不離的哥們，日日伴隨著沙缽略可汗一起吃喝、一起玩樂、一起遊獵。

但長孫晟心懷故土，而且，和他交友甚得的哥們楊堅擔任了北周丞相，執掌了大權，正需要他。

這樣，長孫晟在突厥停留了一年多之後，堅請回國了。

但在這一年多時間裡，長孫晟遍交突厥高層，而且與被沙缽略可汗所忌恨的親弟弟突利可汗暗中結成了「生死之交」。

最重要的是，長孫晟在突厥跟隨沙缽略可汗遊獵之時，將突厥山川形勢、部眾強弱等要情悉記於心，對突厥之事瞭如指掌。

長孫晟歸國後，將自己所了解到的突厥要情一五一十地告訴了楊堅，明確指出：突厥內部並非鐵板一塊，而是衝突叢生，並不可懼。

楊堅聞之大喜，大笑道：「吾不復懼突厥矣！」不久，楊堅篡周建隋，建立了隋朝，是為隋文帝。

既然不再懼怕突厥，隋文帝就一改以前北周對突厥卑躬屈膝的政策，廢除了每年向突厥進貢的做法，下詔書說：「從前周、齊抗衡，中原分裂，突厥坐收漁翁之利，操控著局勢。北周和北齊相互猜忌，都怕突厥偏向對方，所以搜刮百姓而去餵養豺狼。突厥因此更加貪婪。本朝應進攻突厥，樹立威嚴。」

隋文帝在說這些的時候，並未閒著，他一面下詔修築長城，加強防禦工事，一面調兵遣將，以防突厥的入侵。

沙缽略可汗怒不可遏，與前北齊營州刺史高寶寧聯合攻陷了臨榆關，並與各部落相約，準備大舉南侵隋朝。

隋文帝急召長孫晟問計。

長孫晟侃侃而談，他說：「如今沙缽略可汗、達頭可汗、阿波可汗、突利可汗等叔姪兄弟各統強兵，都號可汗，分居四面，他們雖然外示和好，其實內懷猜忌，極容易離間。只要我們採取戰國時范雎為秦王提供的『遠交而近攻，離強而合弱』的計謀，他們的衝突就會變得更激烈，他們一內鬥，我們就好辦了。」

隋文帝依計而行，派出了兩個使團：一個使團去找沙缽略可汗的叔叔達頭可汗，特賜狼頭纛，假裝對他很欽敬，對他很禮貌，認可他的權力，要與他聯盟；另一個使團由長孫晟親自率領，去找他的「生死之交」——沙缽略可汗的弟弟突利可汗，跟他維繫感情。

這麼一來，沙缽略可汗所謂「集結各部」侵隋的行動，只集結到阿波可汗一部而已。

於是，接下來，長孫晟全力收買阿波可汗，他動用三寸不爛之舌說動了阿波可汗，讓阿波可汗派使者跟自己到長安朝見隋文帝。

沙缽略可汗是個粗線條的人物，一聽阿波可汗派遣使臣去了長安，就趁阿波可汗不備，率軍襲擊了阿波可汗的營地，收編了阿波可汗的部眾，殺死了阿波可汗的母親。

這麼一來，阿波可汗和沙缽略可汗反目成仇，勢不兩立。

在長孫晟的慫恿下，達頭可汗和突利可汗迅速加入戰團。

從此，突厥內部互相攻伐，烽煙不息，永無寧日，最終分裂成了沙缽略可汗的東部集團和阿波可汗的西部集團兩大勢力，再也無力南侵大隋。

當然，這還不是最弔詭的。

最弔詭的是，無論是沙缽略可汗的東部集團還是阿波可汗的西部集團，都聽長孫晟的話，對長孫晟畢恭畢敬，敬若神明。

沙缽略可汗以一敵三，屢戰屢敗，幾有滅頂之災，派人來向長孫晟求計。

長孫晟為了達到「以夷制夷」的策略目的，也不願他就此滅亡，而讓阿波可汗一枝獨大，積極建議他向隋請和稱藩，以獲得隋朝的支持。

隋文帝在長孫晟的授意下，表現得非常「寬宏大度」，既往不咎，原諒了沙缽略可汗以前的不禮貌行為，同意了他的請求。

之前長孫晟不是和宇文慶護送北周趙王宇文招之女千金公主去和沙缽略可汗和親嗎？隋文帝做了個順水人情，賜千金公主姓楊，認作自己的乾女兒，改封為大義公主，以示自己與沙缽略可汗結成了翁婿之好。

粗線條的沙缽略可汗接到隋文帝的詔書，覺得自己賺了，樂呵呵地跪拜詔書，笑著對左右官員說：「須拜婦公，須拜婦公。」

隋開皇七年（西元 587 年）四月，沙缽略可汗卒，長孫晟持節立其弟處羅侯為莫何可汗。

莫何可汗在長孫晟的指使下，最終生擒了阿波可汗。

隋開皇八年（西元 588 年）十一月，莫何可汗死，其子雍閭都蘭可汗（即葉護可汗）繼位，受大義公主唆使，準備反隋。

統治突厥北方的突利可汗為爭取隋朝的支持，與隋文帝達成協議，設計都蘭可汗誅殺了大義公主。

為了牽制都蘭可汗，長孫晟讓隋文帝將宗女安義公主許配給突利可汗，扶一個，打一個。

突利可汗在隋朝的扶助下，大敗都蘭可汗。

都蘭可汗只好與達頭可汗結盟與突利可汗相抗。

但是沒有用。

隋文帝授長孫晟左勳衛驃騎將軍，協助突利可汗與之相攻殺。

隋開皇十九年（西元 599 年）四月，隋上柱國趙仲卿率兵大破突厥，都蘭可汗敗逃，後被其部下所殺。

楊素軍在靈州以北地區與達頭可汗部相遇，大敗突厥，達頭可汗帶著重傷逃跑，其眾死傷不可勝數。

而突利可汗本人被長孫晟劫持到長安，拜見了隋文帝。

隋文帝冊封突利可汗為啟民可汗。

從此，啟民可汗徹底成了隋朝的附庸。

安義公主不幸病故，隋文帝又派長孫晟持節送宗室女義成公主嫁給啟民可汗。

都蘭可汗死，達頭可汗自立為步迦可汗，於隋開皇二十年（西元 600 年）四月率兵進犯隋朝邊境。

長孫晟時為秦川行軍總管，率突厥歸附各部為前鋒，跟隨晉王楊廣出征。

長孫晟熟悉突厥民俗風情，命人在泉水上游撒放毒藥。

突厥人、畜被毒死不計其數，步迦可汗驚疑不定，哀傷無限地說：「天雨惡水，其亡我乎？」連夜拔營遁逃。

長孫晟率部追擊，斬殺突厥千餘人，俘百餘口，獲六畜數千頭。

楊廣設宴與長孫晟慶功。

酒至半酣，有突厥達官來降，坦誠相告，說：「突厥之內，大畏長孫總管，聞其弓聲，謂為霹靂，見其走馬，稱為閃電。」

楊廣對長孫晟膜拜不已，將之與漢驃騎將軍霍去病相比，稱讚說：「將軍震怒，威行域外，遂與雷霆為比，一何壯哉！」南宋人葉適卻認為，長孫晟之高明，遠勝於衛青、霍去病。

他在《習學記言》一書中寫：「長孫晟終隋世，能以計縻突厥，開闔盛衰，無不如志，卒弱其勢，以成北方之功，過於衛霍用百萬師矣。」

清末史學家蔡東藩則在《南北史演義》中將長孫晟與東漢強人班超相提並論，說：「以夷攻夷，為中國制夷之上策，漢班超之所以制匈奴者在此，隋長孫晟之所以制突厥者亦在此。」

隋仁壽四年（西元 604 年），隋文帝崩，楊廣登位，任命長孫晟為內衙宿衛，知門禁事，即日拜左領軍將軍。

隋大業三年（西元 607 年），楊廣北巡至榆林，欲出塞外，陳兵耀武。

長孫晟先行一步到啟民可汗部喻旨。

啟民可汗聽說長孫晟來，召所部奚、室韋等數十個部落的酋長出迎。

長孫晟指點他說：「天子行幸所在，諸侯躬親灑掃，耘除御路，以表至敬之心。今牙中蕪穢，謂是留香草耳。」

啟民可汗聽罷，不敢怠慢，拔下佩刀，親自除草。

其餘各部族長誠惶誠恐，爭相仿效。

為示忠心，啟民可汗又發命舉國就役開御道，西起榆林，東達於薊，長三千里，寬百步。

楊廣倍感有面子，大讚長孫晟有辦法，任其為右驍衛將軍。

兩年之後，即隋大業五年（西元 609 年），長孫晟病逝，享年五十九歲。

誠心歸順隋朝的啟民可汗也在這一年去世。

隋大業十一年（西元 615 年）八月，楊廣再次出塞北巡，在雁門被啟民可汗之子始畢可汗圍困，上天無路，入地無門，仰天哀號說：「向使長孫晟在，不令匈奴至此！」明末大儒黃道周在《廣名將傳》作有長詩專讚長孫晟，詩云：

長孫工射，一箭雙鵰。

處羅有識，密與之交。

山川形勢，銀耳昭昭。

隋有天下，攝圖牢騷。

南侵合眾，勢盛難消。

隋主大懼，築城阻撓。

晟因書啟，胡眾最豪。

兵力難制，離間易挑。

上悅其計，賜矗以驕。

再引使上，疑貳以牢。

鐵勒反告，能不驚逃。

染干婚後，警輒奏朝。

賜射鳶落，獲齎獨饒。

毒留破敵，聲比雷高。

受降再出，早死於勞。

若使長在，許誰咆哮。

達奚長儒：隋朝最恐怖的將領

我們都知道，亂世出英雄。

每一個朝代的建立，都離不開一大群超級英雄的擁護和扶持。

所以，西漢有「漢初三傑」、東漢開國有雲臺二十八將、唐朝開國有凌煙閣二十四功臣、明朝開國有「淮西二十四將」以及劉伯溫、徐達、常遇春等良臣猛將。

隋朝開國，雖說是從孤兒寡婦手裡奪來的江山，但隋文帝楊堅如果沒有一幫猛人、強人的捨命追隨和擁戴，根本不可能坐穩帝位，更不可能開創出煊赫一時的「開皇盛世」。

可惜的是，現在人們談論起開隋強人，往往只記得被演義史過多戲劇化的楊素、高熲、賀若弼、韓擒虎、長孫晟等人，卻遺忘一個極其重要的人物。

這個人物，其實是隋朝最恐怖的將領，曾經大殺四方，攻城野戰，所當必破，曾以二千騎破突厥十萬，大揚國威。

他的名字叫達奚長儒！達奚長儒出自將門世家，祖父達奚俟是西魏定州刺史，父親達奚慶為西魏驃騎大將軍、儀同三司。

達奚長儒十五歲結髮從軍，膽略過人，勇猛絕倫，敢玩命，殺伐凶悍，無人敢敵，遇之輒散。

西魏丞相宇文泰因此對達奚長儒寵愛有加，先讓他擔任奉車都尉，後授任為大都督。

西魏廢帝二年（西元 553 年），達奚長儒跟隨尉遲迥入蜀平蕭紀，總任先鋒，一路摧城拔寨，勢如破竹。

北周代西魏後，達奚長儒升任開府儀同三司，出任渭南郡守，遷驃騎大將軍。

在北周平定北齊的鬥爭中，達奚長儒指東打西，莫不如志。

戰後論功，達奚長儒升任為上開府儀同三司，晉爵為成安郡公，食邑一千二百戶。

南陳名將吳明徹是陳武帝陳霸先生前最為倚重的大將之一，曾在平定華皎叛亂的「沌口之戰」中，大敗周、梁聯軍，奪取西梁三郡；又在南陳太建五年（西元 573 年）北伐中，大敗北齊軍隊，攻克秦州、歷陽、合肥、合州、仁州，收復淮南之地。

一句話，吳明徹是個不折不扣的名將、猛將。

事實上，在唐德宗追封古代名將並為他們設廟享奠的六十四人中，就有吳明徹的一席之位。

在宋室所設立的七十二古代名將廟中，吳明徹也赫然位列其中。

南陳太建九年（西元 577 年）十月，時年六十六歲的吳明徹老當益壯，再次領兵北伐，擬奪取淮北地區。

吳明徹的來勢奇快，一下子抵達呂梁。

北周徐州總管梁士彥率軍抵抗，卻是屢戰屢敗。

梁士彥沒有辦法，只好做起了縮頭烏龜，堅守城池，不敢再出戰。

吳明徹引清水來灌城，在城下環列船艦，加緊攻打。

北周方面派大將軍烏丸軌率軍救援。

南陳一看不好，加派驍將劉景率勁旅七千人前來增援。

達奚長儒時任左前軍勇猛中大夫，在烏丸軌軍中，受命迎戰劉景。

達奚長儒不僅長於陸戰，水戰同樣厲害。

他取車輪數百，繫以大石，沉之清水，連轂相次，以待劉景。

劉景不知水下有機關，船艦肆無忌憚向前，很快被車輪所阻，不能前進。

達奚長儒出奇兵，水陸俱發，大敗劉景，俘虜五千多人。

劉景一敗，陳軍崩潰，僅蕭摩訶率領一部分船艦殺出重圍，餘軍非死即降。

陳軍主帥吳明徹背患瘡疽，走投無路，束手就擒。

達奚長儒以功進位大將軍，不久授行軍總管，北巡沙塞，大破胡虜。

楊堅擔任北周丞相時，有篡奪北周政權之心，對於達奚長儒這樣厲害的人，當然是用心收買。

益州總管王謙不滿楊堅專權，在蜀地舉兵反叛。

上柱國楊永安趁機煽動利州、興州、武州、文州、沙州、龍州共六州起兵響應。

楊堅讓達奚長儒率軍平定叛軍。

達奚長儒兩三下就擊敗了叛軍並把從京師逃出來的王謙的兩個兒子擒殺。

由此，楊堅受禪登基後，升任達奚長儒為上大將軍，封為蘄春郡公，食邑兩千五百戶。

達奚長儒最亮眼的表現是在隋開皇二年（西元 582 年）。

該年，娶了北周千金公主的突厥沙缽略可汗，打著替北周復國的旗號，率領四十萬大軍，大舉南侵。

時為行軍總管的達奚長儒所部只有兩千人，在周盤與突厥大軍不期而遇。

兩千人對十萬，眾寡懸殊。

達奚長儒卻毫不畏懼，神情自若，激勵手下將士向突厥人進攻。

該戰，無比慘烈。

達奚長儒所部「散而復聚，且戰且行，轉鬥三日，五兵咸盡，士卒以拳毆之，手皆見骨，殺傷萬計」。

最終，突厥人被達奚長儒所部的殺氣所懾，無心再戰，解兵離去。

他們沿路焚燒死去的同伴屍體，回望黑煙連野，焦肉味沖天，不禁悲從中來，一齊放聲大哭。

楊堅這邊喜不自勝，下詔嘉獎說：「突厥猖狂，輒犯邊塞，犬羊之眾，彌亙山原。而長儒受任北鄙，式遏寇賊，所部之內，少將百倍，以晝通宵，四面抗敵，凡十有四戰，所向必摧。凶徒就戮，過半不反，鋒刃之餘，亡魂竄跡。自非英威奮發，奉國情深，撫御有方，士卒用命，豈能以少破眾，若斯之偉？」達奚長儒因此得任上柱國。

所有陣亡的將士，都追贈官階三級，官職由子孫承襲。

此後，達奚長儒擔任夏州總管三州六鎮都將事。

突厥人忌憚於他的威名，不敢窺探邊塞。

達奚長儒晚年轉任荊州總管三十六州諸軍事。

隋文帝深情款款地對他說：「江陵要害，國之南門，今以委公，朕無慮也。」

只過了一年，達奚長儒便病逝於任上，得諡號為「威」。

《隋書》盛讚達奚長儒：「以步卒二千抗十萬之虜，師殲矢盡，勇氣彌歷，壯哉！」

韓擒虎：
少年擒虎，長大擒王，死後成了「閻羅王」

隋朝只有短短三十七年國祚。

隋朝的強人、猛人卻層出不窮。

單以名將論，就有賀若弼、楊素、韓擒虎、史萬歲等。

隋開皇八年（西元 588 年），隋文帝遣兵南征陳國，在壽春置淮南道行臺省，以晉王楊廣為行臺尚書令，統一排程五十二萬水陸軍，主管滅陳之事。

楊廣於該年分八路大軍從長江上游至下游向陳國發起猛攻。

時為行軍總管的韓擒虎、賀若弼兩軍進展最快，他們於隋開皇九年（西元 589 年）二月完成了對陳都建康的合圍，配合夾擊建康。

賀若弼軍在白土岡與陳軍主力展開激烈搏殺。

仗打得很辛苦，雖然最終大破陳軍，自己的損失也不小。

韓擒虎利用時機，率領五百士卒渡江夜襲採石，得手後再取姑蘇、新林。

讓賀若弼發怒的是，陳國大將任蠻奴明明是被自己擊敗的，他卻在退卻的過程中向韓擒虎投降了。

就是這個任蠻奴的投降，迅速瓦解了陳國的軍心，此後，陳將樊巡、魯世真、田瑞等紛紛投降了韓擒虎，致使韓擒虎僅以五百名騎兵就攻入朱雀門，擒捉了陳後主陳叔寶以及絕代美人張麗華。

韓擒虎憑此獲得了滅國擒王之不世大功。

賀若弼無比懊惱。

老實說，不怪賀若弼惱怒。

就連後人談論起平滅陳國、擒捉陳國後主的事蹟，都歸於韓擒虎一人頭上，閉口不提賀若弼一個字。

比如唐人杜牧〈臺城曲〉裡寫的：「門外韓擒虎，樓頭張麗華。」

再如宋人趙汝〈三閣曲〉裡寫的：「將軍忽遇韓擒虎，江神今識清河公。」

又如宋人楊備〈景陽井〉裡寫的：「擒虎戈矛滿六宮，春花無樹不秋風。」

再如宋大詞人蘇東坡〈虢國夫人夜遊圖〉裡寫的：「當時亦笑張麗華，不知門外韓擒虎。」

清人鄭板橋〈念奴嬌・胭脂井〉裡寫的：「過江咫尺迷樓，宇文化及，便是韓擒虎。」

隋軍班師回朝，賀若弼憤憤不平，在金殿之上與韓擒虎爭功，大聲對隋文帝說：「臣在蔣山死戰，破其銳卒，擒其驍將，震揚威武，遂平陳國。韓擒虎略不交陣，豈臣之比！」

賀若弼與韓擒虎在平陳過程中的表現，真有點像三國末期鍾會、鄧艾伐蜀的情形：鍾會領正兵，鄧艾出奇兵，最終，鄧艾出奇制勝收取了平蜀大功。

其實，韓擒虎的膽量略遠勝鄧艾，而且勇猛無比。

據說，他本名叫韓擒豹，因生擒過一頭猛虎，於是改名為韓擒虎。

這下子聽了賀若弼的述說，他當然怒不可遏，搶著說：「本奉明旨，令臣與弼同時合勢，以取偽都。弼乃敢先期，逢賊遂戰，致令將士傷死甚多。臣以輕騎五百，兵不血刃，直取金陵，降任蠻奴，執陳叔寶，據其府庫，傾其巢穴。弼至夕，方扣北掖門，臣啟關而納之。斯乃救罪不暇，安得與臣相比！」

隋文帝看著殿下站的這對龍臣虎將，滿心歡喜，連連說：「二將俱為上勳。」公正無私，將兩人都進位上柱國。

早在北周與南陳對峙的時代，韓擒虎就曾多次挫敗過陳將甄慶、任蠻奴、蕭摩訶等人的侵擾，威名遠颺，而他本人又長得「容貌魁岸，有雄傑之表」，更在這次平滅江南的過程中成為諸多南陳大將受降的對象，隋文帝對他更加看重。

突厥使者來長安朝拜，隋文帝為了震懾對方，樹立大隋國威，故意安排韓擒虎負責接見，他對突厥使者說：「汝聞江南有陳國天子乎？」然後指著韓擒虎說，「此是執得陳國天子者。」

突厥使者只看了韓擒虎一眼，便被韓擒虎宛如天神一般的犀利目光所驚嚇，「惶恐不敢仰視」。

韓擒虎既然是這樣的威猛，民間也就有了他死後當上了閻羅王的傳說。

韓擒虎病逝於隋開皇十二年（西元 592 年），魏徵等編撰的《隋書》成書時間於唐貞觀十年（西元 636 年），這前後僅僅差了四十多年。

作為「二十四史」中正史的《隋書》，卻把韓擒虎死後當上了閻羅王的傳說煞有介事地記入本傳，可見這個傳說的流行度之廣。

《隋書．列傳第十七．韓擒虎傳》是這樣描述這個傳聞的：有一段時間，韓擒虎住宅附近的一個老婦人看見了一隊莊嚴肅穆的儀隊浩浩蕩蕩地開往韓擒虎家，儀仗的規格等同於帝王。

老婦人大感詫異，悄聲向其中的一個衛兵打聽。

那衛兵答：「我們是前來迎我們的大王的。」

奇怪的是，這人答完，整個儀隊一下子就消失了。

這件事過後不久，有一個重症病人慌張地跑到韓擒虎家門前，大聲嚷嚷說：「我要拜見大王。」

保全問他：「什麼大王？」重症病人回答說：「閻羅王。」

韓擒虎的子弟要鞭打他，韓擒虎出來制止，大笑道：「生為上柱國，死作閻羅王，斯亦足矣。」

這之後沒幾日，韓擒虎卒，時年五十五。

宋人徐鈞因此作詩：「俘主摧都銳莫當，區區破陣卻爭長。不堪世上無分別，自作閻羅地下王。」

我們知道，神仙鬼怪都是些無稽之談，韓擒虎死後當上了閻羅王只是一個傳說而已，不必當真。

但韓擒虎就憑藉著滅國擒王之功，成了後人膜拜的名將，卻是不爭的事實。

唐建中三年（西元 782 年），禮儀使顏真卿向唐德宗建議，追封古代名將六十四人，並為他們設廟享奠，其中就包括了「隋上柱國新義公韓擒虎」。

宋宣和五年（西元 1123 年），宋室為古代七十二位名將設廟，韓擒虎位列其中。

北宋年間成書《十七史百將傳》中，也有韓擒虎的個人列傳。

最後補充一句，韓擒虎有一個比他還要厲害的外甥——初唐名將李靖。

名將賀若弼只因愛說閒話，身遭橫禍，滿門被抄

唐建中三年（西元782年），禮儀使顏真卿向唐德宗建議，追封古代名將，並為他們設廟享奠。

這份古代名將的名單中，隋朝一共出現了四個人：賀若弼、韓擒虎、史萬歲、楊素。

後來的宋王室依照唐代慣例，為古代名將設廟，增設七十二人，隋朝四將仍列其中。

不過，這隋朝四將中的賀若弼，他是看不起其他三將的。

他曾私下對時為晉王的楊廣說：「楊素是猛將，非謀將；韓擒虎是鬥將，非領將；史萬歲是騎將，非大將。」

楊廣好奇地問：「然則大將誰也？」他淡淡一笑，回答說：「唯殿下所擇。」

言下之意，就只有他賀若弼一人而已。

老實說，賀若弼是有資格看不起其他三人的。

事實上自西晉「八王之亂」、東晉「衣冠南渡」以後，中原板蕩、南北分裂。

這之後，南北政權之間出現了無數次北伐、南征，湧現過照耀歷史夜

空的名士、梟雄、名將、名王，如祖逖、桓溫、謝安、劉裕、拓跋燾等，卻是互有長短，彼此都吃不掉對方，致使華夏大地長期處於分裂狀態，時間長達二百多年，無數志士仁人痛心不已。

賀若弼的父親賀若敦為北周名將，一生以平定江南為己任，因忌獲罪，臨刑時，諄諄叮囑兒子賀若弼說：「吾必欲平江南，然此心不果，汝當成吾志。」

賀若弼年少卻慷慨有大志，驍勇便弓馬，解屬文，博涉書記，有重名於當世。

賀若敦非常看好這個兒子。

不只賀若敦看好賀若弼，海內有識之士都看好賀若弼。

北周大象元年（西元579年），北周上柱國、行軍元帥韋孝寬攻略淮南、壽陽等地時，就特別點名要賀若弼隨軍出征。

在南征過程中，賀若弼出謀劃策，無不奏效。

韋孝寬因此進展順利，連下數十城，使長江以北土地都劃入北周。

賀若弼戰後拜為壽州刺史，改封襄邑縣公。

楊堅擔任北周大丞相後，有篡奪北周之心，而相州總管尉遲迥也有不軌之意。

賀若弼成了楊堅和尉遲迥爭奪的對象。

不過，楊堅行動快，提前派親信長孫平代賀若弼鎮守壽州，讓賀若弼火速回朝，很好地保護了賀若弼。

北周大定元年（西元581年），楊堅受禪登基，改國號隋，是為隋文帝。

隋文帝有吞併江南、統一中國之志。

他的兒時玩伴尚書左僕射高熲告訴他，賀若弼可以幫助他完成這一大任，並說：「朝臣之內，文武才幹，無若賀若弼者。」

隋文帝深以為然，對高熲說：「公得之矣！」回頭，拜賀若弼為吳州總管，鎮江北要地廣陵，讓他經略一方，為滅陳積極做準備。

賀若弼強烈地預感到父志將遂，白日放歌，青春作伴，翩然赴任，並賦詩一首，與壽州總管源雄共勉，詩云：

交河驃騎幕，合浦伏波營。

勿使麒麟上，無我二人名。

在吳州任上，賀若弼一方面整軍經武，一方面刺探南陳情報，並細心考察渡江地點，反覆推敲和演練渡江方案，向隋文帝進獻〈取陳十策〉。

隋文帝閱策大喜，更加堅定了平陳決心，特賜寶刀一口，要賀若弼把平陳計畫提進日程。

賀若弼提刀登舟，在江中賦詩詠志，豪情堪比當年橫槊放歌的曹孟德。

兩百多年後，唐人周曇慕而作詩讚嘆云：

破敵將軍意氣豪，請除傾國斬妖嬈。

紅綃忍染嬌春雪，瞪目看行切玉刀。

隋開皇八年（西元 588 年）十月，滅陳戰爭的號角吹響了。

隋文帝在壽春設淮南行臺省，以晉王楊廣為行臺尚書令，主管滅陳之事。

又命楊廣、秦王楊俊、楊素為行軍元帥，高熲為晉王元帥長史，右僕射王韶為司馬，集中水陸大軍五十一萬八千人，東至大海，西到巴、蜀，旌旗舟楫，自長江上游至下游全面鋪開。

隋開皇九年（西元 589 年）正月初一，賀若弼打算趁陳國上下歡度新春之際，發起進攻。

他出廣陵南渡，在渡江前，酹酒而祝：「弼親承廟略，遠振國威，伐罪弔民，除凶翦暴，上天長江，鑑其若此。如使福善禍淫，大軍利涉；如事有乖違，得葬江魚腹中，死且不恨。」

為了這次渡江，賀若弼做了不少準備工作。

事實上北方有馬而缺船，南方有船而缺馬。

為了籌措到足夠多的船隻，賀若弼不斷派出有經商經驗的官兵，扮作商人過江尋找船商，把北方沒有作戰能力或將要退役的老馬賣給南陳；而從南陳反購回一批批船隻。

對於購回的船隻，賀若弼全都藏匿起來，而將一些日常使用的小船、舊船停放在長江北岸的顯眼處，造成隋軍缺船渡江的假象，用以麻痺陳軍。

每當隋軍換防之時，賀若弼都故意大張旗鼓，在廣陵郊外集結，戰鼓如雷，戰旗蔽日，搞得陳軍神經高度緊張、如臨大敵。

當隋軍換防結束，賀若弼又讓將士撤防回營，恢復常態。

此外，賀若弼經常帶領部隊沿江狩獵，人馬喧囂，鷹犬突擊，搞得陳軍神經兮兮。

時間一久，陳軍習慣了隋軍各種集結布陣的變化，認為隋軍並無渡江能力，不過是時不時來一番虛張聲勢而已。

這次，賀若弼真的集結起大軍渡江，陳軍初始不以為意，等隋軍猶如天兵神將一般殺過大軍，一下崩潰，四散奔逃。

賀若弼毫不費力地攻占南陳徐州，爾後，進展順利，一直殺到蔣山才遇上了陳軍的有力抵抗和反擊。

隋八路大軍已全面展開了進攻，而賀若弼與韓擒虎、杜顏三路大軍已對陳都建康構成合圍之勢，建康舉城震響，陳軍軍心動搖，勝敗之勢已顯端倪。

賀若弼激勵將士，先後擊敗了陳將魯達、周智安、任蠻奴、田瑞、樊毅、孔范、蕭摩訶等人，甚至擒捉了陳軍最為勇猛的大將蕭摩訶，取得了徹底的勝利。

隋開皇九年（西元589年）正月初九日，賀若弼意氣風發地從北掖門入城。

但是，哨兵回報，西路軍總管韓擒虎已於初八日率五百騎兵於朱雀門先期入城，並俘獲陳後主，占據了府庫。

賀若弼大感沮喪。

賀若弼讓人押陳後主來相見。

「生於深宮之中，長於婦人之手」的陳後主，被人押到賀若弼面前時，已面無人色，完全喪失了君王的氣度，雙腿發軟，呈膝行狀。

賀若弼心有不忍，撫慰他說：「小國之君，當大國卿，拜，禮也。入朝不失作歸命侯，無勞恐懼。」

隋軍班師回朝，在金殿之上論功，賀若弼不甘居功於韓擒虎之後，大聲對隋文帝說：「臣在蔣山死戰，破其銳卒，擒其驍將，震揚威武，遂平陳國。韓擒虎略不交陣，豈臣之比！」賀若弼說的是實情，若非他與陳軍主力輪番血戰，韓擒虎根本就不可能取巧入城。

但韓擒虎不服，事實上他僅以五百騎兵攻下朱雀門，是以捨生忘死的進取精神取來的，聽了賀若弼的述說，他怒火中燒，搶著說：「本奉明旨，令臣與弼同時合勢，以取偽都。弼乃敢先期，逢賊遂戰，致令將士傷死甚多。臣以輕騎五百，兵不血刃，直取金陵，降任蠻奴，執陳叔寶，據其府庫，傾其巢穴。弼至夕，方扣北掖門，臣啟關而納之。斯乃救罪不暇，安得與臣相比！」隋文帝欣喜之餘，將兩人都進位上柱國。

《隋書．賀若弼列傳》對賀、韓兩人在平陳中的表現做了比較客觀的評價：「自晉衰微，中原幅裂，區宇分隔，將三百年。陳氏憑長江之地險，恃金陵之餘氣，以為天限南北，人莫能窺。高祖爰應千齡，將一函夏。賀若弼慷慨，申必取之長策，韓擒奮發，賈餘勇以爭先，勢甚疾雷，鋒逾駭電。隋氏自此一戎，威加四海。稽諸天道，或時有廢興，考之人謀，實二臣之力。其俶儻英略，賀若居多，武毅威雄，韓擒稱重。」

不過，韓擒虎後來被彈劾放縱士卒，淫汙陳宮，故不加爵邑。

賀若弼由此獨享隋文帝的專寵，既進位上柱國，又封爵宋國公，真食襄邑三千戶，又得登御坐，得賜物八千段，並得加以寶劍、寶帶、金甕、金盤各一，雉尾扇、曲蓋，雜彩二千段，女樂二部，還得賜陳叔寶妹為妾，拜右領軍大將軍，尋轉右武候大將軍。

這還不夠，不但賀若弼的地位顯貴，他的家人也都跟著享福——他的兄長賀若隆做武都郡公，弟弟賀若東為萬榮郡公，併為刺史、列將。

賀若弼得意忘形，漸漸忘記了初心。

他的父親賀若敦當年是怎麼死的呢？是因功見忌、因言獲罪的。

他的口無遮攔，得罪了北周大權臣宇文護，慘遭處死。

賀若敦臨刑前，交代了賀若弼兩件事：一、吾必欲平江南，然此心不果，汝當成吾志。二、吾以舌死，汝不可不思。

賀若敦清楚地知道，自己是因圖一時口舌之快而招來殺身之禍的，所以告誡兒子「吾以舌死，汝不可不思」，為了讓兒子記住「禍從口出」這一人生格言，他還「引錐刺弼舌出血，誡以慎口」，親自操錐刺兒子的舌頭，讓他銘記在心。

賀若弼的前半生牢牢地記住了父親的告誡，為此，他還出賣了自己的老師烏丸軌。

烏丸軌是北周武帝朝的上柱國，他看到武帝宇文邕立不像話的宇文贇為太子，曾與賀若弼商議向武帝勸諫。

一開始，賀若弼與老師訂下了攻守同盟，但是，武帝分別找他們談話時，他卻把所有責任都推給了老師，閉口不說太子半句不是。

事後，烏丸軌氣急敗壞地問賀若弼為什麼要這麼做？賀若弼還意味深長地說了一句：「君不密則失臣，臣不密則失身，所以不敢輕議也。」

不久，宇文贇嗣位，烏丸軌見誅，賀若弼卻因為「不敢輕議」而明哲保身。

不得不說，賀若弼的前半生嚴格遵守「沉默是金」的人生格言，處世圓滑。

但是，功高名滿之後，他的尾巴翹起來了，將父親的告誡拋之腦後，一張大嘴到處大放厥詞。

他認為自己功高蓋世，應該出將入相，常以宰相自許。

但是，隋文帝只把他看成純武將，不把他當文臣看待，遲遲沒有升他做宰相。

賀若弼非常不滿。

賀若弼內心是看不起楊素的，隋文帝卻把楊素升為了右僕射。

賀若弼更加不滿，見人就說左僕射高熲、右僕射楊素都是酒囊飯袋，才德不配，尸位素餐。

這些話傳入隋文帝的耳中，隋文帝找來賀若弼責問說：「我以高熲、楊素為宰相，汝每倡言，云此二人唯堪啖飯耳，是何意也？」賀若弼回答說：「熲，臣之故人，素，臣之舅子，臣並知其為人，誠有此語。」

隋文帝一時無言以對，只好一笑置之。

賀若弼卻不知收斂，怨氣愈甚。

到了隋開皇十二年（西元 592 年），公卿認為賀若弼怨憤過重，奏請處以死刑。

隋文帝躊躇數日，考慮到賀若弼的功勞，免他一死，除名為民。

數年之後，隋文帝於心不忍，恢復了賀若弼的爵位。

隋開皇十九年（西元 599 年），隋文帝在仁壽宮賜宴群臣，賀若弼位列其中。

一開始，君臣氣氛融洽，大家言笑晏晏，一片安樂祥和。

但是，酒至半酣，賀若弼的詩興來了，九頭牛都攔不住，他作了一首五言詩，並大聲朗誦起來，詩中詞意憤怨，引得眾人面面相覷，一時不知如何是好。

隋文帝鐵青著臉，怒形於色，但最後還是寬容地揮了揮手，沒有對他治罪。

照這情形發展，如果當政的一直都是隋文帝，賀若弼大概還能平安度過餘生。

但是，隋仁壽四年（西元 604 年），隋文帝崩了，楊廣即位為帝，賀若弼卻還不知收斂。

於是，隋大業三年（西元 607 年）七月，賀若弼隨楊廣北巡至榆林。

楊廣命人製造了一個可容納數千人的大帳篷，用來接待突厥啟民可汗及其部眾。

賀若弼認為這麼做太過奢侈了，與高熲、宇文弼等人私下議論，被人打了小報告。

楊廣的脾氣很差，認為這些人是在誹謗朝政，將他們一併誅殺。

賀若弼時年六十四歲，其妻子沒為官奴婢，跟隨他的人被發配到邊境。

賀若弼的兒子賀若懷亮，慷慨有父風，以柱國世子拜儀同三司，因賀若弼的事而被罰為奴，不久也被誅殺。

宋人徐鈞讀史至此，無限感慨，賦詩嘆曰：

乃翁永訣語堪悲，果定江南副所期。

守口未能終死舌，如何忘卻刺錐時。

政治才能堪憂的楊素，居然富貴福祿壽齊全

楊素、韓擒虎、賀若弼、史萬歲並稱為隋朝四大名將，他們不但一起進入唐室所設古六十四名將廟中享奠，而且一起進入了宋室所設的七十二名將廟中享奠，還一起進入了宋人所編的《十七史百將傳》中。

不過，韓擒虎和賀若弼只在統一南北的平陳作戰中表現出色，其他地方都黯淡無光，乏善可陳。

史萬歲所歷戰陣堪與楊素相提並論，但只有在平定地方區域性小動亂時才有主力的機會，在平陳作戰和對突厥人的作戰中，都是以配角的身分參戰。

唯獨楊素，不但參與了楊堅一朝的所有戰爭，而且每役均獨當一面。

甚至在北周時期，他剛出道，就獨領一軍。

楊素的父親楊敷是北周驃騎大將軍，在北周與北齊的戰鬥中戰歿。

北周建德四年（西元 575 年）七月，北周武帝宇文邕率軍攻北齊，楊素請求率其父舊部為先驅。

武帝乃是一代明君，慨然應允，賜以竹策，說：「朕方欲大相驅策，故用此物賜卿。」

楊素初出茅廬，便有上佳表現，建下戰功，被封為清河縣子，食邑五百戶。

次年，即北周建德五年（西元 576 年）十月，楊素與齊王宇文憲一起率軍出征北齊。

宇文憲是個無能之人，他和楊素一起攻克了晉州，屯兵於樓原，突然收到線報：北齊後主高緯率大軍自晉陽向晉州出發。

他一下子就嚇傻了，心膽俱裂，竟然不戰自退，連夜解營逃遁。

士卒在倉皇退卻中自相踐踏，死傷不計其數。

北齊軍乘勢追殺，斬獲無數。

危難之際，楊素率驍將十餘人盡力苦戰，宇文憲方得以脫逃。

北周建德六年（西元 577 年），北周滅北齊，楊素累積戰功上開府，改封成安縣公，邑千五百戶，賜以粟帛、奴婢、雜畜。

南陳宣帝陳頊趁北周與北齊展開生死大戰，遣名將吳明徹率軍北伐，擬奪取淮北地區。

吳明徹軍在呂梁擊敗北周徐州總管梁士彥，進圍彭城。

彭城岌岌可危。

楊素隨上大將軍烏丸軌前去救援，不但使局勢轉危為安，而且大破陳軍、擒捉了南陳主帥吳明徹。

次年，主治東楚州事的楊素又攻破陳將樊毅在泗口所築新城，驅逐走了樊毅。

北周大象元年（西元 579 年），上柱國韋孝寬攻略南陳淮南地區。

楊素獨領一軍，攻克了盱眙、鍾離。

北周大象二年（西元 580 年），北周宣帝宇文贇病死，周靜帝宇文衍年幼，左丞相楊堅主政。

相州總管尉遲迥改奉趙王宇文招之少子為主，另建政府，要與楊堅唱對臺戲。

楊堅調兵平亂，以韋孝寬為行軍元帥，以楊素與絣公梁士彥、樂安西元諧等為行軍總管。

隨後還拜楊素為大將軍，負責領兵攻打宇文胄。

楊素用兵如神，很快便將宇文胄斬殺，從而進位柱國，封清河郡公，邑二千戶。

楊堅曾與楊素聯宗，兩人以族兄族弟相稱，而楊素的能力又是如此超群拔逸，即楊堅在受禪之後，更加重用楊素，加封其為上柱國。

為了平定南陳，完成南北統一大業，楊堅於隋開皇五年（西元 585 年）十月任楊素為信州總管，負責經略長江上游，並賜錢百萬、錦千段、馬二百匹。

隋開皇七年（西元 587 年），楊素與尚書左僕射高熲、吳州總管賀若弼等人向楊堅進獻平陳之策。

隨後，他便在永安建造「五牙」、「黃龍」等高達百餘尺的戰船，為滅陳做積極的準備。

楊素效仿西晉初年平滅東吳的名將王濬，把大量造船廢料倒入江中，順流漂下，以威懾下游的陳軍。

隋開皇八年（西元 588 年）十月，楊堅在壽春設淮南行臺省，以晉王楊廣為行臺尚書令，主管滅陳之事。

楊素與楊廣、秦王楊俊併為行軍元帥，集水陸軍五十二萬人，自長江上游至下游分八路攻陳。

該年十二月上旬，楊素統領水軍主力，出巴東郡，順流東下，一路遇神殺神、遇佛滅佛。

陳將戚欣率青龍戰船百餘艘遏守在狼尾灘，該處地勢險峭，水流湍急，易守難攻。

眾將均面露憂色，楊素卻滿不在乎，他認為灘流迅激，正利於水師從上游向下游衝鋒，而且，水上有敵，他們可以水陸並進，水陸兩軍彼此呼應，定能一擊制敵。

戰鬥的結果，正如他所料：當他率黃龍戰船沿江急馳，另令大將軍劉仁恩率甲騎自江陵西進，一下子擊敗了戚欣所部。

大軍得勝，舟艫浩浩蕩蕩順江東下，旌旗遮天，旌甲曜日。

楊素感覺到機會來了，他高高階坐在平乘大船之上，表情嚴肅，瞋目四顧。

陳國百姓站在岸邊觀望，睹之如神，紛紛讚嘆說：「清河公即江神也。」

這之後，楊素分別在岐亭和荊門之延洲兩次大敗南陳康內史呂忠肅。

從而嚇走了駐守江南岸安蜀城的陳信州刺史顧覺和屯守公安的陳荊州刺史陳慧紀；迫降陳湘州刺史、岳陽王陳叔慎，完全控制住了長江上游，為下游主力的渡江作戰提供了有力的保障。

平滅南陳後，楊素因戰功卓著被進爵越國公，邑三千戶，真食長壽縣千戶，得賜物萬段，粟萬石，加以金寶，及得陳主妹。

南陳雖平，南方的動亂仍是紛至沓來。

其中，婺州人汪文進、越州人高智慧及蘇州人沈玄懀等在隋開皇十年（西元 590 年）十一月舉兵反隋，自稱天子，署置百官。

蔣山人李悛、樂安人蔡道人、溫州人沈孝徹、泉州人王國慶等，都自稱大都督，攻州陷府，局面很亂。

平定這些亂局的人是楊素和史萬歲。

兩人分頭平亂，仗打得很苦：楊素打了一百多仗；史萬歲則打了七百多仗。

在平亂結束後，楊堅本想好好加封楊素，但楊素的官位已經很高了，實在不好再封，於是轉封楊素的兒子，封其長子楊玄感為上開府，賜彩物三千段；封其次子楊玄獎為儀同，賜黃金四十斤，加銀瓶，實以金錢，縑三千段，馬二百匹，羊二千口，公田百頃，宅一區。

隋開皇十二年（西元592年）十二月，尚書右僕射蘇威因結私營黨被免除了官爵，他的尚書右僕射的位子空了出來。

楊堅趕快讓楊素頂上，讓他與尚書左僕射高熲同掌朝政。

至此，楊素可謂出將入相、位極人臣。

但楊素也不閒著。

隋開皇十九年（西元599年）二月，突厥都蘭可汗磨刀霍霍，準備攻擊大同城。

楊素和尚書左僕射高熲、上柱國燕榮，分別從靈州、朔州、幽州出兵，三路進擊突厥。

都蘭可汗震駭之下，與達頭可汗結盟拒戰。

達頭可汗其實幫不了都蘭可汗什麼忙，他在該年四月與楊素軍在靈州以北地區遭遇一番激戰過後，留下了千萬具屍體，號哭而去。

都蘭可汗則被高熲部擊敗，都蘭可汗本人在潰逃過程中被部下所殺。

隋軍大獲全勝。

楊堅開心得哈哈笑出了聲，下詔褒獎，賜楊素縑二萬匹及萬釘寶帶。

加其子楊玄感為大將軍，楊玄獎、楊玄縱、楊積善皆為上儀同。

楊素打仗這麼厲害，除了他通曉兵法、熟知陣法變化之外，主要是有隨機應變的謀略，善於捕捉戰機。

另外，他對軍隊的要求極其嚴酷，誰若違犯了軍令，立斬不赦，絕不姑息。

他還有一個非常狠毒、殘忍的做法：每次作戰前都會刻意尋找士兵的過失，然後在戰鬥打響前斬首祭旗。

每次都搞得屍橫一地、流血盈前，怵目驚心，震懾人心。

楊素卻若無其事，端坐在屍前喝酒，談笑風生。

兩軍對陣，楊素先派一兩百人前去迎敵，美其名曰：試刀。

這一兩百人如果取勝，就一好百好；如果不勝，回來一個斬一個，回來兩個斬一雙，全部斬首。

接著，再派兩三百人前去迎敵，如果還不勝，照樣砍殺不誤。

楊素在做這些的時候，面不改色，眉頭皺都不皺。

如此一來，他的部下對他敬畏無比，作戰時皆抱必死之心，所以戰無不勝。

宋人何去非讚美說：「隋自平陳之後，素已為統帥矣。其克敵斬將，攻策為多。既俘陳主，而江湖海岱群盜蜂起，大者數萬，小者數千，而素專閫外之權，轉戰萬里，窮越嶺海，無向不滅。已而突厥犯塞，宗室稱兵，而社稷危矣。素之授鉞專征，其所摧陷者不可勝計，遂靖邊氛，而清內難。然素之兵未嘗小衄，隋功臣無與比肩者，其為烈亦至矣！」清人王夫之卻不以為然，對楊素的狠毒用兵之法大加撻斥，說：「素者，天下古今之至不仁者也。其用兵也，求人而殺之以立威，使數百人犯大敵，不勝而俱斬之，自有兵以來，唯尉繚言之，唯素行之，蓋無他智略，唯忍於自殺其人而已矣。」

按照王夫之的說法，像楊素這種蛇蠍狼心的人，別人對他都是敬而遠之、不屑與之交往的。

他說：「隋之諸臣，唯素之不可託也為最，非但（高）熲、（賀若）弼、（李）德林之不屑與伍，即以視劉悳、鄭譯猶有懸絕之分。」

實際上，楊素本人驕傲自大，除了高看高熲、牛弘、薛道衡這幾個人一眼，極少把別人放在眼裡。

誰若與他稍有過節，他一定會不擇手段進行各種刁難。

像賀若弼、李綱、柳述等人，都著了楊素的道，苦不堪言。

一代名將史萬歲，就是死於楊素的構陷之下。

對待朝中的大人物，楊素已經是這樣殘酷無情，對於普通小人物，他更是視同螻蟻，殺人不眨眼。

隋開皇十三年（西元 593 年）二月，楊堅打算在岐州之北建仁壽宮，令楊素監造。

楊素奏請萊州刺史宇文愷檢校將作大匠，記室封倫為土木監。

楊素為了討好楊堅，夷山堙谷，督役嚴急，丁夫多死，數目高達萬人以上。

王夫之為此破口痛罵楊素，說他「營仁壽宮也，丁夫死者萬計，皆以殺人而速奏其成，曠古以來，唯以殺人為事者更無其匹」。

楊堅耳聞此事，悶悶不樂。

隋開皇十五年（西元 595 年）三月，仁壽宮建成，楊堅前往巡視，看見宮殿奢華雄偉，不喜反怒，對左右說：「楊素殫民力為離宮，為吾結怨天下！」別看楊素打仗有一套，但他的政治才能並不高。

比如說，在北周時代，他在「出道」之初，剛開始站隊就站錯了，站在了權臣宇文護一邊，以至於武帝宇文邕誅殺權臣宇文護後，將他冷落在一邊。

楊素以其父楊敷死於北齊，但未受朝廷追封，便上表申訴。

武帝不理，他不依不饒，再三上表，糾纏不休。

最終激怒了武帝，被武帝下令捆綁起來處斬。

楊素眼看小命不保，臨死前絕望無限地哀嘆了一句：「臣事無道天子，死其分也。」

還好武帝是罕見的一代明君，聽他話裡有話，將他釋放了。

不難想像，如果楊素遇上的是北周宣帝那樣的昏君，有十個腦袋都不夠砍的。

隋開皇四年（西元 584 年），楊素時任御史大夫，他一時糊塗，和老婆鄭氏吵架時，竟然說出了「我若作天子，卿定不堪為皇后」之類大逆不道的話，差點也掉了腦袋。

現在，他拍楊堅的馬屁拍到馬蹄上了。

聽說楊堅在巡視仁壽宮後心情不好，嚇得滿頭大汗，不知如何是好。

幸好，因為他邀請封倫充當土木監，封倫感激他的提拔之恩，幫他指點了條路：走後宮路線。

他這才如夢初醒。

楊堅懼內，是個典型的「妻管嚴」，即使當上了皇帝，也不敢招妃納嬪，致使六宮虛設；另外，因為楊堅與楊素聯宗，楊素有機會拜見過獨孤皇后，讓獨孤皇后留下很好的印象。

因此他按照封倫所說，偷偷拜見獨孤皇后，說：「帝王法有離宮別館，今天下太平，造此一宮，何足損費？」獨孤皇后表示理解，晚上就開始洗腦楊堅。

楊堅被哄得轉怒為喜，不但不處罰楊素，反而同意賜楊素錢百萬，錦絹三千段。

楊素慶幸之餘，將封倫引為心腹，撫其床對封倫說：「封郎必當據吾此座。」

封倫在楊素的推薦下，被楊堅擢升為內史舍人。

楊素的政治水準雖然不高，但他位高權重，成了晉王楊廣極力追捧和拉攏的對象。

他憑藉著楊堅對自己的信任，鼎力協助楊廣上位。

楊廣即位後，他還親自領兵討平漢王楊諒叛亂。

當然，楊廣對他也是百般信任。

隋大業元年（西元 605 年），楊廣升楊素為尚書令，賜東京甲第一區，物二千段。

拜他的兒子萬石、仁行，姪子玄挺皆儀同三司，並賜給他們織物五萬段、綺羅一千匹。

不久，又拜楊素為太子太師，其他職務不變，前後賞賜給他的東西不計其數。

隋大業二年（西元 606 年），楊廣再拜楊素為司徒，改封他為楚國公，食邑兩千五百戶。

當時，楊素的家童有好幾千人，後院披羅掛綺的樂妓小妾也數以千計。

東西二京他的居宅奢侈華麗，規模體制模仿皇宮，朝毀夕復，營繕無已。

在各地的大都會遍布他家的旅店、水磨和肥沃的田地。

每座大城市都有他家華麗的房子。

可以說，楊素的顯貴，南北朝以來無人可與他相匹。

不過，錢財身外物，大限一到，再多也帶不走。

在隋大業二年，楊素安然病逝於任上。

楊廣追贈他為光祿大夫、太尉公及弘農、河東、絳郡、臨汾、文城、河內、汲郡、長平、上黨、西河等十郡太守，謚號「景武」，賜給他載喪的車輼、為他執斑劍的儀仗四十人以及輼車前後的儀隊和樂隊，還賜給穀子、小麥五千石，織物五千段，派鴻臚卿專門監督辦理喪事並下詔書表示哀悼。

《隋書》對楊素的評價，褒貶參半。

褒獎之處為：「掃妖氛於牛斗，江海無波；摧驍騎於龍庭，匈奴遠遁。

考其夷凶靜亂，功臣莫居其右；覽其奇策高文，足為一時之傑。」

貶斥之處為：「專以智詐自立，不由仁義之道，阿諛時主，高下其心。

營構離宮，陷君於奢侈；謀廢塚嫡，致國於傾危。

終使宗廟丘墟，市朝霜露，究其禍敗之源，實乃素之由也。」

史萬歲：史上最強單挑王

史萬歲、楊素、賀若弼、韓擒虎是公認的隋朝四大名將。

四人之中，史萬歲的命運最為曲折離奇，其人生大起大落，跌宕起伏，結局也最為悲慘，讓人唏噓。

史萬歲身出將門，其父是北周滄州刺史史靜。

史萬歲年少時長得英氣逼人，拉得硬弓，騎得烈馬，提槍上馬，驍捷若飛。

更難得的是，他好讀兵書，兼精占卜。

北周保定四年（西元 564 年），史萬歲十五歲，北周、北齊在洛陽城北之北展開名載史冊的「邙山激戰」，該戰是北齊蘭陵王高長恭和斛律光大顯神威的代表作。

開戰之初，北周、北齊雙方旗鼓相當，你來我往，戰到酣處，難解難分。

史萬歲乃是天生名將，很快判斷出北周軍隊處於不利，落在下風，趕快提醒父親注意壓穩陣腳，不讓隊形散亂。

果然，戰鬥很快分出勝負，北周崩盤，一路敗北，從邙山到谷水的十幾公里間的川澤之地，丟滿了兵器輜重。

史萬歲和父親史靜早有準備，指揮隊伍按次序後撤，為北周保存了力量。

史靜於北周建德六年（西元 577 年）的滅齊戰爭中戰死，史萬歲以忠臣子拜開府儀同三司，襲爵為「太平縣公」。

北周大象二年（西元 580 年）六月，相州總管尉遲迥不滿楊堅專政，舉兵作亂。

史萬歲跟隨梁士彥前往平亂，途中有群雁掠空，史萬歲手中正好提弓，於是拈箭向梁士彥說：「射行中第三者。」

言畢，拈弓搭箭，釋弦箭飛，疾如流星，雁群中第三隻雁中箭，應弦而落。

三軍歡聲雷動，莫不悅服。

在與尉遲迥叛軍作戰中，史萬歲戰必先登，登必告捷。

在尉遲迥的大本營——鄴城之下展開生死決戰時，官軍遲遲打不開局面，到後來，竟漸顯敗象。

史萬歲大吼了一聲，回顧左右說：「事急矣，吾當破之。」

他一馬當先，馳馬奮擊，一口氣連殺數十人。

眾將士大為感奮，聲勢復振，一齊發力，最終反敗為勝，平滅了尉遲迥。

戰後，史萬歲以功拜上大將軍。

所有人認為史萬歲從此要走上人生巔峰，實際上，他卻猛然間跌落到了人生谷底 —— 他的好朋友爾朱勳以謀反伏誅，他受到了牽連，官職被削，他本人被發配到敦煌為戍卒。

敦煌戍主是個非常強橫的主，雖然史不載其名，但其武藝、膽略均屬一流。

他經常單騎深入突厥腹地，掠取羊馬，每出必有斬獲。

突厥人無論眾寡，都不敢與之相抗。

敦煌戍主因此深自矜負。

他聽說史萬歲是個被革職的大將軍，非常鄙視。

在敦煌戍主的眼裡，朝廷的許多大將軍都是酒囊飯袋之輩，不過是命好，出生在將門官家，早早襲爵而已。

等他知道史萬歲果然是個「官二代」、「將二代」時，更加堅定了先前的判斷，對史萬歲呼來喝去，想盡辦法進行折磨和辱罵。

史萬歲一來敬敦煌戍主是條好漢，二來顧忌自己是戴罪之身，而且，人在屋簷下，不得不低頭，沒有與敦煌戍主爭執，只是平靜地表示：突襲突厥人的事，自己也能做。

敦煌戍主不信。

史萬歲請弓馬，飛身躍上馬背，一道煙衝入突厥營地，數日之後，果然大獲六畜而歸。

敦煌戍主信服，從此與史萬歲結伴，一起去劫掠突厥人的財物。

本來嘛，劫掠財物是突厥人的拿手好戲，但是，他們遇上了史萬歲、敦煌戍主等人，反倒成了被劫掠的對象，不由得又氣、又惱、又羞、又恨，偏偏打又打不過，攔又攔不住，只能有多遠躲多遠，遠遠避開這兩尊瘟神。

史萬歲帶著敦煌戍主輒入突厥數百里，來去如風，誰也奈何不了。

楊堅完成了篡周代隋的政權交替，開始收拾突厥人。

隋開皇三年（西元 583 年）四月，楊堅命自己的姐夫秦州總管竇榮定率九總管、步騎兵三萬，由涼州道北擊突厥。

史萬歲知道轉變命運的時候到了，告別了敦煌戍主，徑往竇榮定轅門投效。

竇榮定早聞其敢戰之名，深相接納。

史萬歲到來之前，竇榮定與突厥阿波可汗所部在高越原地區多次交鋒，雙方多次交手，彼此傷亡慘重。

竇榮定既得史萬歲來投，如虎添翼，膽氣大壯，派人向阿波可汗下戰書，有恃無恐地說：「士卒何罪過，令殺之，但各遣一壯士決勝負耳。」

阿波可汗認為竇榮定說得有理，而且認為自己帳下多驕兵悍將，慨然許諾：「雙方各遣一騎挑戰，一戰定勝負。」

竇榮定看阿波可汗中計，大喜過望，精心挑選戰馬、利刀，讓史萬歲出馬應戰。

不日，雙方列陣相對，中間拉開一箭之地，靜觀騎將爭鬥。

突厥方出戰的悍將，亦是阿波可汗從萬眾之中挑選出來的猛士，手持彎刀，囂張跋扈，不可一世。

史萬歲神色自若，策馬迎戰。

兩馬相交之際，史萬歲手起刀落，馳斬突厥騎將首級而還。

突厥人大驚，不敢復戰，信守諾言，引軍退去。

竇榮定將史萬歲退敵之功上奏，史萬歲因此華麗轉身，拜上儀同，領車騎將軍。

隋開皇十年（西元590年）十一月，婺州汪文進、越州高智慧、蘇州沈玄憎等人舉兵反隋，自稱天子，署置百官，攻州陷府，烽火燃遍了原陳國屬地。

史萬歲時為行軍總管，率軍二千進攻婺州。

他從東陽別道進軍，當部隊鑽入深山老林，便不見了蹤影，與外界斷絕音訊長達半年，以致朝廷以為他們已經全軍覆沒。

沒想到史萬歲率軍逾嶺越海，平定蔡道人、汪文進，前後七百餘戰，轉鬥千餘里，攻陷溪洞不可勝數，大捷而還。

楊堅接到捷報，讚嘆不已，賜史萬歲家錢十萬，官拜左領軍將軍。

隋開皇十六年（西元596年），南寧州羌族首領爨翫發動叛亂。

楊堅親自點將，讓史萬歲為行軍總管，進擊爨翫。

史萬歲於隋開皇十七年（西元597年）二月出兵，經蜻蛉川、弄棟、小勃弄、大勃弄，進入南寧州地區。

爨翫南寧州境內處處設防，處處均為史萬歲所擊破。

隋軍深入南寧州境內數百里，經過諸葛亮紀功碑，不知是誰故弄玄虛，在碑背面刻銘文：「萬歲之後，勝我者過此。」

史萬歲嘿嘿冷笑，令左右倒其碑而進。

渡西洱河，入渠濫川，轉戰千餘里，破西南羌族三十餘部，俘二萬餘人。

諸羌大懼，爨翫被迫請降。

獻明珠寶物並刻石勒銘，讚頌隋朝聖德。

史萬歲遣使馳奏，請求帶爨翫入朝。

爨翫不肯自投羅網、受制於人，他出珍寶賄賂史萬歲，極力請求免除入朝。

楊堅已經批准了史萬歲的請奏，催促史萬歲帶爨翫回朝接受教育。

史萬歲財迷心竅，膽大包天，收了財物之後，私放了爨翫。

蜀王楊秀當時在益州，知史萬歲受賄，派人索取爨翫所獻珍寶。

史萬歲大吃一驚，趕快將所得珍寶悉數沉於江底，銷贓滅跡。

楊秀索珍寶不得，懷恨在心。

史萬歲班師回朝，以功進位柱國。

但才過一年，爨翫復發起叛亂。

蜀王楊秀趁機彈劾史萬歲，說他受賄縱賊，致生邊患，無大臣氣節。

史萬歲一開始還在楊堅面前百般狡辯。

楊堅氣得拍案而起，痛斥道：「朕以卿為好人，何乃官高祿重，翻為國賊也？」史萬歲懼而服罪，頓首請命。

左僕射高熲、左衛大將軍元旻等人愛惜史萬歲是世間罕有的將才，紛紛為他求情，說：「史萬歲雄略過人，每行兵用師之處，未嘗不身先士卒，尤善撫御，將士樂為致力，雖古名將未能過也。」

楊堅怒氣稍解，下令將史萬歲削官為民。

一年後，楊堅徹底原諒了史萬歲，恢復了他的官爵，授河州刺史，兼領行軍總管，以防備突厥人來犯。

隋開皇二十年（西元600年）四月，突厥達頭可汗自立為步迦可汗，率兵犯境。

楊堅命尚書右僕射楊素出兵靈州，史萬歲出兵朔州，合擊步迦可汗。

史萬歲率柱國張定和、大將軍李藥王、楊義臣出塞擊敵，在大斤山與步迦可汗軍遭遇。

步迦可汗詢問手下偵察騎兵：「隋將為誰？」偵察騎兵答：「史萬歲也。」

步迦可汗又問：「得非敦煌戍卒乎？」偵察騎兵答：「是也。」

步迦可汗頓感全身寒毛倒豎、血液凝固，不敢迎戰，手忙腳亂地引軍回撤。

史萬歲怎麼願意放棄？馳追百餘里。

追上後，招呼也不打，揮軍直接砍殺，斬了數千級，逐北入磧數百里，心滿意足而還。

楊素和史萬歲兩路大軍出征，史萬歲這邊大獲全勝，他卻寸功未立，未免眼紅，先於史萬歲向楊堅奏報，說：「突厥本降，初不為寇，來於塞上畜牧耳。」

史萬歲的戰功因此被掩，全體將士得不到任何褒獎。

史萬歲不服，數次上表陳述，卻一直得不到回應。

史萬歲並不灰心，抱定了鐵杵磨成針的精神，繼續抗表申辯。

楊素坐不住了，生怕史萬歲會拆穿自己在楊堅面前說的謊話，一不做、二不休，決定來一招狠的，送史萬歲上西天。

當時，楊堅剛從仁壽宮返還京師，廢黜了皇太子楊勇，窮究東宮黨羽。

楊素就誣陷史萬歲為東宮黨羽，說他在廢太子楊勇的東宮結黨謀變。

楊堅本來就忌憚史萬歲勇猛，聽說他結黨謀反，生怕他勢力壯大，當時難制，趕快下詔接見。

史萬歲並不知情，還在為戰功被掩之事耿耿於懷，上殿後極言將士有功，為朝廷所抑，詞氣憤厲，其忤逆之態，形之於色。

楊堅不再猶豫，令武士將史萬歲暴殺於朝堂。

史萬歲死後，楊堅追悔莫及，但為了彰顯自己殺人的正義性，下詔列出許多罪名。

比如：私受爨翫金寶、違敕、玩寇、虛報軍功、心懷反覆之方、弄國家之法等。

楊堅詔書最後對史萬歲的評定：「如萬歲，懷詐要功，便是國賊，朝憲難虧，不可再捨。」

史萬歲身死之日，天下士庶聞者，識與不識，莫不冤惜。

宋人徐鈞作詩嘆息云：

征南輕僕孔明碑，想見生平暴可知。

一死雖因奸計陷，亦由廷辯忿招疑。

「神行太保」麥鐵杖

「縮地術」是一項神仙之術，可以化遠為近。

該術最早見於晉人葛洪《神仙傳．壺公》一書中。

該書稱，有一個名叫費長房的人，法力無邊，可以收縮地脈，即使遠隔千里，瞬息便到眼前，而舒放之後，大地又恢復如舊。

正所謂：「命風驅日月，縮地走山川！」千百年來，這傳說中的「縮地術」徹底豐富了人們的想像，也羨煞許多分居兩地的痴心人們。

明朝人周履靖在自己編著的《錦箋記．渝盟》中就替男女主角呼喊出了「願得你縮地兼程，更教他聞呼疾至」的心聲。

然而，說到底，「縮地術」只是人們心中幻想的一種法術，現實生活中不可能會有。

偏偏，在南北朝末期的陳朝，有一個人曾經被人們懷疑他擁有了「縮地術」。

這是怎麼一回事呢？且讓我們來看一看。

被人們認為擁有「縮地術」的人叫做麥鐵杖。

麥鐵杖為廣東始興人，「鐵杖」不是本名，而是一個綽號。

據《麥氏族譜》記，其本名饒豐，蓋因好使鐵杖，故被人稱為「鐵杖」。

麥鐵杖性格粗疏，嗜酒，好交遊，重然諾，不治產業，流落在草莽江湖中打家劫舍的營生。

在很長一段時間內，麥鐵杖和他的朋友們過著大塊吃肉、大碗喝酒、論秤分金銀的生活，日子過得好不快活。

但壞事做多了，總有落網的一天。

在一次作案中，麥鐵杖失手了，被廣州刺史歐陽擒獲，押送到京城建康受死。

麥鐵杖身材高大、長相威武。

陳後主愛惜他是個人才，免除了他的死罪，將他編入宮廷儀隊，負責執御傘。

應該說，替皇帝執御傘是一項輕鬆光榮的工作。

可是，對於過慣自由生活的麥鐵杖來說，未免單調乏味。

日子一久，放縱不羈的麥鐵杖開始重操舊業。

他白天為皇帝執傘，夜間則離開宮廷，獨行百餘里，連夜走到南徐州府作案，天亮時又神不知鬼不覺地返回建康，及時更衣，繼續為皇帝執傘，一舉兩得。

南京到鎮江的距離，即使在今天走高速公路，也有八十公里遠，開車要一個小時。

一千多年前的麥鐵杖不休不眠，即使是騎上快馬，打劫後便迅速折回上班，人受得了，馬可受不了。

令人驚嘆的是，麥鐵杖居然沒有馬，單憑一雙腳，就完成了這高難度的舉動，著實神奇。

由於麥鐵杖每次都是明火執仗地搶劫，終於被人認出了。

南徐州官府將狀子告到皇帝陳後主那裡，滿朝文武官員為之譁然——麥鐵杖每天都在朝廷認真工作，黑夜又怎麼能到百里之外的地方當強盜？除非，他擁有神仙費長房的「縮地術」！大家都指責南徐州地方官是胡扯，拒絕相信。

陳後主也是這個意思，將狀子壓下去了。

麥鐵杖就更加有恃無恐，作案更加瘋狂，變本加厲。

於是，南京百里之外的地方不同程度地遭到了搶劫。

一下子，「皇帝身邊的執傘衛士麥鐵杖是江洋大盜」的聲音甚囂塵上。

事情越鬧越大，陳後主也有些罩不住了。

怎麼辦？尚書蔡徵想了個招，讓人張貼榜文：聘求夜送詔書到徐州衙門，次晨能返回府中的壯士。

稱能完成這項任務者賞黃金百兩。

麥鐵杖應招，懷揣詔書絕塵而去，天亮前興沖沖返回京城交差。

這下，自投羅網了。

陳後主說：「的確是南徐州官員說的那樣，鐵杖偷盜之事很清楚了。」

不過，陳後主念麥鐵杖矯健驍勇，免其死罪，訓誡一番後就把他放了。

不久，隋朝大軍壓境，陳朝很快就滅亡了。

因為南方的蘇州、越州等地仍有不少民眾聚眾造反，隋行軍總管楊素領兵討伐，招募到流落在民間的麥鐵杖為偵察兵，專門負責偵察叛軍軍情。

麥鐵杖每夜頭戴草束，趁黑浮水過長江，偵察好敵情後再渡江回報。

這可是一項比現代鐵人三項還要消耗數倍體力的工作！在一次行動中，麥鐵杖被守候在江中的叛軍擒獲。

叛軍頭目李棱安排了三十個衛士押送他到後方審訊。

到了一個叫慶亭的地方，衛士們坐下來吃喝休息，為了不至於餓死麥鐵杖，他們稍微替麥鐵杖鬆綁，給了食物。

沒想到，麥鐵杖要的不是食物，是刀。

他奪過一柄大刀，上下翻飛，一下子就把三十個衛士殺得乾乾淨淨，從容割下三十個鼻子，滿載而歸，呈獻給楊素。

叛亂平定後，隋軍班師回朝。

朝中論功行賞，卻遺漏了麥鐵杖。

麥鐵杖極度不服，他施展出自己的「神行奇功」黏著楊素 —— 無論楊素是騎馬還是坐車，他都如影隨形，不離半步。

楊素原只把他視如無賴，不以為意，但終被他的神行奇功黏得不勝其煩，怕了，終究還是向皇上請奏授麥鐵杖為儀同三司。

儀同三司是個文職，麥鐵杖不識字，而且在官衙上班不自在，自請回鄉。

隋文帝開皇十七年（西元 597 年），楊素遠征突厥，成陽公李徹欣賞麥鐵杖的神行術，徵召他到京城，任命為車騎將軍隨軍出征。

戰後依功升為上開府。

隋煬帝即位，漢王楊諒在并州謀反，麥鐵杖跟隨楊素征討漢王楊諒，每戰均身先士卒，積功進位柱國。

不久，麥鐵杖調任萊州刺史，無政績；升轉任汝南太守後，學了一些法令制度，汝南群盜絕跡。

朝中的考功郎竇威譏諷麥鐵杖目不識丁，在上朝時故意問：「麥也是個姓？真奇怪。」

麥鐵杖反應奇快，信口答道：「麥竇（豆）沒有差異，有什麼值得奇怪的？」竇威瞠目結舌，無言以對。

在場的人紛紛為麥鐵杖的機敏聰慧嘆服。

不久，麥鐵杖調任右屯衛大將軍。

隋朝共設十二衛，每衛設左、右屯衛大將軍各一人，分統府兵，右屯衛將軍相當於現在各軍種的副司令。

這說明，隋煬帝對麥鐵杖非常倚重。

麥鐵杖清楚隋煬帝對自己的恩情，常懷盡忠報國之志。

隋大業八年（西元 612 年），隋煬帝舉國之兵親征高句麗。

麥鐵杖請纓為先鋒，神采飛揚地對軍醫吳景賢說：「大丈夫的性命自有所在，豈能去用艾炷燙鼻梁，用瓜蒂噴鼻孔，治黃不差，而死在婦人懷裡呢？」將要渡遼河了，麥鐵杖對他的三個兒子說：「你們應該準備淺黃色的衣衫（淺色黃衫是功勳人家的衣著）。我久蒙國恩，今天應是為國捐軀的時候。我如果戰死，你們將會富貴。在忠孝二者上，希望你們多努力。」

等到渡河時，橋還沒完工，離東岸還有幾十公尺，敵兵大批湧至。

麥鐵杖跳上岸頭，獨力與賊兵打拚，戰死倒地。

日本作家田中芳樹在其小說《鳳翔萬里》中將麥鐵杖就義這一段寫得非常壯烈：他站在還沒完成的浮橋前端，揮動著大刀抵擋飛來的敵箭，兩眼怒視敵軍。

大喊著從橋端跳進河中，水花四濺，他披著到腰間的水向河東岸奮進，把一個正抬頭指揮的高句麗將領的頭，一刀砍掉，敵人噴著鮮血倒下，成為開戰後高句麗軍隊的第一個死者。

隨後孟金叉、錢士雄二員大將殺到東岸，因為高句麗軍隊的弓箭手萬箭齊發，隋軍的後繼將士衝不上來。

二員大將在敵軍中處於孤立無援的險境，成了高句麗軍隊萬箭攻擊的主要目標。

麥鐵杖的大刀像車輪似的旋轉飛舞，砍殺襲來的敵兵，他每喊一聲「殺」字，就是一陣血雨竄上高空。

但是，不幸的事情發生了，他的大刀在砍了二十多個敵人的盔甲後，竟然「咔嚓」一聲折斷了。

徒手的麥鐵杖被前後敵人三支戟刺中，他毫不畏怯，拔下刺在身上的一根戟，反手把刺傷他的三個敵人逐一扎死，終因體力不支而緩緩倒下。

接著，敵人的五支戟刺向他，壯士鮮血噴濺而出，戰死沙場，死後還怒目圓睜。

隋煬帝聽說麥鐵杖戰死，涕淚交加，派使者用重金從敵陣贖來屍體，下詔說：「鐵杖志堅氣勇，平素以功著稱，這次陪朕討伐賊人，身先士卒，衝鋒陷陣，節高義烈，雖身死而功存。他的誓言至忠至誠，追懷他的平生，讓人傷感不已。應賜給他特殊榮譽，以表彰他的功德，可追贈光祿大夫之職，追封宿國公，諡號武烈。」

麥鐵杖的三個兒子孟才、仲才、季才因此獲贈官爵。

隋煬帝贈錢鉅萬，為麥鐵杖辦喪事，賜輼輬車，前後配有吹鼓手，喪車的竿子上插著羽毛，罰在平壤打了敗仗的宇文述等一百多人在車前為鐵杖執繩引棺，王公以下的官員送到郊外。

後來，人們在他的家鄉南雄市的百順建立了麥鐵杖的祠堂，上書「武烈府」，並有對聯：名譽萬年光史策，精忠千古壯山河。

雄州城東門修建了一座鐵杖樓，賜額「柱國擎天」四個大字。

南雄珠璣巷建有「麥氏宗祠」，內有麥鐵杖的塑像，莊嚴肅穆，後人景仰。

直至現在，南雄市百順內麥鐵杖的廟宇仍然香火旺盛。

李密為何成為反隋義軍盟主？

在演義小說《說唐》裡面，瓦崗寨首領李密是一個非常不堪的角色，可笑、可憐又可悲。

李密之所以會上瓦崗，是因為煬帝下揚州賞瓊花後，駕回江都，途經瓜州，天下第一美女蕭皇后在龍舟內觀覽岸邊風景，他忍不住偷窺，觸怒了煬帝，交由夏國公竇建德綁到法場斬首。

竇建德義薄雲天，把他私自釋放了。

李密逃到黎陽越國公楊素家裡避難，替楊素家驅邪斬鬼，誤殺了楊素。

楊素之子楊玄感悲憤交加，拿下李密，將其打入囚車，親自押解朝廷，奏訴處斬。

瓦崗寨的混世魔王程咬金自稱「我這皇帝做得辛苦，絕早要起來，夜深還不睡，何苦如此！如今不做皇帝了」，脫下龍袍，讓瓦崗眾將輪流坐莊，都來做一回「皇帝」。

眾人嫌苦推託。

程咬金只好下山找人頂罪，殺了楊玄感，救出了李密，尊奉李密為西魏王。

李密即使當上了西魏王，他在小說中的存在感仍然很低。

僅有的幾次露面，都是一副低三下四的嘴臉。

如在潼關紫金山，他忍氣吞聲地把心愛的傳國玉璽交給了李元霸。

最令人氣憤的是，李元霸走了，他還色心不改，讓程咬金拿鎮國之寶珍珠烈火旗去向竇建德換來垂涎已久的蕭皇后。

後來，程咬金斧劈老君堂，月下捉秦王。

牛鼻子徐茂公和魏徵掐指一算，算出秦王李世民是真命天子，私下把他釋放了。

李密非常生氣，要殺徐、魏二人，引發了瓦崗散將，書中寫：「金墉關六驃八猛十二騎，見魏王如此，漸漸分散。」

洛陽王世充趁機殺來，瓦崗軍大敗。

李密像喪家犬一樣，投唐又反唐，最終被李世民下令亂箭射死。

演義史裡的李密就是個沒用的人。

但歷史上的李密絕對是一個超級厲害的人。

首先，他的來頭很大。

他的曾祖父李弼是西魏「八柱國」之一；他的祖父李曜為北周的太保、邢國公；他的父親李寬為隋朝的上柱國，被封為蒲山郡公。

李密本人在隋開皇九年（西元 589 年）襲父爵蒲山公，曾任隋煬帝的左親衛府大都督、千牛備身。

不過，李密「多籌算，才兼文武，志氣雄遠，常以濟物為己任」，渴望建立一番大事業。

他借病辭職，回家花費家產，養客禮賢，結交天下英雄，結交到了越國公楊素的兒子楊玄感。

楊玄感「體貌雄偉，美鬚髯」，打仗非常凶猛，《隋書》稱：「玄感驍勇多力，每戰親運長矛，身先士卒，喑嗚叱吒，所當者莫不震懾。」

時人都把他比喻成霸王項羽。

隋大業九年（西元 613 年）春，楊玄感起兵反隋，李密積極為他出謀劃策。

楊玄感很快敗亡，李密在亂軍中逃脫，亡命天涯，經過三年風霜江湖的漂泊，流落到了韋城瓦崗寨。

這瓦崗寨的隊伍，是東郡人翟讓拉起來的，規模並不大。

李密加盟後，迅速獲得翟讓器重。

後來，李密取代了翟讓的領袖地位，在鞏縣城南郊外祭天登位，以洛口為都城，年號為「永平」，建立了西魏政權。

他的「魏」字大旗豎起，迎來了山東長白山首領孟讓所帶領兵馬的歸附；河南鞏縣長史柴孝和、侍御史鄭頤獻出縣城投降；隋朝虎賁郎將裴仁基帶著兒子裴行儼獻出武牢歸附。一下子，李密擁眾三十萬，號稱百萬，豪氣沖天，無人能及。

後來吞併了翟讓，李密的威望不降反升。

武陽郡丞元寶藏、黎陽義軍寇首領李文相、洹水義軍首領張升、清河義軍首領趙君德、平原義軍首領郝孝德、永安土豪周法明、齊郡義軍首領徐圓朗、任城縣的大俠客徐師仁、淮陽郡太守趙佗等，猶如百川入海般地前來歸附，李密儼然成了隋末諸路反隋義軍的盟主。

李密鏖兵洛陽期間，李淵和李世民父子在太原起兵，鑽漏洞直取長安。

李密以盟主的身分寫信通知李淵向自己靠攏，顧盼自雄地在信中提到「自唯虛薄，為四海英雄共推盟主」。

李淵不敢與他爭一時虛名，回信予以恭維。

李密的威望所及，連隋廷掌管土木營建的官員將作大匠宇文愷都認為他是天命所歸，毅然叛離了東都，前來投奔。

東到海濱、泰山，南到長江、淮河的所有郡縣向李密表示臣服。

竇建德、朱粲、楊士林、孟海公、徐圓朗、盧祖尚、周法明各路義軍上書力勸李密早登皇帝位。

顯然，李密能做上瓦崗首領，能成為天下義軍的盟主，能成為竇建德、朱粲、楊士林、孟海公、徐圓朗、盧祖尚、周法明所擁戴的對象，絕不是演義小說《說唐》裡那個荒唐的「程咬金找人頂罪」的行為所致。

實際上，歷史上真實的程咬金只是瓦崗軍的「八驃騎」之一，他並沒做過什麼「混世魔王」。

李密孤身一人，白手起家，能把事業做得這麼大，當然有其過人之處。

但問題是，一個人的本領再大，要取得橫空出世、讓群雄信服的效果，難度不小。

李密是怎麼做到的呢？主要是因為他殺掉了一個人。

這個人的名字叫張須陀。

張須陀「性剛烈，有勇略」，套用演義小說中一句常用的句子來描繪他的勇猛，那就是「有萬夫不當之勇」。

論中國古代歷史上單挑能力最強的武將，大家都知道有一個史萬歲。

張須陀就是史萬歲培養出來的悍將、猛將。

張須陀在弱冠之年跟從史萬歲征討西爨，以功授儀同，賜物三百段。

前面我們說《隋書》稱讚楊玄感「驍勇多力，每戰親運長矛，身先士卒，喑嗚叱吒，所當者莫不震慴」，和霸王項羽很相似。

但楊玄感並沒有什麼傲人戰績，《隋書》對他的稱讚，顯得很虛。

張須陀的勇戰之名，卻是由一大堆戰績堆積起來的。

隋末諸路農民起義軍中，影響力最大的，就屬山東齊郡鄒平人王薄領導的長白山起義軍。

補充一下，王薄這支起義軍的根據地長白山並不是今天東北的長白山，而是現今山東鄒平西南的會仙山。

嚴格說起來，王薄的長白山起義軍是隋末第一支正式舉旗與隋朝對抗的農民起義軍。

王薄在起義之初，自命為「知世郎」，他作了一首歌，鼓吹廣大人民們拿起工具跟隋朝打。

該歌歌詞云：

長白山前知世郎，純著紅羅綿背襠。

長槊侵天半，輪刀耀日光。

上山吃獐鹿，下山吃牛羊。

忽聞官軍至，提刀向前蕩。

譬如遼東死，斬頭何所傷。

王薄的起義，點燃了反隋暴行的熊熊烈火。

這把大火在山東、河北和河南大地上迅速蔓延，越燒越旺，齊郡漳南孫安祖在高雞泊、劉霸道在豆子航、張金稱在河曲、高士達在清河相繼響應揭竿起義。

隋煬帝因此把王薄視為眼中釘。

但是，史稱：「王薄聚結亡命數萬人，寇掠郡境。官軍擊之，多不利。」

王薄縱橫南北，所向披靡，官軍難以抵擋。

這種情況下，張須陀隆重登場，主動請纓，領兵出戰。

王薄接戰受挫，引軍轉南，攻略魯郡。

張須陀躡蹤追擊，雙方大戰於岱山之下。

此戰，王薄獲勝。

王薄洋洋得意，軍心出現了懈怠。

張須陀選精銳，出其不意還擊，把王薄部眾擊潰，且乘勝斬首數千級。

王薄收集了逃亡散卒，聚攏起萬餘人，向北渡過黃河。

張須陀緊追不放，在臨邑再破王薄，斬五千餘人，獲六畜萬計。

史稱：「時天下承平日久，多不習兵，須陀獨勇決善戰，又長撫馭，得士卒心，號為名將。」

可以說，張須陀是大隋王朝最後一位名將。

王薄連戰連敗，氣恨難消，聯結起孫宣雅、石秖闍、郝孝德等數支義軍，共十餘萬在章丘與張須陀展開決戰。

張須陀求之不得。

他先遣舟師截斷津濟，斷敵退路，自己親率馬步軍兩萬迎擊。

義軍聽說後路被斷，心慌意亂，交戰時魂不守舍，接戰了十幾個回合，潰敗而走，退至津梁，果然被官軍舟師所拒，前後狼狽，丟棄家累輜重不可勝計。

隋煬帝聞此大捷，優詔褒揚，讓使者畫出張須陀的肖像，進行大力宣揚並厚加封賞。

不久，有裴長才、石子河等義軍共兩萬多人，掩殺至山東歷城，縱兵大掠。

張須陀來不及集結兵馬，親自率五名騎將出戰。

五對兩萬！這絕對是冷兵器戰場上的一個壯舉！趙子龍在長坂坡單槍匹馬七進七出，那是演義小說的虛構。

張須陀在章丘城下，率五騎將鏖戰兩萬人，才是歷史事實。

《隋書・張須陀傳》稱：「賊競赴之，圍百餘重，身中數創，勇氣彌厲。」

這場惡戰，雙方力量對比懸殊，張須陀等人根本不可能取勝。

不過，城中的大軍完成了集結，洶湧殺出，裴長才、石子河的部眾相顧失色，紛紛退走。

張須陀督軍追殺，大勝而還。

秦君弘、郭方預兩支義軍又聯合圍攻北海郡，攻勢如潮。

張須陀對手下將眾冷笑說：「賊自恃強，謂我不能救，吾今速去，破之必矣。」

他簡選精兵，倍道而進。

秦君弘、郭方預等人毫無防備，突然遭到襲擊，陣腳大亂。

張須陀提刀衝殺，口中大呼「殺賊」，官軍受其激勵，努力向前，斬首數萬級，獲輜重三千兩。

改年，農民起義軍首領左孝友將兵十萬，屯於蹲犬山。

張須陀列八風營，步步進逼，並分兵扼其要害。

左孝友進退失據，大感窘迫，不得不面縛來降。

不過，左孝友的部將解象、王良、鄭大彪、李宛等人，各擁眾萬計，拒絕投降。

張須陀不慌不忙，逐一剿殺，悉討平之。

關羽在襄樊大戰中的表現舉世矚目，陳壽寫《三國志．關羽傳》，用了「威震華夏」四個字來形容關羽的威勢。

張須陀四下平亂，屢建奇功，魏徵等人寫《隋書．張須陀傳》，用了「威震東夏」四個字來形容他的威勢。

張須陀以功遷齊郡通守，領河南道十二郡黜陟討捕大使。

這之後，張須陀如同救火隊員一樣，轉戰於大江南北，大殺四方，平滅了盧明月、呂明星、帥仁泰、霍小漢等各支義軍。

翟讓的瓦崗軍在崛起之初，曾與張須陀前後三十餘戰，每戰均敗。

顯然，張須陀就是翟讓的剋星。

隋煬帝轉升張須陀為滎陽通守。

滎陽的郡治就在今天的河南鄭州，其策略地位非常重要，南面峰巒如聚，北面邙嶺橫亙，東面京襄坐斷，西面虎牢扼關，同時也是通濟渠入黃河的樞紐地帶，素有「東都襟帶，三秦咽喉」之譽，向來是兵家必爭之地。

春秋時的晉楚爭霸、漢末的楚漢相爭都曾在這裡鏖戰連年。

李密加入了瓦崗軍，和翟讓大談了一番爭天下的道理，建議翟讓奪取滎陽，籌積糧草，以爭奪天下。

翟讓依計而行，先攻克金堤關，然後又攻占了滎陽的眾多縣城鎮。

但是，翟讓聽說張須陀帶兵來了，大懼，不敢再戰，將遠避之。

李密大笑，說：「張須陀勇而無謀，兵又驟勝，既驕且狠，可一戰而擒之。公但列陣以待，為公破之。」

翟讓不得已，勒兵拒戰。

李密分兵千餘人於大海寺北樹林內設伏。

翟讓與張須陀交戰，毫無意外地敗退。

張須陀本著「殺敵務盡」的態度，縱兵追擊，進入了大海寺北樹林的瓦崗軍伏擊圈。

李密揮軍殺出，將張須陀團團包圍。

張須陀極其神勇，他手中的大刀狂舞，潰圍輒出。

因手下部將不能盡出，張須陀提刀躍馬入圍打救，史稱其「來往數四」。

張須陀最終身陷重圍，力氣耗盡，仰天長嘆：「兵敗如此，何面見天子乎？」被瓦崗軍亂兵斬殺，時年五十二。

張須陀所部兵眾，晝夜號哭，數日不止。

張須陀是大隋王朝柱石式的人物，他的死，成就了李密能戰、善戰、敢戰之名。

最主要的是，隋王朝只有掌握了河南，才能保持長安、洛陽、江都三地的通暢，支撐著一統天下的局面。

張須陀陣亡，意味著河南二十八郡將脫離隋室的掌控，天下面臨分崩離析。

可以說，張須陀的死，是一個時代的開端，意味著東漢以來又一次群雄割據的時代到來。

裴仁基：一門父子三虎將

熟悉隋末唐初那一段歷史的朋友，一看標題就知道本文要寫的人是裴仁基了。

裴仁基在演義小說《說唐全傳》中，絕對是一個小配角。

不過，他有三個兒子、一個女兒，這三子一女還是有不少戲份的。

三個兒子分別是裴元紹、裴元福、裴元慶。

其中的裴元慶在書中被設定為隋唐第三猛將，力大無窮，手持一對銀錘，五升斗大，重三百斤，坐一匹「抓地虎」，來去如風，打遍天下，只有排名第一的李元霸、排名第二的宇文成都能接他三錘以上。

其中的宇文成都因為與李元霸比武有傷，又接戰了排名第四、第五、第六的雄闊海、伍雲召、伍天錫的車輪戰術，當裴元慶殺來時，他只擋了裴元慶一錘，就感到體力不支，落荒而走，回到隋煬帝的龍舟之上，一陣頭暈目眩，天旋地轉，雙腿一軟，跌倒在地，暈死了過去。

李元霸揚威四明山，無人敢冒犯其虎威，正自好生沒趣，裴元慶來了，兩人啪啪啪對砸了三錘，彼此欽佩，惺惺相惜。

李元霸眉開眼笑說：「好兄弟，天下沒誰能擋得我半錘，你竟連擋了三錘，真是英雄了得！」這之後，李元霸擊敗了宇文成都，他本人則被雷公、電母擊死，裴元慶成了天下無敵的第一高手。

但是，他在瓦崗軍閥五關之役中誤入慶墜山，死於火雷陣，可惜！實際上，正史記載裡的裴仁基只有兩個兒子：長子裴行儼、次子裴行儉。

裴行儼非常生猛，《隋書》裡面說：「行儼每有攻戰，所當皆披靡，號為『萬人敵』。」

由此可見，裴元慶的原型人物就是裴行儼。

另外，所謂將門虎子，裴行儼如此生猛了得，是因為裴仁基本身不同凡響。

《隋書》裡面說裴仁基「少驍武，便弓馬」。

裴仁基出身於河東裴氏中眷房，為東漢尚書裴茂的後裔。

裴茂的後代裴奣，仕東晉為太尉諮議參軍、并州別駕，子孫號為中眷裴氏。

裴奣的次子裴雙虎，在北魏官至河東郡太守。

裴雙虎的曾孫裴伯鳳，在北周任驃騎大將軍、汾州刺史，封琅琊郡公。

裴仁基即裴伯鳳之孫、北周上儀同裴定之子。

楊堅篡周代隋時，裴仁基充當楊堅的親衛，極得楊堅信任。

在平定南朝陳國的戰鬥中，裴仁基身先士卒，衝鋒陷陣，表現搶眼，授儀同，賜縑彩一千段。

裴仁基很得隋煬帝歡心。

因為裴仁基曾儀同的身分兼任漢王楊諒王府的侍衛。

隋煬帝繼位後，楊諒舉兵造反，裴仁基苦勸楊諒，被楊諒丟入了大牢。

隋煬帝平定了楊諒的叛亂後，知道了裴仁基的事蹟，對他的忠心大加誇獎，越級提拔他當護軍。

這之後，裴仁基在平定蠻賊向思多、大敗吐谷渾、痛擊靺鞨、一征高句麗等軍事行動中屢建戰功，官職不斷升遷，一直升遷到光祿大夫。

隋朝末年，天下騷動，群雄並起，其中李密的瓦崗軍據洛口而視東都。

隋煬帝任命裴仁基為河南道討捕大使，占據虎牢以抵抗李密。

滎陽通守張須陀輕舉妄動，被李密所殺，他的部下包括秦叔寶、羅士信、程咬金等奔至虎牢關，成為裴仁基的部下。

裴仁基對秦叔寶、羅士信、程咬金這些人施恩示義，極力結交。

後來裴仁基與秦叔寶、羅士信、程咬金等人一起投靠了李密。

其中原因，與《說唐全傳》中寫的大致相同：監軍御史蕭懷靜對裴仁基心存顧慮，多方掣肘並不斷向朝廷彈劾。

裴仁基一怒之下，殺了蕭懷靜，率部以虎牢城向李密投降。

李密大喜過望，封裴仁基為上柱國、河東郡公，封裴行儼為上柱國、絳郡公。

在演義小說《說唐全傳》中，裴仁基的女兒裴翠雲嫁給了混世魔王程咬金。

儘管在真實的歷史中，裴仁基沒有這樣一個女兒嫁給程咬金，但他們父子與程咬金的關係還是非常好。

《舊唐書》記載：瓦崗軍與王世充對戰期間，有一次，裴行儼先行衝陣，衝到中間被流矢射中，滾鞍落馬。

程咬金挺身而出，冒死殺散了四周的士兵，然後把受重傷的裴行儼抱上馬，二人同騎。

王世充的大軍又洶湧攻到，程咬金前胸竟被一條馬槊捅穿。

程咬金奮起神威，將馬槊擰斷，殺死刺他的士兵，拚死救下了裴行儼。

在為瓦崗軍效力的日子裡，有勇有謀的裴仁基曾給過李密不少好的建議，可惜李密過於自負，沒能聽得進去。

王世充因東都糧盡，難以支撐，就孤注一擲，甩出全部底牌，率領全部人馬到偃師，要與李密決戰。

裴仁基對李密說：「世充盡銳而至，洛下必虛，可分兵守其要路，令不得東。簡精兵三萬，傍河西出，以逼東都。世充卻還，我且按甲，世充重出，我又逼之。如此則此有餘力，彼勞奔命，兵法所謂『彼出我歸，彼歸我出，數戰以疲之，多方以誤之』者也。」

不用說，如果李密能接受裴仁基這個建議，王世充會死得相當難看。

但過於自負的李密拒絕了裴仁基的建議，還替裴仁基上課，說：「公知其一，不知其二。東都兵馬有三不可當：器械精，一也；決計而來，二也；食盡求斷，三也。我按甲蓄力，以觀其敝，彼求斷不得，欲走無路，不過十日，世充之首可懸於麾下。」

當然，如果李密能夠嚴格執行他自己的策略，那效果不會太差。

但是，由於單雄信等將看不起王世充，紛紛踴躍請戰，李密改變初衷，提前與王世充展開決戰。

決戰前夕，裴仁基苦爭而不能阻止，只有搥胸頓足，仰天長嘆。

次日決戰，李密大敗。

裴仁基父子雙雙被王世充俘虜。

王世充「以其父子並驍銳，深禮之」，並把兄長的女兒嫁給裴行儼。

王世充稱帝後，任裴仁基為禮部尚書，裴行儼為左輔大將軍。

不過，王世充「憚其威名，頗加猜防」。

裴仁基心不自安，暗中與王世充所任命的尚書左丞宇文儒童、尚食直長陳謙、祕書丞崔德本等數十人密謀造反。

不料，王世充手下大將張童仁在得知他們的祕密後向王世充告發。

王世充勃然大怒，驟然發難，將裴仁基等人捉起來，不但把他們全部殺死，而且滅了他們的三族。

李世民平定洛陽之後，羅士信感念裴仁基當日的知遇之恩，著力尋訪裴仁基親友，覓得了裴仁基的一個小妾。

這個小妾已懷有裴仁基的骨肉，後來生下了裴仁基的遺腹子 —— 裴行儉。

少年裴行儉得名將蘇定方教授用兵奇術，長大後計俘叛亂的西突厥十姓可汗阿史那匐延都支，論功升任禮部尚書兼檢校右衛大將軍，身兼文武兩職，可謂出將入相。

後來又大破東突厥阿史德溫傅及阿史那伏念所部，盡平東突厥殘部，被譽為千古名將。

唐代詩人杜牧曾把裴行儉與名將李靖、李等人相提並論，說：「國朝有李靖、李、裴行儉、郭元振。如此人者，當此一時，其所出計畫，皆考古校今，奇祕長遠，策先定於內，功後成於外。」

明朝人黃道周在《廣名將傳》中替裴行儉的百字讚語開首兩句是：「行儉也賢，兵術盡傳。」

第四章

一統南北：吞併南陳的征服之路

南朝陳武帝唯一嫡子，命運太悲慘

今天的故事還是從一個老話題開始。

很多人都想當然地說，岳飛之所以被害，是他口口聲聲說要「直搗黃龍，迎歸二聖」。

如果迎歸了二聖，那麼宋高宗趙構的位置就沒處擺了。

趙構為了坐穩帝位，一定要殺岳飛，以阻止二聖歸來。

其實，即使二聖歸來，也不會影響到趙構的地位。

事實上，趙佶是主動傳位給趙桓的，就算回來了，也不具多少影響力。

趙桓呢，的確屬於正牌的大宋皇帝，但在靖康之恥中，他的臣屬已被金國整碗端走，整個政治根基已經不存在了，孤家寡人，想要生存，只能仰人鼻息，有什麼資本與趙構相爭？不信？不信的話，我們可以透過陳武帝唯一嫡子陳昌的經歷來佐證一番。

陳昌的父親陳武帝陳霸先乃是一時梟雄。

他出生於貧苦農家，卻靠著一股敢打敢拚的精神，勢力逐漸強大，最後成為南陳的開國皇帝。

陳霸先在稱帝前奔波勞碌，戎馬倥傯，對妻兒老小兼顧不上，家庭生活弄得一團糟。

根據史書記載，他一生只娶了兩位妻子：錢氏和皇后章要兒。

錢氏是結髮之妻，也是貧賤之妻，她在陳霸先身分低微時下嫁，同甘共苦，相濡以沫。

錢氏為陳霸先一共生了三個兒子，但這三個兒子都早夭。

錢氏本人沒看到陳霸先發跡，早早病故了。

所幸的是，陳霸先娶的繼妻章要兒為他生了陳昌，他是陳霸先唯一長大成人的兒子。

陳昌的命運很坎坷。

陳昌生於南梁大同三年（西元 537 年），而當時的陳霸先只是一名管油庫的小官油庫吏。

不過，在隨後幾年，陳霸先累積戰功，升遷得很快，先後出任西江督護、高要太守、直閣將軍等職，獲封新安子。

一開始，陳昌母子還能跟隨著陳霸先征戰的步伐，輾轉於各地。

但到了南梁大同十一年（西元 545 年），陳霸先被梁武帝蕭衍任命為交州司馬，領武平太守，到交州平叛，就被迫分開了。

當時，陳霸先考慮到天高地遠，沒讓陳昌母子跟隨，而把他們安排在了老家吳興。

交州土豪李賁起兵作亂，自稱越帝，陳霸先與之攻略殺伐了將近三年，這才功成班師。

但就在南梁太清二年（西元 548 年）八月，東魏降將侯景作亂，其於次年三月攻破梁都建康宮城，困殺了梁武帝。

南梁帝國由此亂成了一團。

陳霸先回兵平亂，擁戴湘東王蕭繹與侯景作堅決的鬥爭。

在此期間，侯景劫持了陳霸先的妻子章要兒、兒子陳昌、姪子陳蒨等人。

與侯景惡戰了三年，陳霸先終於取得了最後的勝利，救出了妻兒。

在這年，湘東王蕭繹在各路將士的勸進下，於江陵稱帝，是為梁元帝。

立下復國大功的陳霸先進位司空，他的兒子，年方十六歲的陳昌被封為長城國世子、吳興太守。

眼看苦日子已經過去，好日子就要來臨。

但是，南梁還有兩個敵人 —— 北齊和西魏。

南梁承聖三年（西元 554 年），西魏攻陷江陵，梁元帝遇害，時為員外散騎常侍的陳昌和堂兄陳頊都被俘虜到了關右。

不過，鑑於陳霸先在南梁的地位顯赫，西魏朝廷對陳昌兄弟還很照顧，客客氣氣，沒為難他們。

南梁太平二年（西元 557 年），西魏和南梁同時滅亡 —— 西魏恭帝禪位給了宇文覺、南梁敬帝則禪位給陳霸先。

陳霸先立陳昌的母親章要兒為皇后，改元永定，國號陳。

陳霸先既然立國，就不能沒有繼承人，但他唯一在世的兒子既然身困北周，他只能動用一切外交手段進行斡旋，請求北周放人。

北周口頭上雖然同意放人，卻虛與委蛇，拖著，遲遲沒有行動。

兩年之後，即南陳永定三年（西元 559 年）六月，陳霸先病危，盼兒不歸，不忍帝位空懸，只好追姪子陳蒨入纂大統。

陳蒨入宮，誠惶誠恐，不敢即位。

皇后章要兒想當然地要把帝位留給兒子，沒有頒布懿旨。

國不可一日無主。

朝中大臣，面面相覷，不知如何是好。

陳蒨的心腹，鎮西將軍侯安都為奪擁戴大功，大聲說道：「今四方未定，何暇及遠，臨川王（指陳蒨）有功天下，須共立之。今日之事，後應者斬。」

他拉了一群人，按劍上殿，逼迫皇后章要兒交出玉璽。

章要兒一個婦道人家，哪見過這種陣勢？只好乖乖就範。

陳蒨於是欣然登基，是為陳文帝。

北周那邊一直拖著不肯放陳昌兄弟，就是想看熱鬧，看看有沒有吞併南陳這邊的可乘之機。

沒想到南陳這邊這麼快就完成了接班人的權力繼承，不甘心，就耍了個花招，釋放陳昌回國，讓南陳製造混亂。

如果北周有當年梁武帝命陳慶之護送北魏北海王元顥北還的膽識，說不定，他們這計策就成功了。

因為，聽說陳昌要回來了，很多南陳的大臣，尤其是陳霸先當年的老臣，心思都開始躁動了。

沒辦法，陳昌可是正牌的繼承人呀！但是，陳文帝只做了一件事，就讓滿朝文武百官瞬間死心。

陳文帝讓心腹侯安都做了一個指示：讓他去安陸迎接太子回朝。

侯安都逼迫章要兒皇后交出玉璽奉迎陳文帝登基後，當上了司空、征北將軍、南徐州刺史。

這下子接到陳文帝的指示，心領神會。

可笑的是，毫無政治經驗的陳昌，手上既沒有軍隊可以依靠，又不知死到臨頭，還寫信給堂兄陳文帝，言辭傲慢，一再暗示陳文帝趕快讓位。

這樣一個不識時務的毛頭小子，傻乎乎地坐上了侯安都的接駕大船，結果，在江中被侯安都活活溺殺。

陳文帝因此再無後顧之憂，安心做起自己的皇帝。

至於侯安都，又積大功一件，被晉爵為清遠郡公。

可憐那陳武帝陳霸先豪雄一世，到頭來，不但基業被姪子占去，還被姪子搞得斷子絕孫，沒有後代。

不難想像，如果南宋高宗真的迎歸二聖，則二聖的下場，多半與陳昌相同。

陳武帝遭挫骨揚灰、斷子絕孫，令人痛惜

歷史學家在書中提到：「中國自三代以後，得國最正者唯漢與明。」

他的依據是，漢高祖和明太祖都是「匹夫起事，無憑藉威柄之嫌；為民除暴，無預窺神器之意」，最終上應天意，下順民心，改朝開國，坐有天下。

另一歷史學家卻在書中提到：「從來人君得國者，無如陳武帝之正者。」

也就是說，後者認為，陳武帝陳霸先才是得國最正者，誰也比不上。

事實上，如果以前者說的「匹夫起事，無憑藉威柄之嫌；為民除暴，無預窺神器之意」這一標準來量度陳霸先，完全符合。

只不過，陳霸先所建陳朝的局勢，遠遠不能與劉漢、朱明相比。

不但陳霸先所建陳朝的局勢遠不能與劉漢、朱明相比，陳霸先身後的結局，也遠遠不能與漢高祖劉邦、明太祖朱元璋相比。

可以說，陳霸先身後的結局，是中國古代所有開國皇帝中最慘之一，他不僅斷子絕孫，還慘遭挫骨揚灰，讓人慨嘆。

陳霸先一共有四個兒子，前面三個都早夭了。

第四個兒子陳昌，在西魏攻陷江陵時，和堂兄陳頊一起被俘虜到了長安。

南陳永定三年（西元 559 年）六月，陳霸先病危，盼兒不歸，只好追

姪子陳蒨入纂大統。

已經從西魏蛻變為北周的北周政府為了擾亂陳朝局勢，趁陳文帝陳蒨初登大位、政權不穩之機，釋放了陳昌兄弟，目的是想替陳朝製造混亂。

陳蒨不老實，為了永占帝位，他讓人在前去迎接陳昌時，把陳昌殺害了。

不過，話說回來，陳蒨殺弟雖然不老實，但他也算得上一代英主，史家對他的評價同樣很高。

《南史》稱讚說：「文帝起自布衣，知百姓疾苦，國家資用，務從儉約。妙識真偽，下不容奸。」

說起來，陳蒨在少年時就非常深沉敏銳有膽識。

南梁大寶元年（西元 550 年），侯景因為陳霸先舉兵與自己對抗，暗中派人收捕了陳蒨和陳昌。

陳蒨一點也不懼怕，他藏利刃於袖，想在入見侯景之時，伺機一刀殺了侯景。

可惜，他所見到的都是侯景的手下，此舉沒有成功。

後來陳霸先大軍圍攻石頭城，陳蒨趁侯景兵敗，逃了出來。

南梁承聖三年（西元 554 年），陳霸先與王僧辯相爭時，陳蒨守長城縣，手下僅有幾百兵，遭到了王僧辯女婿杜龕指揮的五千精兵攻打，他激勵將士，親自上陣，鬥智鬥勇，硬是與敵周旋了數十天，將敵擊退。

南梁紹泰二年（西元 556 年）六月，北齊大軍進兵南梁帝都建康。

陳霸先想拚力一戰，但士兵飢餓不堪，無力出戰。

關鍵時刻，陳蒨送來了三千斛米、一千隻鴨。

陳霸先命人煮熟，用荷葉裹飯，飯中夾幾塊鴨肉。

士兵們吃過荷葉飯，精神大振，一戰而捷。

陳蒨治國也很有一套，他在位時期，大力整頓吏治，興修水利，注重農桑，使得江南經濟重現勃勃生機，史家頌稱其在位期間有「承平之風」。

陳蒨短命，在位七年，在南陳天嘉七年（西元 566 年）四月死了，時年四十五歲。

陳蒨在嚥氣前，遺詔自己的兒子、時年只有十五歲的皇太子陳伯宗繼位。

本來，陳蒨考慮到自己的兒子年紀太小，難以守住皇位，就半試探半真誠地對執掌了朝中大權的弟弟安成王陳頊說：「我想效仿當年吳太伯傳位給他的弟弟。」

這陳頊的權謀、才能和其兄陳蒨有得一比。

他在當時的表現，堪稱滿分。

他趴在地上奮力地哭泣，怎麼勸都不肯接受。

於是陳頊的手下孔奐對陳蒨說：「安成王是您的兄弟，必定會效仿周公輔政。他若有廢立之心，臣等雖然愚鈍，也不敢聽命啊！」陳蒨信了，安心傳位給自己的兒子陳伯宗。

另拜任陳頊為司徒，晉號驃騎大將軍，總領尚書職，都督中外諸軍事。

然而，兩年之後，即南陳光大二年（西元 568 年）十一月，陳頊就以陳伯宗難堪大任為由，發動了政變，廢黜陳伯宗，自立為帝，立世子陳叔寶為皇太子。

陳頊即位後，繼續實行陳蒨時輕徭薄賦之策，並鼓勵農民開墾荒地，注重民生，使江南經濟得到了更好的發展。

《南史》稱讚他「器度弘厚，有人君之量」，《陳書》也說他「開拓土宇，靜謐封疆」，對他的評價極高。

陳頊在位十四年，於南陳太建十四年（西元 582 年）去世，終年五十三歲，遺詔傳帝位給皇太子陳叔寶。

這陳叔寶登位後，終日吃喝玩樂，醉生夢死。

就在這樣的渾渾噩噩之中，把江南錦繡江山都玩完了。

不過，陳叔寶的下場不錯。

他做了七年皇帝，國滅後被擄至長安，被隋文帝楊堅封為長城縣公，賜予宅邸，禮遇甚厚。

很多年後，隋煬帝在隋朝的喪鐘即將敲響的前夕，還有點嚮往陳叔寶的晚年生活，用學得不倫不類的江南語對妻子蕭后說：「外間大有人圖儂，然儂不失為長城公，卿不失為沈后，且共樂飲耳！」相對而言，陳朝開國皇帝陳霸先真是慘不堪言。

王僧辯有三個兒子，南梁滅亡後，其長子投奔北齊；次子王頒及三子王都隨魏軍進入了關中，後來成了隋朝的臣子。

在隋滅南陳之戰中，王頒自請從軍。

隋軍攻陷建康後，王頒夜掘陳武帝陵，焚骨取灰，投水而飲之，極盡汙辱之能事。

王頒做下這些人神共憤之事後，自知難逃世人指責，他自縛而歸，向隋文帝楊堅請罪。

令人感到難以置信的是，隋文帝楊堅竟然笑嘻嘻地嘉獎和安慰王頒，說：「朕以義平陳，汝所作所為，亦孝義之道也，朕何忍加罪！捨而不問。有司錄其戰功，將加柱國，賜物五千段！」

陳朝共歷五帝，享國三十二年，五帝之中，除去並未真正執政的廢帝陳伯宗之外，陳武帝、陳文帝、陳宣帝，都是難得的明君，其中陳武帝得到的評價最高——「英略大度，應變無方，蓋漢高、魏武之亞矣」。

現在，有很多陳氏家族都自稱陳霸先後裔。

但可惜的是，按照史書記載，隨著陳霸先唯一的兒子陳昌被姪子陳蒨弄死，陳霸先已經絕後了。

陳後主恩將仇報，弟弟被迫賣酒度日

陳宣帝陳頊文武兼備，是南北朝中難得的一位明君。

另外，他兒女眾多，共有四十二個兒子、二十六個女兒。

陳頊生得高大威猛，身高超過一百九十公分，體型健碩，二十三歲時娶妻柳敬言，在當時，算是很晚結婚。

陳頊娶柳敬言這年，是南梁承聖元年（西元552年），他的叔父陳霸先與王僧辯合兵絞殺了侯景、共擁立梁元帝登位。

梁元帝以江陵為都城，命陳霸先鎮守京口、王僧辯鎮守建康；另命陳霸先、王僧辯送子姪入侍。

在這種情況下，陳頊入赴江陵，被任為直閣將軍、中書侍郎。

這期間，陳頊納娶了錢、彭、曹三位美女為妾，可謂榮華富貴，財色兼收。

不難看出，陳頊能出人頭地，全賴叔父陳霸先所賜。

之前的陳頊，不過一草野中之無賴耳。

無賴時代的陳頊，常混跡於吳中的酒家、賭場等地。

話說，吳中某酒家有一婢女，姓何，容貌姣好，當壚賣酒，引得當地群宵日日垂涎聚飲。

陳頊也不例外，他多番出入該酒家喝酒，竟與何姓女子勾搭上了。

入江陵為官後，陳頊不能忘懷何姓女子之款款深情，派人前去迎娶，納為偏室。

南梁承聖三年（西元 554 年），江陵被西魏攻陷，梁元帝被殺，陳頊與陳霸先之子陳昌一起被擄往長安，成了敵國的階下囚。

這個時候，陳頊的五個女人，已分別為他生下了陳叔寶、陳叔陵、陳叔英、陳叔堅、陳叔卿共五個兒子。

陳頊的第六個兒子出生時，是在八年之後。

南陳天嘉三年（西元 562 年），他從北周歸國，當時，其兄陳文帝陳蒨已經繼承了叔父陳武帝陳霸先之帝位，封之為安成王。

七年之後，陳頊又在兄長陳文帝陳蒨死後，篡奪了姪子陳伯宗的帝位，做了整整十四年皇帝。

即從 562 年到 582 年的短短二十年時間裡，陳頊廣納妃嬪，生兒育女，不亦樂乎，一共生了六十三個兒女！在陳頊駕崩前的一年，還有多個孩子呱呱落地。

以至於陳頊死時，還沒來得及替陳叔叡、陳叔忠、陳叔弘、陳叔毅、陳叔訓、陳叔武、陳叔處、陳叔封這八個兒子封王。

陳頊的女兒中，比較出名的是第十四女寧遠公主，陳亡後被隋文帝納為嬪妃，號宣華夫人；第二十四女臨川長公主，同樣在陳亡後被隋文帝納為嬪妃，號弘政夫人。

陳頊的兒子中，比較出名的長子陳後主陳叔寶、次子始興王陳叔陵和四子長沙王陳叔堅。

南陳太建十四年（西元 582 年）的農曆正月初五日，陳頊病重。

太子陳叔寶與始興王陳叔陵、長沙王陳叔堅入宮侍疾。

始興王陳叔陵早就看顢頇昏暗的陳叔寶不順眼了，他準備在陳頊嚥氣之後、遺詔未宣之前殺掉陳叔寶，自立為帝。

但朝廷明令不許帶刀入宮，怎麼才能刺殺陳叔寶呢？陳叔陵看中了典藥吏手中的銼藥刀——專門用來切割草藥的刀。

他暗中叮囑典藥吏曰：「切藥刀甚鈍，可礪之。」

不過，隨著陳頊病情加重，宮中衛士懈怠，看管沒那麼嚴密，陳叔陵改命心腹到宮外取劍。

可惜，該心腹腦袋不靈光，不知陳叔陵為何索劍，取了其平日朝服所佩之木劍以進。

正月初十日陳頊病崩於宣福殿。

倉促之際，陳叔陵出殿尋劍，發現所進為木劍，不禁咆哮如雷，怒責不已。

長沙王陳叔堅聽到吼聲，疑有變，留心防範。

次日，陳叔陵袖藏銼藥刀衝進來，衝著跪伏在陳頊遺體旁的陳叔寶後頸猛砍一刀。

陳叔寶痛呼一聲，悶絕於地。

陳叔寶的母親柳敬言和其乳母樂安君吳氏趕快跳起來撲倒在陳叔寶身上，以防其受到第二次攻擊。

早有防備的陳叔堅在後面衝上，右手鎖住了陳叔陵的喉嚨，左手奪其刀，大聲向陳叔寶詢問：「即盡之，為待也？」陳叔寶已迷昏於地，不能回答。

說時遲，那時快，陳叔陵仗著力大，奮力一鑽，掙脫了陳叔堅的鎖喉，從雲龍門一溜煙跑了。

陳叔陵回到自己居住的東府城，盡釋東城囚犯以充戰士，浩浩蕩蕩殺回宮城。

陳叔寶既已不省人事，陳叔堅就自作主張，命人急召南陳第一猛將蕭摩訶平亂。

蕭摩訶出手，很快擒殺了陳叔陵。

陳叔堅因此以功晉號驃騎將軍、開府儀同三司、揚州刺史。

陳叔寶在療傷期間不能視事，故政無小大，悉委陳叔堅決之。

這麼一來，陳叔堅勢傾朝廷，呈尾大難掉之勢。

陳叔寶傷癒上臺，疏而忌之，一度將其囚於西省，準備誅之。

但回念其捨命救駕之功，寬赦了他。

陳叔堅於南陳禎明二年（西元 588 年）與妻子沈氏一起遷居瓜州，隱姓埋名，過起了普通人的生活。

陳叔堅出身富貴，不諳農事，只好與妻子沈氏重操母業，當壚沽酒，受雇於人。

吳明徹被擒，陳朝被滅已成定局。宋徽宗建武廟祭祀古代七十二名將，南北朝僅有六人從祀。

這六人分別是：宇文憲、韋孝寬、斛律光、王僧辯、于謹、吳明徹。

不難看出，吳明徹是南陳唯一榮登七十二名將行列的人選。

有人因為吳明徹晚年死得太過悽慘，認為他是徒有其表、虛有其名，其實不配。

但要我說，南朝從宋文帝算起，歷經宋、齊、梁、陳四代，多次興師北伐，卻多以失敗告終。

南陳國力最弱，因為起用了吳明徹掛帥，打北齊打得有聲有色，而且擒殺了一代梟雄王琳。

單此一役，吳明徹就可以名垂千古。

吳明徹是將門之後，他的祖父吳景安曾為北齊南譙太守，父親吳樹為南梁右軍將軍。

不過，吳明徹很小就失去了父母，他那些用兵打仗的才能是跟著汝南人周弘正學到的。

他的幾個哥哥都以耕種為生，家境貧困，難以維持生計。

吳明徹年紀稍長，就離家投軍，後來出任了南梁朝的東宮直後。

侯景禍亂江南的時候，哀鴻遍野，民不聊生。

吳明徹有粟麥三千餘斛，他慨然散糧濟困，與鄉親們共渡難關。

陳霸先鎮守京口，聽說了吳明徹這一豪舉，壯之，深相結納。

陳霸先後來受禪稱帝，任命吳明徹為安南將軍，跟隨侯安都、周文育討伐王琳。

這裡著重介紹一下王琳。

王琳其人，果勁絕人，是個宋江式的人物，仗義疏財，愛結交朋友，能傾身下士，招攬了很多江湖死士，史稱「麾下萬人，多是江淮群盜」。

在平滅侯景的過程中，王琳與杜龕的軍功在王僧辯軍中並列第一。

王琳的手下恃寵縱暴，王僧辯屢禁不止，懼將為亂，祕密向蕭繹啟請誅之。

王琳很講義氣，把事情全攬了下來，去江陵向蕭繹請罪。

動身之日，三軍痛哭流悌。

王琳很感慨，對長史陸納等人說：「吾若不返，子將安之？」陸納等人堅定地說：「請死相報。」

蕭繹那邊不知王琳的威勢，等王琳來了，把他關進了大牢。

這下惹了大麻煩。

陸納等據湘州起兵造反，聲援王琳。

蕭繹派王僧辯前往平叛，數月不能下。

由於侯景一事已經了結，江南的局勢尚未完全安定，蕭繹對湘州之亂深感憂慮，只好釋放王琳。

王琳一出，陸納等人投戈俱拜，無條件投降。

王琳的威望，已至於此。

陳霸先殺王僧辯、擁立蕭方智為帝，曾授王琳侍中司空。

王琳拒絕從命，大營樓艦，與陳霸先分庭抗禮。

因此，陳霸先受禪後，第一個對付的就是王琳，派遣自己最得力的大將侯安都、周文育率軍往誅王琳。

侯安都在出發前就黯然長嘆說：「我其敗乎，師無名矣。」

果然，兩軍在沌口開戰，那王琳乘平肩輿，執鉞於麾下指揮作戰，一舉擒獲了侯安都、周文育。

隨軍出戰的吳明徹見機跑得快，拔營回都，全身而退。

王琳得勝之後，氣焰囂張，派人向北齊請求送還作為質子的永嘉王蕭莊，擁立為梁朝皇帝，揮軍東下，直取揚州。

在蕪湖，王琳遭到了陳朝大將侯調的抵擋。

王琳讓士兵往侯調的船上丟火炬，可惜天不遂其願，西南風忽至，火炬因為逆風，大火被反刮回來，無數兵船被燒毀。

侯調趁機縱兵出擊，大破王琳軍。

王琳乘坐舴艋小船突圍而出，接引蕭莊，狼狽不堪地逃入北齊。

北齊孝昭帝高演任王琳為驃騎大將軍、開府儀同三司、揚州刺史，封會稽郡公，鎮守壽陽。

增發給王琳軍餉，賜一班鐃吹樂器。

王琳滅陳之心不死，時時謀劃侵陳。

陳朝方面因此興起了北伐之論。

補充一下，陳朝在繼王琳之亂後，又有湘州刺史華皎之亂。

平定這場變亂的人就是吳明徹。

吳明徹不但平定了華皎叛亂，還大敗北周和西梁聯軍，奪取西梁三郡。

南陳太建五年（西元 573 年）三月，陳宣帝計劃討伐北齊，交公卿廷議。

眾大臣意見不一，吳明徹堅決支持北伐，並請纓掛帥。

尚書左僕射徐陵贊成由吳明徹掛帥，他說：「吳明徹家在淮左，悉彼風俗；將略人才，當今亦無過者。」

於是陳宣帝命吳明徹都督征討諸軍事，領兵十萬北擊北齊。

該年四月，吳明徹分兵交都督黃法氍往攻歷陽，自己率軍往攻秦郡。

北齊方面大驚，派尉破胡、長孫洪略率眾十萬援救秦州，另遣軍援救歷陽。

尉破胡、長孫洪略的十萬之眾的前部，有「蒼頭」、「犀角」、「大力」等稱號，部中將士，身高都超過一百八十公分，膂力絕倫，其鋒甚銳。

部中又有西域將領，妙於弓矢，弦無虛發，令人生畏。

吳明徹知道自己軍中的猛將蕭摩訶最能打，激勵他說：「如果你能殪此胡將，則彼軍奪氣矣！」又擔心蕭摩訶膽氣不足，親自倒酒遞給他，替他壯膽，說：「君有關、張之名，定斬顏良！」蕭摩訶舉杯喝酒，說：「殪此胡將易事耳！所憂慮的是不知他長什麼模樣，無從辨認。」

吳明徹招來北齊降兵，要他向蕭摩訶詳細描述其將領特徵。

降兵指點蕭摩訶說：「西域胡將著絳衣，樺皮裝弓，兩端骨弭。」

大戰開始了，吳明徹再幫蕭摩訶倒酒壯行。

蕭摩訶飲訖，馳馬直衝齊軍。

西域將領勃然大怒，挺身出陣，但其彀弓未發，卻被蕭摩訶擲來的鐵戟擊中額頭，仰天倒地。

齊軍「大力」部奔出十餘騎應戰，蕭摩訶一一將之斬落。

齊軍膽落，陳軍趁機發起猛攻。

北齊軍猶如山倒雪崩，紛紛退走，主帥長孫洪略被陣斬，另一主帥尉破胡倉皇奔走，僅以身免。

吳明徹大獲全勝，順利拿下了秦州。

由於秦郡是吳明徹的老家，陳宣帝詔具太牢，令拜祠上塚。

吳明徹掃墓當日，文武羽儀甚盛，鄉里以為榮。

那邊的黃法氍先於大峴擊破北齊軍，覆敗北齊遣來的援軍，攻克歷陽，進軍合肥，迫降合肥北齊守軍。

六月，黃法氍克合州。

七月，吳明徹攻克仁州，再戰再捷，又攻克平峽、石岸二城，進逼壽陽。

北齊鎮守壽陽的就是王琳，他和刺史王貴顯駐守在壽陽外城。

吳明徹乘夜率兵狂攻，一鼓得手，破入外城。

王琳、王貴顯只好退保內城。

吳明徹加緊修治進攻器械，逼肥水灌城。

城中苦溼，多腹疾，手足皆腫，死者十六七。

眼看假以時日，壽陽可得。

北齊右僕射皮景和卻在這時候率眾數十萬來援，到了距離壽春十幾公里遠的地方，駐紮了下來，聲勢逼人。

陳軍大譁。

眾將不安，紛紛向吳明徹詢問：「堅城未拔，大援在近，不審明公計將安出？」吳明徹笑答道：「兵貴在速，而彼結營不進，自挫其鋒，吾知其不敢戰明矣。」

次日，他親擐甲冑，上馬誓眾，揮軍從四面發起疾攻。

城中震恐，陳軍一鼓而克，生擒了王琳、王貴顯、扶風王可朱渾孝裕、尚書盧潛、左丞李騊駼。

前來救援壽陽的皮景和在震怖之下，不戰而遁，丟棄了駝馬、輜重無數。

王琳有很多舊部曲都在吳明徹帳下為將，這些人看見王琳被擒，皆歔欷不能仰視。

吳明徹擔心節外生枝，命人斬殺了王琳，將其首級及王貴顯、可朱渾孝裕、尚書盧潛、左丞李騊駼等人一起解傳回建康。

陳宣帝收到捷報，大喜過望，下詔稱讚說：「壽春者古之都會，襟帶淮、汝，控引河、洛，得之者安，是稱要害。侍中、使持節、都督征討諸軍事、征北大將軍、開府儀同三司南平郡開國公明徹，雄圖克舉，宏略蓋世。」

加封吳明徹為車騎大將軍，都督、豫、合、建、光、朔、北徐六州諸軍事、豫州刺史，增封並前三千五百戶。

吳明徹在壽陽城南登壇拜受，成禮而退，將卒莫不踴躍焉。

南陳太建七年（西元 575 年）閏九月，吳明徹又率軍溯泗水西進攻彭城，軍至呂梁，擊敗北齊援兵數萬人。

不過，陳宣帝已滿足於既占之淮河兩岸地區，無意再進，這場戰績輝煌的北伐行動已經進入了尾聲。

南陳太建九年（西元 577 年）十月，北齊後主、幼主等幾十名宗室被殺，北齊正式被北周滅亡，陳宣帝準備乘機爭奪淮北地區，詔令吳明徹舉行第二次北伐。

這次北伐的第一站，就是呂梁。

吳明徹遭遇到了北周徐州總管梁士彥的頑抗。

梁士彥並非吳明徹的對手，屢戰屢敗。

吃了虧的梁士彥最後學乖，退守城池，不肯再出城迎戰。

吳明徹故技重施，把攻打壽陽那一套再拿出來，引清水灌城，自己率舟師環列於城下，日夜攻打。

北周派大將軍王軌率軍前來救援。

這個王軌，與救援壽陽的皮景和不同，他一上來，就為陳軍施予了重大壓力：他指揮士兵在水中橫流豎木，以鐵鎖貫車輪，阻斷了陳軍船隻來往的通道。

這麼一來，王軌和梁士彥一外一裡，形成了對陳軍的夾攻。

陳軍腹背受敵，人心惶惶。

諸將中有人主張挖開攔河壩，用船載馬，移動軍營，以脫離險境。

主管軍中馬匹的裴子烈反對說：「若決堰下船，船必傾倒，豈可得乎？不如前遣馬出，於事為允。」

可能上天要亡吳明徹，這時候的吳明徹背疾甚篤，自顧不暇，糊里糊塗就答應了。

結果，河壩剛掘，船艦是一擁而出了，但到了清口，水勢漸微，所有的船艦都擱淺了。

北周騎兵掩殺而來，沒有了戰馬的陳軍將士們心慌意亂，一哄而散。

重病在身的吳明徹走投無路，束手就擒。

北周武帝宇文邕傾慕吳明徹是一代名將，沒有殺他，也沒有羞辱他，封他為懷德郡公，官拜大將軍。

吳明徹憂憤遘疾，於該年死於長安，時年六十七歲。

數年之後，陳後主即位，他對吳明徹的被俘遭遇深表同情，下詔追封吳明徹為邵陵縣開國侯，食邑一千戶，其子吳惠覺嗣爵，下詔稱：「李陵矢竭，不免請降；于禁水漲，猶且生獲，固知用兵上術，世罕其人。故侍中、司空南平郡公明徹，爰初躡足，迄屆元戎，百戰百勝之奇，決機決死之勇，斯亦侔於古焉。」

可以說，南陳第一名將吳明徹的被俘，基本注定了南陳的軍事走向衰微，則陳被隋滅，已難以逆轉。

威武一生的蕭摩訶，晚年被陳後主奪妻

縱觀歷代亡國之主，無不有其可恨之處，尤其如商紂、如隋煬、如劉子業、如蕭寶卷，嗜血暴虐，魚肉百姓。

但另有一些亡國君主，可恨之中，更多的是可憐、可厭，如蜀漢後主劉禪、如陳後主叔寶、如南唐後主李煜、如宋徽宗趙佶、如王衍、如孟昶，這些人多才多藝，但在治國處政上，多半顢頇昏庸，不知所為。

這其中的陳後主叔寶，敗亡之後，還恬不知恥地向隋文帝楊堅乞官。

隋文帝楊堅笑罵他說：「你的敗亡豈不就因為酗酒縱色？你只有作詩的功夫，什麼時候思慮過國家安危？當日賀若弼兵度京口，有人密啟告急，你竟日夜飲酒，醉不省事。

我大軍抄到皇宮，看見告急文書躺在床下，還未開封。

這也的確可笑，大概是天要亡陳吧！先前苻堅征伐占領的國家，為求虛名，對戰敗國君主都使他們保留榮華富貴，卻不知道這違背了天意。

我若賜官與你，乃違天命也。」

唐人姚思廉作《陳書》，慨嘆說：「後主生深宮之中，長婦人之手，既屬邦國殄瘁，又不知稼穡艱難，初懼阽危，屢有哀矜之詔，後稍安集，復扇淫侈之風。」

明人丁耀亢則忍不住大罵：「吾觀叔寶，始末一浮蕩痴子弟耳，嬖寵豔妃，窮奢金碧，以詩酒謔浪亡天下！」陳宣帝剛剛駕崩的時候，陳叔寶雖然身為太子，但怯懦無能，差點被覬覦帝位的弟弟陳叔陵用銼藥刀刺死。

幸好得另一個弟弟陳叔堅，還有他的母親、宣帝的皇后柳氏以及他的乳母吳氏捨身救助，才躲過一劫。

陳叔陵刺殺不成，倉皇逃回東府城，欲據城自守。

當時，陳軍皆沿江防守隋軍，建康城內空虛，而陳叔寶如此怯懦，群臣惶惑，內心搖擺，不知道該支持誰。

陳叔寶感覺猶如天塌，不知如何是好。

幸好太子舍人司馬申當機立斷，派人去向前線的猛將蕭摩訶求救。

蕭摩訶忠心耿耿，率數百精騎殺向東府城。

蕭摩訶雖然只來了數百人，陳叔陵卻魂飛魄散，不敢相抗，在許以高官厚祿收買失效後，棄城而走，最終被蕭摩訶輕鬆收拾。

陳叔陵為什麼這麼怕蕭摩訶呢？因為蕭摩訶實是天神下凡一般的猛人，他從十三歲投軍作戰，百戰沙場，強橫半世，威名早已揚遍天下。

蕭摩訶的父親蕭諒原是南梁的始興郡丞，但在蕭摩訶很小的時候就病死了。

蕭摩訶由姑丈蔡路養收養。

南梁太清二年（西元548年），南梁爆發了舉世震驚的侯景之亂，南梁大將陳霸先起兵勤王。

蔡路養受廣州刺史蕭勃的指使，領兵在南野攔截陳霸先。

老實說，與強人陳霸先相比，蔡路養不過是一個亂世中的「小蝦米」，他領兵攔截陳霸先，不過是螳臂當車。

不過，蕭摩訶在這場攔截戰中表現極其搶眼，無人能敵。

正因如此，在蔡路養敗亡後，蕭摩訶得到了陳霸先部將侯安都的厚待，從此死心塌地，成了侯安都麾下的一員得力猛將。

在很長一段時間內，侯安都所立大功，全賴蕭摩訶之力。

甚至，在後來對北齊的戰鬥中，蕭摩訶還救了侯安都一命。

該戰，侯安都率部自白下襲擊北齊之後路，侯安都在激戰中馬失前蹄，墜馬倒地，被敵圍攻，情形萬分危急。

史稱：「摩訶獨騎大呼，直衝齊軍，齊軍披靡，因稍解去，安都乃免。」

蕭摩訶幾乎是靠一己之力拯救了侯安都，而且反敗為勝，一舉奠定了勝局。

當然了，說起蕭摩訶的勇猛代表作，還得算南陳太建五年（西元573年）那一場對北齊的惡戰。

當時，南陳代梁，蕭摩訶已成為南陳大將。

這年三月，陳宣帝命吳明徹為都督征討諸軍事，領兵十萬北擊北齊。

吳明徹集中火力猛攻齊軍駐守的秦郡。

北齊遣大將尉破胡、長孫洪略率眾十萬來援。

這十萬之眾的前部，有「蒼頭」、「犀角」、「大力」等稱號，部中將士，身高都超過一百八十公分，膂力絕倫，其鋒甚銳。

部中有西域將領，妙於弓矢，弦無虛發，為陳軍所深忌。

為此，吳明徹專門找蕭摩訶來喝酒，再三激勵他，最後果然靠著蕭摩訶的神勇發揮，南陳大獲全勝。

可以說，蕭摩訶實乃南陳第一猛將！可惜的是，對於這樣的不世猛將，陳後主自找死路，不但不知愛護，還被色慾衝昏了頭，在蕭摩訶上陣拒敵之時，他在後方玷汙了蕭摩訶的妻子。

陳後主繼位後，一直認為隋軍過不了長江天塹，怠於防務，天天在宮中玩樂。

等到賀若弼軍進據鐘山，他才派蕭摩訶列陣於白土岡拒敵。

此時蕭摩訶已年近花甲，喪妻後新娶了一個少女。

陳後主已擁有了張麗華、孔貴嬪等花容絕代的美人，還垂涎於蕭摩訶妻子的美色，於是召入宮中取樂。

蕭摩訶在前方作戰，魂不守舍，被賀若弼擊敗，其本人被擒。

隋文帝楊堅敬惜蕭摩訶是個英雄人物，釋之不殺，並授其開府儀同三司。

不久，隨漢王楊諒至并州。

隋仁壽四年（西元 604 年），蕭摩訶助漢王楊諒起兵反對其兄楊廣稱帝，兵敗後被殺，時年七十三歲。

史書對蕭摩訶的評論是：「蕭摩訶氣冠三軍，當時良將，雖無智略，亦一代匹夫之勇矣；然口訥心勁，恂恂李廣之徒歟！」蔡東藩憐蕭摩訶而惡陳後主，罵道：「叔寶尚委政宵小，恣情聲色，可戰不戰，不可戰而戰，甚至敵臨城下，猶姦通蕭摩訶妻，如此淫肆，欲不亡得乎？」

不服賀若弼，嚴厲責怪韓擒虎的周羅睺

隋文帝楊堅受禪建隋後，就有志於吞併南陳、統一天下。

南陳所湧現出的名將，不過侯安都、吳明徹、蕭摩訶、任忠這幾人而已。

不過，侯安都遭陳文帝猜忌，於南陳天嘉四年（西元 563 年）被賜死於宮中；吳明徹於南陳太建九年（西元 577 年）為北周名將王軌所俘，不久憂憤死去。

那麼，這其中到隋朝建立後還存活的就只有蕭摩訶和任忠二人。

但是，南陳禎明三年（西元 589 年），隋軍大將賀若弼渡江襲擊京口，大軍兵至鐘山，與蕭摩訶、任忠列陣相對。

陳軍除了有蕭摩訶、任忠之外，還有樊毅、孔范、魯廣達等諸軍。

賀若弼與麾下楊牙、員明等七位總管四次進擊，四次獲勝。

陳軍孔范部最先崩潰，餘者跟著自亂。

最終，蕭摩訶被員明所俘，任忠倉皇逃脫，只有五十九歲的魯廣達率眾死戰。

可笑的是，任忠雖然從賀若弼手中逃脫，待到了石子崗，遇上了從新林進迫的隋韓擒虎軍，竟心膽俱裂，跪地投降，充當韓擒虎軍前導，共入南掖門。

南朝諸將，不過如此。

賀若弼和韓擒虎因此對南朝人物大為輕視。

與蕭摩訶、任忠等人一起由陳入隋，做了隋臣的南陳降將還有周羅睺。

隋晉王楊廣統領八路大軍伐陳時，周羅睺都督巴峽沿江諸軍，專拒隋

秦王楊俊軍。

陳後主已經被擒，周羅睺駐守的陣地仍堅守得穩如鐵桶，楊俊軍屢戰不能動以分毫。

楊俊向兄長楊廣告急。

楊廣讓陳後主出手書命周羅睺棄械投降。

周羅睺睹陳後主信，與諸將聚哭告哀三日，放兵士散，然後單身降隋。

隋文帝下詔慰諭，許以富貴。

周羅睺垂淚泣對：「臣荷陳氏厚遇，本朝淪亡，無節可紀。陛下所賜，獲全為幸，富貴榮祿，非臣所望。」

賀若弼誇誇其談，對周羅睺說：「聞公郢漢捉兵，即知揚州可得。王師利涉，果如所量。」

周羅睺神眉倒豎，獨眼圓睜，惡狠狠地答：「若得與公周旋，勝負未可知也！」周羅睺為九江尋陽人，其父周法暠，為梁朝冠軍將軍、始興太守、通直散騎常侍、南康內史，臨蒸縣侯。

周羅睺十多歲的時候，就善騎射，好鷹狗；到了十五歲左右，任俠放蕩，收聚亡命，陰習兵書。

陳宣帝時，他以軍功授開遠將軍、句容令，跟隨吳明徹北伐，與北齊大軍鏖戰於江陽，左眼被流矢射瞎，只剩下一隻眼睛，面容顯得猙獰可怖。

南陳與北齊在江陽的惡戰中，南陳主帥吳明徹受困於戰陣之中，諸軍相顧，莫有鬥心。

周羅睺躍馬突進，所向披靡。

蕭摩訶大為壯之，協同衝殺，斬獲不可勝計。

吳明徹最後一次北伐，進師徐州，與北周大將梁士彥激戰於彭城。

蕭摩訶臨陣墜馬，眼看性命不保，周羅睺單騎進救，拔蕭摩訶於重圍之內，勇冠三軍。

吳明徹軍後來被北周援軍王軌擊潰，吳明徹本人被擒，全軍崩敗。

只有周羅睺全眾而歸，拜光遠將軍、鍾離太守。

所以，賀若弼雖是當世名將，看見周羅睺突然動怒，獨眼中射出凶光，竟被其殺氣所懾，不敢再說話。

韓擒虎和賀若弼齊名，兩人為平陳兩大功臣，但韓擒虎膽略更大，長相也更威猛。

突厥使者來長安朝拜，隋文帝為了震懾他們，故意安排韓擒虎負責接見。

韓擒虎在突厥使者面前一站，便將之嚇得「惶恐不敢仰視」。

南陳裨將羊翔降隋時，因為充當隋軍帶路黨，有「前導」大功，位至上開府，班列於周羅睺之上。

因此韓擒虎在朝堂之上取笑周羅睺，說他遲遲才降，而且在降前解散士兵是「不知機變」之舉，說：「公不知機變，立在羊翔之下，能無愧乎？」周羅睺的獨眼眼皮一抬，用眼白示韓擒虎，嚴厲地責怪說：「昔在江南，久承令問，謂公天下節士。今日所言，殊匪誠臣之論。」

韓擒虎被罵得啞口無言。

韓擒虎並不知道，周羅睺不但是一員勇猛絕倫的猛將，還是一位才思敏捷的詩人，口才出眾。

喜美婦、嗜詩酒的陳後主曾奇怪地問周圍臣佐：「周左率武將，詩每前成，文士何為後也？」都官尚書孔范告訴他：「周羅睺執筆制詩，還如上馬入陣，不在人後。」

因此陳後主對周羅睺更多了幾分敬重，讓其出督湘州諸軍事，還拜散騎常侍。

陳後主如此厚待周羅睺，周羅睺對陳後主也始終待之如一。

陳後主入隋後，受封長城縣公，每日沉湎酒色，醉生夢死，善終於隋仁壽四年（西元 604 年），被追贈大將軍，謚號煬，葬於洛陽邙山。

周羅睺當時協助楊素平定漢王楊諒之亂剛剛回來，進授上大將軍，聽說陳後主逝去，特向隋煬帝請求前往送葬，世論稱其有禮。

周羅睺年歲雖老，威風仍不減壯年。

隋開皇十九年（西元 599 年），突厥達頭可汗犯塞，周羅睺跟從楊素前去拒戰。

兩軍列陣，虜眾甚盛。

周羅睺卻對楊素說：「賊陣未整，請擊之。」

然後自領輕勇二十騎直衝虜陣，從申至酉，短兵屢接，最終大破達頭可汗。

俗話說：「瓦罐不離井上破，將軍難免陣前亡。」

作為一員年近花甲，仍衝鋒陷陣與敵搏殺的將軍，陣亡的可能性太大了。

漢王楊諒的餘黨仍據晉、絳等三州未下，隋煬帝詔周羅睺行絳、晉、呂三州諸軍事，進兵圍剿。

周羅睺為流矢所中，卒於師。

奇怪的是，周羅睺作為一員勇冠三軍的猛將，竟然名聲不顯，後世知者名者甚少。

斬殺絕代美女張麗華是誰的主意？

「北方有佳人，絕世而獨立。一顧傾人城，再顧傾人國」這是漢朝人李延年所作〈佳人歌〉的歌詞。

就這麼幾句簡單的歌詞，讓雄才大略的武帝聞之怦然心動。

南北朝末期南陳後主的貴妃張麗華，絕對稱得上一代絕世佳人。

她出身貧寒，十歲進宮。

那時，陳後主只是東宮太子。

小張麗華為東宮良娣龔氏的小婢女，負責服侍龔氏的生活起居，做一些諸如鋪床疊被、灑掃澆花之類的工作。

不知從什麼時候開始，到龔氏房中就寢的太子陳叔寶喜歡上了她。

十四歲那年，張麗華生下了陳叔寶的第四個兒子陳深。

母憑子貴，她的地位猛增，躍居於龔氏之上並在陳叔寶即位後，驟升為貴妃。

陳叔寶剛即位的時候，因為弟弟陳叔陵作亂，被刺了一刀，很長一段時間起不了床，躺臥在承香閣養傷。

養傷期間，陳叔寶專門欽點張麗華在自己身邊侍候。

當時的後宮諸妃嬪，僅張麗華一人獲此榮幸。

由此可見後主陳叔寶對張麗華的寵溺。

實際上，如果不是陳後主的母親太后柳敬言坐鎮後宮，陳後主可能會把皇后沈婺華換了。

陳後主傷癒，在光照殿的前面建起臨春、結綺、望仙三閣，自己住在臨春閣，張麗華住在結綺閣，龔、孔二位貴嬪住在望仙閣，三閣之間都架有通道相互往來。

另外，能來到後主身邊作陪取樂的，還有張氏、薛氏二位淑媛，王氏、李氏二位美人，以及袁昭儀、何婕妤、江修容等一干人。

皇后沈婺華孤零零獨居求賢殿，形同守寡。

陳後主每日醉生夢死，挑選成百上千姿色漂亮的宮女，命令她們練習唱曲，曲有〈玉樹後庭花〉、〈臨春樂〉等，大多是讚美張麗華的姿容美色的。

曲詞充斥著諸如「璧月夜夜滿，瓊樹朝朝新」之類的頹豔風格。

張麗華身高一百五十公分，頭髮卻長達一百六十公分，披肩垂地，髮色烏黑油亮，光澤可鑑，又兼明眸皓齒，膚光瑩雪，神態自若，姿容豔麗，遠睹恍若天仙下凡。

陳後主愛不釋手，連處理政事，都要抱張麗華於膝上，到了後來，兩手忙碌，無暇他顧，乾脆把事情全委於張麗華。

陳後主的荒淫昏庸，已至於此。

張麗華便不客氣地執掌起國家權柄來，於南陳禎明二年（西元 588 年）廢黜了原皇太子陳胤，改立自己生育的陳深為皇太子。

陳深沒能等來登位的一天，因為，國家已經被他的父母搞垮了。

南陳禎明三年（西元 589 年），隋文帝遣兵大舉南征。

晉王楊廣由六合出發，秦王楊俊由襄陽順流而下，清合公楊素由永安誓師，荊州刺史劉思仁由江陵東進，蘄州刺史王世績由蘄春發兵，廬州總管韓擒虎由廬江急進，其他還有吳州總管賀若弼及青州總管燕榮也分別由廬江與東海趕來會師。

隋大軍急攻建康。

其中韓擒虎親率五百名精銳士卒自橫江夜渡采石磯，進攻姑蘇，沒半天工夫就攻了下來，緊接著又奪取了新林，與行軍總管杜顏會合，殺入了朱雀門。

陳後主六神無主，向身邊侍臣問計。

眾臣七嘴八舌，勸他效仿當年梁武帝會見侯景的路數，擺足架勢會見韓擒虎，這樣，就算死，也死得有尊嚴一點。

死？陳後主怎麼捨得死？他猛喝了一聲：「鋒刃之下，未可交當，吾自有計！」拂袖走入了後宮。

「吾自有計」，他能有什麼計呢？他的想法很簡單：帶著自己拋棄不下的張麗華和孔貴妃，一起到後花園的枯井裡躲藏，藏得一時是一時。

可陳後主和張麗華都是這場戰爭中的焦點人物，生要見人，死要見屍，他們怎麼躲得了？韓擒虎指揮士兵，要求挖地三尺也要把這兩人找到。

士兵到後花園搜查，向井裡窺視，大聲喊叫，井中寂然無聲。

有人揚言要落井下石。

陳後主嚇得屎尿齊滾，連呼：「有人。」

士兵大喜過望，拋下繩索往上拉人，一下子就拉出了陳後主與張麗華、孔貴妃三人。

對於陳後主、張麗華被擒一事，宋人楊備曾百感交懷地賦詩詠嘆：

擒虎戈矛滿六宮，春花無樹不秋風。

蒼惶益見多情處，同穴甘心赴井中。

陳後主與張麗華、孔貴妃三人藏身之井，因在景陽殿側，原名叫景陽井。

在建臨春、結綺、望仙三閣時，改名胭脂井。

隋唐以後，臺城屢遭破壞，景陽殿已毀，胭脂井也隨之淹沒。

後人為了記取陳後主亡國教訓，遂在雞籠山的法寶寺側立井，並刻辱井銘。

曾任元翰林國史編修官的陳孚遊金陵，目睹了這口「偽胭脂井」，映著滿天落霞，揮毫寫下了一首〈胭脂井〉，詩云：

淚痕滴透綠苔香，回首宮中已夕陽。

萬里山河天不管，只留一井屬君王。

清雍正十年（西元 1732 年）農曆八月初八，鄭板橋在南京江南貢院參加了鄉試，鄉試後飽覽南京名勝古蹟，也到了雞籠山的法寶寺，作了〈念奴嬌．胭脂井〉：

轆轆轉轉，把繁華舊夢，轉歸何處？只有青山圍故國，黃葉西風菜圃。拾橡瑤階，打魚宮沼，薄暮人歸去。銅瓶百丈，哀音歷歷如訴。

過江咫尺迷樓，宇文化及，便是韓擒虎。井底胭脂聯臂出，問爾蕭娘何處？清夜遊詞，後庭花曲，唱徹江關女。詞場本色，帝王家數然否？

陳後主顢頇亡國事，慘遭後世文人騷客揶揄詠唱，非常熱鬧。

話說當年的陳後主被俘後，被人押到隋將賀若弼面前時，面無人色，完全喪失了君王的氣度，膝蓋骨發軟，撲通跪倒在地。

賀若弼心有不忍，撫慰他說：「小國之君當大國之卿，拜乃禮也。入朝不失作歸命侯，無勞恐懼。」

後來的事情也正如賀若弼所說，陳後主被擄至長安，被隋文帝封長城縣公、賜宅邸，禮遇甚厚，得以善終。

絕代佳人張麗華的下場卻很慘，被高熲斬於青溪。

不過，到底是高熲擅作主張將之斬殺，還是受楊廣之命斬殺，諸史書各執一詞。

《陳書》記載：「及隋軍陷臺城，妃與後主俱入於井，隋軍出之，晉王廣命斬貴妃，榜於青溪中橋。」

這裡說的，張麗華和陳後主被隋軍俘獲後，晉王楊廣下令殺了張麗華而且書明了她禍亂南朝的罪過，張貼在青溪橋上。

《南史》的記載與《陳書》一致，說的是：「晉王廣命斬之於青溪中橋。」

《隋書》的記載卻是：「及陳平，晉王欲納陳主寵姬張麗華。熲曰：『武王滅殷，戮妲己。今平陳國，不宜取麗華。』乃命斬之，王甚不悅。」

說的是，隋軍攻克陳國，晉王楊廣貪戀張麗華的美色，想占歸己有。

高熲卻以武王殺妲己的例子拒絕楊廣，高調地在青溪斬殺了張麗華。

惹得楊廣非常不高興。

《資治通鑑》沿襲了《隋書》的記載，並對此事的經過描述得更為詳盡：「高熲先入建康，熲子德弘為晉王廣記室，廣使德弘馳詣熲所，令留張麗華，熲曰：『昔太公蒙面以斬妲己，今豈可留麗華！』乃斬之於青溪。德弘還報，廣變色曰：『昔人云，『無德不報』，我必有以報高公矣！』由是恨熲。」

由於高熲後來果真被楊廣處死，所以，後世都認為，殺張麗華是高熲擅作主張。

但細析起來，高熲擅殺的可能性接近於零。

雖然當時高熲兵權獨攬，但楊廣為行軍元帥，決策之權掌握在楊廣的手裡。

這種情況下，高熲作為一個識大體的人，絕不會違背楊廣的命令私自處決陳後主及張麗華等人。

實際上，高熲在隋開皇九年（西元 589 年）正月甲申入建康，只隔了一天，即丙戌日，楊廣便也入了建康。

楊廣入城之後，做了很多事情，其中之一，便是處斬了陳國的五大佞臣，將施文慶、沈客卿、陽慧朗、徐析、史暨慧斬於石闕下，以謝三吳子弟。

看看，連施文慶、沈客卿這些人，高熲都不敢處理，留下讓楊廣定奪，又怎麼會搶先對重大人物張麗華下手？而且，別人不斬，單單斬殺張麗華一人，這針對性也太強了，不合乎邏輯。

因為，就算是楊廣真的有意納張麗華為妾，高熲作為隋家臣子，他能做的，也應該是盡力勸諫而不是先斬後奏。

畢竟，高熲的身分，除了是個名將，還是個大政治家。

話說回來，楊廣當年才二十一歲，而張麗華已經三十一歲了，二者年紀相差太大，楊廣也不太可能收張麗華為妾。

最主要的是，楊廣的母親獨孤皇后「性忌妾媵」，一生最看不慣男人擁有三妻四妾。

因為這個，隋文帝不敢置嬪妾，後宮的六宮虛設。

晚年的隋文帝在仁壽宮遇到了尉遲迥的孫女，偷了一次腥，惹得獨孤皇后醋意大發，杖斃尉遲氏。

隋文帝氣恨之下，曾發出過「吾貴為天子，不得自由」之類的長嘆。

楊廣善於「矯情飾行，以釣虛名」，史書甚至稱，楊廣「陰有奪宗之計」，他為了「取媚於後」，極能下狠心，「後庭有子，皆不育之，示無私寵」，他怎麼會為一個早為人母的張麗華去招惹母親不高興呢？在建康，楊廣的政治秀表演得非常成功，他命高熲與元帥府記室裴矩收圖籍，封府庫，資財一無所取，使得天下皆「稱廣以為賢」。

相較之下，太子楊勇雖然也是獨孤皇后所生，但他「內多嬖倖」，不善待太子妃，沒有嫡子，讓獨孤皇后極其不滿。

楊勇後來被廢，與此不無關係。

所以，殺張麗華絕對是楊廣為了「矯情飾行，以釣虛名」的一項政治舉止。

以上諸史所載之所以有出入，主要是被《隋書》影響了。

《陳書》成書最早，主編人是唐代十八學士之一的姚思廉，他本是南朝人，父親姚察原本就擔任過陳國的史官。

隋滅陳後，父子二人都移居到北方。

《陳書》的完成，姚察在其中有著不可估量的作用。

再者，《陳書》成書於唐太宗貞觀十年（西元 636 年）。

一來，姚氏父子沒有刻意美化或者刻意抹黑楊廣的必要；二來，唐太宗關心的是前代隋史而不是隔代陳史，則《陳書》被干涉較少。

所以，其可信度較高。

《南史》成書雖在《隋書》之後，但作者李延壽所用資料，源於其父李大師的舊日草稿。

而且李延壽本身也與姚思廉與魏徵等人同在貞觀史館參修史書，所接觸前朝史料的機會相同，《南史》的記載既異於《隋書》而同於《陳書》，只能說是《隋書》自己被影響了。

另外，唐太宗非常推崇高熲，曾說過「隋之安危，係其存沒」之類的話。

魏徵安排高熲私斬張麗華情節，正好一舉兩得。

《資治通鑑》編著的目的，是想透過以史為鑑來勸導宋代帝王，那麼，在張麗華被殺過程的記載上，當然是捨《陳書》、《南史》而取《隋書》了。

第五章

治國良臣：大隋名臣的卓越貢獻

開隋定策功臣劉昉

隋文帝楊堅是一個很了不起的開國君主。

他登上帝位後併西梁、滅南陳、平江南，結束了二百多年的南北對峙狀態。

隨後，又北擊突厥，打擊了游牧帝國的囂張，被尊為「聖人可汗」，穩定了東亞局勢，為後世安穩發展奠定了牢固基礎。

在政治上，他結束了西魏宇文泰的鮮卑化政策，力行漢化；開科舉制度之先河，廢除九品中正制，改為五省六曹制，並簡化地方官制，廢郡，改為州、縣二級制；又改府兵制兵農分離的弊端，詔府兵入州縣戶籍，實現兵農合一。

在經濟上，推行均田制，整頓戶籍；在各地修建糧倉；改革貨幣。

因為隋文帝楊堅的勵精圖治，大隋開皇年間的中國成了盛世之國，史稱「開皇之治」。

後世開國皇帝朱元璋對楊堅推崇備至，稱讚說：「唯隋高祖皇帝勤政不怠，賞功弗吝，節用安民，時稱平治。有君天下之德而安萬世之功者也。」

在美國學者麥可．哈特（Michael Hardt）所著的《影響世界歷史 100 位名人》中，楊堅列入其中，排在第八十二位。

但是，未登上帝位之前的楊堅，有過一段終日無法安心的生活。

楊堅是承襲父親楊忠之爵位出道的。

出道之初，不懂得韜光養晦，不知道收斂，大張旗鼓地集結各路強人、能人，鋒芒很盛。

齊王宇文憲一下子就盯上了他，他密奏武帝宇文邕，說楊堅這人有野心，必須提前把他除掉。

武帝宇文邕為一代明君，他找來通曉相術的畿伯下大夫來和，私下探討楊堅為人。

他並不知道，來和就是楊堅所結交的強人之一。

保護楊堅，來和義不容辭。

武帝宇文邕問：「諸公皆汝所識，隋公相祿何如？」

來和毫不猶豫地答：「隋公止是守節人，可鎮一方。若為將領，陳無不破。」

宇文邕頓時釋然。

過了幾日，想想還是覺得不放心，又請相士趙昭偷偷替楊堅看相。

沒想到趙昭也是楊堅所結交的能人之一。

保護楊堅，趙昭亦是義不容辭。

趙昭當著宇文邕之面佯裝觀察楊堅臉龐，然後毫不在意地說：「不過作柱國耳。」

這下，宇文邕信了。

以至於內史王軌勸諫說「隋公非人臣」時，他竟不耐煩地說：「必天命有在，將若之何！」宇文邕極其崇尚封建迷信，對趙昭說的那一套「天命論」深信不疑，不但認定了楊堅就只有做柱國的命，還妄想著可以依靠這個柱國來保護自己的江山、扶助自己的兒孫。

為此，他主動和楊堅結成了親家：讓太子宇文贇娶了楊堅的長女楊麗華為妻。

宇文贇的智商和能力，與他的父親宇文邕相比，遠遠不及。

但他在看人的問題上，似乎比父親宇文邕要強一點。

至少，他沒那麼相信「天命」之類的鬼話。

他在即位後，對楊堅的疑心很重。

楊堅早在趙昭和來和的提醒下，很識相地謙虛為人了。

宇文贇左看右看、橫看豎看，覺得自己這個老丈人不像好人，想找機會把他殺了。

有一次，他喝醉了，忍不住對皇后楊麗華說：「必族滅爾家！」這可是酒後吐真言呀！楊麗華嚇得花容失色，趕快讓人把這個消息帶給自己的父親。

楊堅惶恐不安，每天心驚肉跳。

宇文贇殺楊堅之心不可遏止。

他在皇宮埋伏刀斧手，命內侍前往傳召楊堅，再三叮囑刀斧手，說：「若色動，即殺之。」

楊堅接到詔書那一刻，感覺天要塌下來了。

這是進宮呢？還是不進宮呢？進宮，還有一絲活的希望；不進宮，必定因忤逆而被斬。

沒辦法，楊堅哭喪著臉，戰戰兢兢地進宮了。

也許就是楊堅那副絕望的可憐樣軟化了宇文贇的心，又也許是宇文贇需要一個殺楊堅的正當藉口，反正，在那天，殺人的命令一直沒有下達。

楊堅得以躲過了一劫。

不管如何，這種日子，對楊堅而言，簡直是暗無天日！怎麼樣才能脫離苦海呢？楊堅左思右想，想來想去，覺得只有出京去輔佐藩王才能稍微安全點。

因為，這麼一來，可以離宇文贇遠一些，不那麼容易觸動他的殺人神經了。

怎麼樣才能達到目的呢？這又得感謝之前他結納到的各路強人、能人了。

內史上大夫鄭譯是宇文贇座前最得寵的臣子之一，偏偏，他也是楊堅之前曾經傾心結交的能人。

楊堅悄悄找到他，對他說：「久願出藩，公所悉也。敢布心腹，少留意焉。」他的意思，鄭譯懂。

恰好，鄭譯前些日子接到了宇文贇要派他南征的任務。

於是，他向宇文贇求索一個總督軍事的人才，積極推薦說：「若定江東，自非懿戚重臣無以鎮撫。可令隋公行，且為壽陽總管以督軍事。」

宇文贇沒有多想，答應了鄭譯的請求，下詔以楊堅為揚州總管。

詔書下達那一刻，楊堅如獲大赦，恍若死後重生。

不過，極其戲劇性的是，他尚未到揚州赴任，終日沉溺於酒色的宇文贇死了，該年，才二十二歲。

宇文贇嚥氣之前，宣召劉寙入內宮，準備託付後事。

這個劉寙，是楊堅之前曾經傾心結交的能人。

行文到這裡，不得不感慨一聲：楊堅太會交朋友了，他的人際關係的範圍太廣了！劉寙和鄭譯同是宇文贇的寵臣，而且，他們又同是楊堅的死黨，這種奇特的身分，使得他倆的感情特別深。

劉寙認為宇文贇的兒子周靜帝宇文闡只是個七八歲的小孩子，不堪充當自己遮陰的大樹，他與鄭譯密謀，準備推舉楊堅上位。

兩人沆瀣一氣、一拍即合。

他們手拉手地前往楊堅家，把來意告訴了楊堅，請楊堅入宮。

楊堅還在女婿宇文贇殘暴的陰影籠罩下走不出來，拚命地推讓。

劉昉急了，正色說：「公若為，當速為之；如不為，昉自為也。」

楊堅猛一激靈，驚醒了過來，停止了推讓，連連點頭表示願意入宮。

在入宮前，楊堅心裡還在打鼓，他讓人去找來通曉相術的來和，惴惴不安地問：「我無災障不？」來和替他壯膽，說：「公骨法氣色相應，天命已有付屬。」

楊堅於是以「侍疾」為名，跟隨劉昉、鄭譯入宮。

入宮後，劉昉、鄭譯矯詔，任命楊堅總知中外兵馬事。

楊堅由此上位，不久，當上了大丞相、假黃鉞、都督中外諸軍事。

楊堅沒忘記劉昉、鄭譯二人大恩，稱讚他們定策之功，還親暱地稱他們是自己的「心膂」，賞賜鉅萬，封劉昉為黃國公，鄭譯為沛國公。

劉昉、鄭譯出入可以派甲士自衛，朝野傾矚，稱為黃、沛。

劉昉之前對楊堅說的「公若為，當速為之；如不為，昉自為也」之類的話，純屬恐嚇楊堅，意在逼迫楊堅上位。

他其實是沒有什麼能力「自為」的。

舉個例子：楊堅奪取朝政大權後，相州總管尉遲迥不服，起兵反抗楊堅。

一開始，楊堅派韋孝寬前去對付尉遲迥，但諸將不協，無法展開統一行動。

楊堅想從劉昉和鄭譯兩人當中派一個去做韋孝寬的監軍，推心置腹地對他們說：「須得心膂以統大軍，公等兩人，誰當行者？」這兩個傢伙既毫無責任感，又沒有半點擔當精神，一個推辭說自己不懂軍事，另一個找藉口說自己母親病了，走不開。

楊堅很大度，沒有責怪他們，把工作安排給高熲。

尉遲迥鬧得滿城風雨，益州總管王謙、周靜帝的岳父司馬消難等人紛紛起兵響應。

楊堅的神經繃得很緊，廢寢忘食，日理萬機。

擔任司馬的劉窻一點也不替楊堅分憂，事不關己，高高掛起，每日遊玩酗酒，貽誤了許多重要工作。

楊堅看清楚了劉窻的無能本質，就罷免他的司馬一職，讓別人頂替。

不過，楊堅對劉窻還是很好的，他稱帝後，升遷劉窻為上柱國，改封為舒國公而且不安排給他任何工作，讓他清閒無事，可以盡情玩樂。

楊堅這樣的安排，對他和對劉窻，都是各取所需，照理說，應該是皆大歡喜。

奇怪的是，劉窻並不滿意。

他認為自己是輔佐楊堅稱帝的頭號功臣，現在慘遭閒置，不甘心接受。

他選擇在楊堅下令禁酒期間開酒坊，讓自己的小妾當壚沽酒，以此來表達抗議。

楊堅沒有理會。

劉窻看楊堅不理，不免惱羞成怒。

上柱國梁士彥的妻子是個大美女，也不知劉窻用了什麼手段，竟然和她在一起了。

因為梁士彥的妻子在其中穿針引線，劉窻和梁士彥的關係也變好了。

梁士彥和宇文忻都是很能打的名將，但他們在平定尉遲迥的叛亂過程中首鼠兩端，事後遭到了楊堅的冷落和疏遠。

梁士彥和宇文忻對楊堅怨恨不已，兩人經常在一起喝酒發牢騷，埋怨世道不公，痛罵楊堅用有色眼鏡看人、偏心。

劉昉和梁士彥關係變好後，三人結成了「失意聯盟陣線」，密謀造反，議定事成之後，由梁士彥當皇帝。

梁士彥和宇文忻兩人打仗是很有兩把刷子的，之前不敢密謀造反，是知道自己對於政治不懂，屬門外漢。

他們看到劉昉這個開隋定策功臣來了，以為劉昉是個高人，大事一定能成。

哪知道劉昉之所以成為開隋定策功臣，完全因為他是宇文贇寵臣的緣故，事實上，他是個軍事不在行、政治也不在行的平庸之輩。

既然這樣，那麼他們的失敗在一開始就注定了。

甚至，當他們的造反只停留在口頭上，就走漏了風聲，被楊堅輕輕鬆鬆地「整碗端走」。

有意思的是，在臨刑前，身為武將的宇文忻竟然向高熲連連叩頭，哀聲求饒。

劉昉卻表現得極有骨氣，大聲唾罵宇文忻說：「事形如此，何叩頭之有！」昂然伏誅。

曾和劉昉並列為「黃、沛」的沛國公鄭譯，雖然也有過賣官鬻獄之醜事，卻活得很好，於隋開皇十一年（西元 591 年）病逝於官任上，得謚號為「達」，其子鄭元璹承爵。

三位佐命功臣為何要造反？

在中國古代歷史上，那些被公認的正統王朝的開國國君中，論誰的帝位得來最容易，隋文帝楊堅無疑排在前列。

很多人以為，宋太祖趙匡胤發動「陳橋兵變」，黃袍加身，帝位來得容易。

但是，趙匡胤早年投身行伍，歷事後漢、後周兩朝，靠的是在戰場上一刀一槍拚殺，無數次從死人堆裡殺出，最終才混到後周頭牌大將的地位，可謂九死一生，何其艱難！楊堅出身好，他的父親楊忠是跟隨北周太祖宇文泰起義關西的從龍功臣，官至柱國、大司空，封隨國公，死後追贈太保，謚號「桓」。

楊忠死後，楊堅承襲父爵，身居高位。

而楊堅的女兒楊麗華莫名被北周武帝宇文邕看中，指定成了太子宇文贇的太子妃。

周武帝死，太子宇文贇即位，太子妃楊麗華華麗地成了皇后，楊堅因此晉升為了柱國大將軍、大司馬。

宇文贇在位時間不到一年，在二十二歲的年紀就死了，皇后楊麗華成了皇太后。

最關鍵的是，小御正劉窻和內史上大夫鄭譯當時在宮內侍奉宇文贇，他們在宇文贇嚥氣後，看好楊堅的國丈身分，幫助他控制了北周的朝政。

從丞相變身為皇帝，對楊堅而言，其間僅一步之遙。

對這一步之遙構成阻礙的，是相州總管尉遲迥。

尉遲迥是北周文帝宇文泰的外甥，拜柱國大將軍、大司馬，封蜀國公，遷大前疑、相州總管。

他的權力原本比楊堅大得多。

而且，他的孫女尉遲熾繁是宇文贇五大皇后之一。

當然，最讓他不服氣的是，楊堅除了襲承父爵和嫁女入宮這兩件事之外，別無建樹，寸功未立。

而他，跟隨過北周太祖宇文泰收復弘農、攻克沙苑，屢立軍功；並獨領一軍，攻打蜀郡，平定蕭紀之亂。

所以，他不能接受楊堅專攬朝政的事實，高豎反旗，跳出來與楊堅對抗。

沒想到，尉遲迥的反應一下子就把楊堅嚇矇了。

不過，楊堅這個時候還在挾天子而令諸侯，在改朝換代之前，他所釋出和施行的號令全是以北周靜帝宇文闡的名義頒發的。

因此，他調動了名將韋孝寬，讓韋孝寬前去擺平尉遲迥。

但是，尉遲迥把勢頭弄得很大，一開始，仗並不好打。

官軍進駐河陽，諸將你推我讓，誰都不肯先前進一步。

面對這種情況，老將韋孝寬空有一身征戰殺伐的本事，卻也無法派得上用場，只有仰天長嘆，無可奈何。

在後方的楊堅急得直跳腳，火速派心腹高熲趕往前線監軍。

高熲是來監軍了，如果眾將拒絕聽他調停，他也沒轍。

不過，還是有人率先表態了。

這人名叫宇文忻，是當時軍界中的重量級人物。

宇文忻的父親宇文貴，是北周的大司馬、許國公。

宇文忻從小就很聰慧，兒童時代，與其他小朋友玩耍，喜歡玩行軍打仗的遊戲。

他手執自製的小令旗，指揮部隊前進、停止、排隊，有模有樣。

大人見了無不嘖嘖稱奇。

十一二歲時，宇文忻能左右馳射，驍捷若飛。

宇文忻還出奇語，抒壯懷，對親近自己的人說：「自古名將，唯以韓、白、衛、霍為美談，吾察其行事，未足多尚。若使與僕並時，不令豎子獨擅高名也。」

大家對他更加欽佩。

在震爍史冊的玉壁大戰中，韋孝寬因為宇文忻驍勇善戰，請與同行。

到了北周武帝年間，宇文忻任開府、驃騎將軍，跟隨周武帝討伐北齊，攻拔晉州。

北齊後主親馭六軍，兵勢甚盛，周武帝底氣不足，想撤軍。

宇文忻替他打氣說：「以陛下之聖武，乘敵人之荒縱，何往不克！若使齊人更得令主，君臣協力，雖湯、武之勢，未易平也。今主暗臣愚，兵無鬥志，雖有百萬之眾，實為陛下奉耳。」

周武帝聽了他這一番話，覺得此時不戰，更待何時？於是揮軍與敵交戰，果然大獲全勝。

周武帝乘勝攻打并州，卻遭遇齊軍的反撲。

該戰異常激烈，周武帝身邊的侍衛戰死殆盡，周武帝本人潰圍而出。

這種情況下，周武帝無心再戰，打算撤軍。

宇文忻繼續替周武帝打氣說：「自陛下克晉州，破高緯，乘勝逐北，以至於此。致令偽主奔波，關東響振，自古行兵用師，未有若斯之盛也。昨日破城，將士輕敵，微有不利，何足為懷。丈夫當死中求生，敗中取勝。今者破竹，其勢已成，奈何棄之而去？」

宇文忻的一番話，讓周武帝重新振作起來。

次日復戰，北周大軍一舉攻拔了晉陽。

宇文忻因此升任大將軍，得賞賜布帛上千段。

不久，宇文忻跟隨烏丸軌在呂梁擊破陳國名將吳明徹的軍隊，升任柱國，得賞賜奴婢二百口，授豫州總管。

在這次平定尉遲迥作亂的軍事行動中，宇文忻為行軍總管。

經過一番審時度勢，他主動站出來，與高熲一起謀劃進軍策略。

他還自請先鋒，率兵前往武陟攻打鎮守在那裡的尉遲迥的兒子尉遲惇。

受宇文忻的影響，另一個軍界重量級人物梁士彥也做出了表示：命令家僕梁默等數人作為先鋒，自己在後催軍開拔向前。

梁士彥的履歷與宇文忻差不多，他年少時任氣好俠，不願在州郡做官，好讀兵書，頗涉經史。

周武帝聽說他勇敢果決之名，提拔他為九曲鎮將，進位上開府，封建威縣公。

周武帝討伐北齊，梁士彥隨軍出征。

大軍攻下晉州後，梁士彥進位柱國，拜官使持節，晉、絳二州諸軍事，晉州刺史。

周武帝還京，北齊後主高緯親統六軍進圍晉州。

梁士彥拒守多日，外無聲援，軍心震恐。

他卻慷慨自若，不斷激勵將士死戰。

齊後主調集所有精銳部隊輪流攻城，城樓牆堞皆盡，城雉所存，尋仞而已。

雙方將士短兵相接或交馬出入，城破在即。

梁士彥視死如歸，對眾將士說：「死在今日，吾為爾先！」眾將勇烈齊奮，呼聲動地，無不以一擋百。

齊軍數戰不下，大為氣沮。

周武帝率領的援軍適時趕到，從外圍發起猛擊。

齊軍腹背受敵，被迫解圍，撤退到城東十餘里的地方安營紮寨。

梁士彥見到了周武帝，痛泣道：「臣幾不見陛下！」周武帝淚流不止。

周武帝認為將士們已十分疲憊，意欲棄城班師。

梁士彥大吃一驚，大聲勸諫說：「今齊師遁，眾心皆動，因其懼也而攻之，其勢必舉。」

最終，周武帝採納了他的建議，派大軍出發，往攻并州。

周武帝留梁士彥繼續鎮守晉州，緊緊地握住他的手說：「余之有晉州，為平齊之基。若不固守，則事不諧矣。朕無前慮，唯恐後變，善為我守之。」這樣，在宇文忻和梁士彥的輪流打氣下，周武帝平定了齊國。

梁士彥得封為郕國公，進位上柱國、雍州主簿。

烏丸軌在呂梁擒捉陳國大將吳明徹時，梁士彥時為徐州總管，是最先與吳明徹交鋒並相拒的人，最終和諸軍合力大破陳軍。

在這次平定尉遲迥叛亂的行動中，梁士彥和宇文忻一樣，都是行軍總管。

宇文忻行動迅速，在武陟很快就打跑了尉遲惇，一直追擊到草橋。

尉遲迥在草橋布下大軍拒守。

梁士彥的部隊在這時候趕到，與宇文忻合兵進擊，大敗尉遲迥。

尉遲迥退縮回老巢鄴城，靠城布陣。

雙方在城下大戰了十幾個回合，北周軍漸漸落於下風。

宇文忻注意到，鄴城士女觀戰者數萬人，於是指揮士兵攻擊那些觀戰者，製造混亂。

混亂很快發生，觀戰者大囂而走，轉相騰藉，聲如雷霆。

宇文忻抓緊時機，大呼：「賊敗矣！」眾軍復振，齊力急擊，叛軍大敗。

梁士彥率軍從北門攻入，馳啟西門，納宇文忻之兵。

這樣，鄴城被攻下了，尉遲迥叛亂被平定。

戰後論功，韋孝寬功勳最著，官拜大司空、上柱國，封鄖國公。

不過，韋孝寬這一年已經七十二歲，回京不久病逝了。

楊堅以靜帝的名義，追贈使持節、太傅、上柱國、懷衡黎相趙洺貝滄瀛魏冀十一州諸軍事、雍州牧，謚號為「襄」。

宇文忻被封為上柱國，賞奴婢二百口，牛馬羊數以萬計。

楊堅撫摸著宇文忻的背脊，無比深情地說：「尉迥傾山東之眾，運百萬之師，公舉無遺策，戰無全陣，誠天下之英傑也。」

不久，封他為英國公，增加食邑三千戶。

從此以後，宇文忻出入於楊堅臥室之中，積極出謀劃策，對周隋禪代有大功勞。

宇文忻妙解兵法，馭戎齊整，六軍中只要有一個好點子，即使不是他提出來的，眾人也會默認：「此必英公法也。」

宇文忻就這樣被人們推崇和欽佩著。

楊堅登位，一度想讓宇文忻率兵攻打突厥，高熲卻說：「忻有異志，不可委以大兵。」

於是楊堅對宇文忻產生了猜忌恐懼之心，隨便找了個理由，罷免了他的官職。

梁士彥的遭遇和宇文忻相似。

平定了尉遲迥叛亂後，楊堅先是封他為相州刺史。覺得他手掌兵權鎮守一方終究是個禍患，就把他調回京師，居家賦閒。

隋朝版的「鴻門宴」，驚心動魄

鴻門宴是司馬遷《史記》裡面的精彩橋段，千百年來膾炙人口。

在隋文帝楊堅身上也發生了一起「鴻門宴事件」，雖沒有舞劍情節，但一樣殺機四伏，險象環生，同樣驚心動魄。

話說，未登上帝位之前的楊堅，曾經歷過一段終日無法安心的生活。

他是承襲父親楊忠之爵位出道的。

出道之初，不知道收斂，鋒芒很盛。

齊王宇文憲敏銳地覺察到了楊堅是個潛在的威脅，密奏武帝宇文邕，讓他除掉楊堅，以絕後患。

武帝宇文邕為一代明君，鑑於楊堅野心不展、形跡未顯，猶豫不決，沒有對楊堅下手。

因為誤聽了相士趙昭的話，認定楊堅只有做柱國的命，就妄想依靠楊堅這個柱國來保護自己的江山、扶助自己的兒孫，主動和楊堅結成了親家。

宇文贇做了不到一年的皇帝，就禪位給自己的兒子宇文闡，沒過多久就過世了。

周靜帝宇文闡只是個七八歲的小孩子，懂得了什麼？國丈楊堅在劉窻、鄭譯的推舉下上位，任總知中外兵馬事，隨後當上了大丞相、假黃鉞、都督中外諸軍事。

小皇帝宇文闡年紀小，被楊堅所控制，但宇文家族還有許多成年人。

尤其是趙王宇文招、陳王宇文純、越王宇文盛、代王宇文達、滕王宇文逌五王還在。

這五個人都是北周太祖宇文泰的兒子、武帝宇文邕的兄弟。

其中的趙王宇文招頗有文才武略，曾跟隨武帝東征伐齊、與齊王宇文憲率軍征討稽胡，立過很多戰功。

可惜的是，宇文贇繼位之初，猜忌諸叔，不但誅殺了齊王宇文憲，還將包括宇文招在內的五王驅逐出京到封地就國了。

因此京師沒有得力的宇文氏子弟坐鎮，致使楊堅在宇文贇嚥氣後，從容竊取了權柄。

最慘的是，宇文贇在病重時，徵召趙、陳、越、代、滕五王回京輔政。

這又使得五王如龍離大海、虎離深山，沒法調遣軍隊應對楊堅的舉動，孤身羈留在京，成了楊堅砧板上的魚肉。

不過，楊堅因為篡位的時機尚未成熟，還在隱忍待發。

趙王宇文招決定搶在楊堅發難前將楊堅解決掉。

於是，他擺下了「鴻門宴」，邀請楊堅到自己的府中宴飲。

楊堅一來覺得這時候不應該露出篡位的跡象，二來料定宇文招不敢在京師重地對自己怎麼樣，從容赴宴。

跟隨楊堅赴宴的，有雄糾糾、氣昂昂的兩隊衛士。

但是，這兩隊衛士全被宇文招阻攔在宴廳之外，僅有楊弘和元胄、元威兄弟相隨。

元胄是河南洛陽人，魏昭成帝拓跋什翼犍的第九代子孫。

元胄小時候就表現得英勇果敢;年紀稍長，練就了多種武藝;成年後，長得美髯虎鬚，看上去凜然不可侵犯。

北周齊王宇文憲當年第一眼見到他，「壯之」，將他招為自己的左右親隨，每次出征都帶他隨行。

元胄馳騁沙場，屢建戰功，官至大將軍。

楊堅當政，重用元胄，把他當成心腹之人，安排住在自己的臥室內廳。

楊堅當了丞相後，元胄主管宮廷中的禁衛軍，引弟弟元威入宮當侍衛。

宇文招好幾次想對楊堅動手，都被元胄的目光震懾住。

沒奈何，宇文招悄悄吩咐兩個兒子宇文員和宇文貫說：「汝當進瓜，我因刺殺之。」

酒至三巡，宇文招請楊堅入內室享用異域進貢的奇珍異果，拔出所佩帶的刀切瓜，不斷招呼楊堅過來吃瓜。

盛情難卻，楊堅側身過來取切好的瓜。

宇文招手掌一翻，刀鋒向外，就要刺向楊堅的胸膛，元胄機警，恰好在此時闖入，向楊堅大呼說：「相府有事，不可久留。」

宇文招嚇了一跳，刀鋒下落，仍切向砧板上的瓜，抬頭喝斥元胄說：「我與丞相言，汝何為者！」宇文招以為，自己這麼一喝，這個粗陋男人會掉頭出屋。

沒想到，這個粗陋男人一點也不粗陋，心細得很。

他不但不走，反倒握緊懸掛在腰間的刀的刀柄，搶步向室內走，虎鬚倒豎，豹眼圓睜，怒容滿面。

宇文招愣了愣神，口氣大弱，問其姓名：「汝何為者？」元胄照實回答。

宇文招恍然說：「汝非昔事齊王者乎？誠壯士也！」拿起一片瓜，讓元胄吃，改用溫和的語氣說：「吾豈有不善之意邪？卿何猜警如是！」元胄笑而不答。

主客都在吃瓜。

宇文招突然作嘔吐狀，欲入後門。

元胄知他這一走，會有刀斧手殺入，趕快大步跟上，扶住他，強押他坐入席中的上位。

一計不成，宇文招又生一計，聲稱自己口渴，讓元胄到廚房中去取茶。

元胄恍若不聞。

不久，滕王宇文荄來到。

楊堅走下臺階迎接。

元胄趁機對他耳語：「事勢大異，可速去。」

楊堅不以為然，說：「彼無兵馬，復何能為？」元胄說：「兵馬悉他家物，一先下手，大事便去。胄不辭死，死何益耶？」

楊堅這才開始著急，直冒冷汗。

果然，屋後隱約有披鐵甲的聲音。

元胄感覺刻不容緩，催促楊堅說：「相府事殷，公何得如此？」用手推楊堅出屋。

宇文招想要挽留，卻被元胄用魁梧的身體擋住屋門，根本出不來。

就這樣，楊堅前腳回到相府，元胄後腳也回來了。

宇文招恨不時發，彈指出血。

楊堅殺了宇文招等羈留在京的五王，給予元胄的賞賜不可勝計。

等到楊堅受禪登上帝位，升元胄為上柱國，封為武陵郡公，食邑三千戶，授左衛將軍，不久又升右衛大將軍。

可惜的是，元胄後來與蜀王楊秀過從太密，在楊秀獲罪時遭受牽連，被除去了官名；在隋煬帝即位後，因偶有怨言被處死。

高不慎種禍根。

俗話說，一個籬笆三個樁，一個好漢三個幫。

隋文帝楊堅雖然能力出眾，若沒有一大幫良臣虎將的相助，他是沒辦法坐穩帝位，開創出「開皇盛世」。

如果要問，楊堅得到哪位良臣相助最多，首推當為高熲無疑。

高熲本身能力超群，做事認真，為大隋的開創和發展嘔心瀝血，《隋書》稱讚他「有文武大略，明達世務」、「當朝執政將二十年，朝野推服，物無異議」。

即隋朝的治致升平之功，他出力最多。

實際上，楊堅手下的許多良臣虎將，如蘇威、楊素、賀若弼、韓擒虎、史萬歲等，也都是高熲舉薦給楊堅的。

難得的是，高熲豁達謙遜，只講付出，不求回報；只爭做事，不爭功勞。

楊堅稱帝前夕，鄴城尉遲迥不服，舉兵造反。

楊堅派韋孝寬領兵平叛，大軍到河陽，諸將互相推諉，誰都不肯先出戰。

楊堅大急，想派一名心腹大員前去擔任監軍，以統一排程諸將。

他最先想到的是兩大「定策功臣」：鄭譯、劉窻。

但鄭譯、劉窻這兩個人，一個找藉口要在家照顧老母，一個說自己不懂軍事，堅決拒絕。

楊堅當時急得像熱鍋上的螞蟻。

在這緊要關頭，高熲挺身而出，主動請行，攬下了這項任務。

難得的是，高熲到了前線，並非單純做監督工作，而是擔任起了指揮作戰的大任。

他組織人員在沁水上架橋，製作「土狗」禦敵，揮軍渡過沁水後，破釜沉舟，燒橋與叛軍背水一戰，取得了關鍵性的勝利。

到了鄴城城下與尉遲迥展開決戰，大軍初戰受挫，形勢一度危急。

高熲臨危不亂，另出奇謀，出奇制勝，他指揮軍士殺向四周的觀戰者，製造混亂，然後乘勢衝擊，最終反敗為勝。

可以說，如果史家沒有早早替高熲定位成「名臣」、「真宰相」，高熲其實也是名副其實的一員名將。

他後來在南平陳國、反擊突厥等重大戰役中，擔綱了統帥角色，表現不差。

在南平陳國的戰鬥中，高熲擔任晉王楊廣元帥長史，楊廣少不更事，三軍的參謀事項，實由他來決斷。

在反擊突厥的戰役中，高熲與尚書右僕射楊素、上柱國燕榮，分三路由朔州、靈州、幽州出擊。

高熲軍大破突厥都蘭可汗部，並追過白道，越過秦山七百餘里，奏凱還師。

高熲文才武略，戰功赫赫。

與賀若弼、韓擒虎、楊素、史萬歲等名將在立功後的爭功表現相比，他的謙遜退讓，更讓人肅然起敬。

賀若弼和韓擒虎在南平陳國的過程中，立了大功，但互不服氣，力爭要勝過對方，曾一度刀兵相向。

史萬歲和楊素曾分兵出擊突厥，史萬歲大獲全勝。

楊素不甘功居史萬歲之後，玩陰謀、耍詭計，誣衊史萬歲造反，致使史萬歲被楊堅擊殺於朝堂之上。

反觀高熲的表現，平定南陳歸來之時，楊堅曾讓他和賀若弼各表其功。

他淡然一笑，說：「賀若弼先獻十策，後於蔣山苦戰破賊。臣文吏耳，焉敢與大將軍論功！」

楊堅聽了，加授他為上柱國，晉爵位為齊國公，賞布匹九千段，定食邑為千乘縣的一千五百戶。

高熲誠惶誠恐，請求讓位。

隋文帝下詔書說：「公識鑑通遠，器略優深，出參戎律，廓清淮海，入司禁旅，實委心腹。自朕受命，常典機衡，竭誠陳力，心跡俱盡。此則天降良輔，翊贊朕躬，幸無詞費也。」

高熲每次出兵回來，都會得到楊堅厚待。

平尉遲迥之亂歸來時，楊堅在內室舉辦宴會為他接風，宴散之後，竟撤下御帳賞給他。

後來，高熲官至尚書左僕射，兼納言，進封渤海郡公，位極人臣。

高熲非常孝順，對母親言聽計從、千依百順。

他的母親看見他當上了僕射，非常擔心，告誡他說：「汝富貴已極，但有一斫頭耳，爾宜慎之！」高熲由此深避權勢，上表遜位，讓位給蘇威。

楊堅想成就他讓賢的美名，同意他解除僕射的官職。

但是，沒過幾天，就覺得離不開他了，下詔說：「蘇威高蹈前朝，熲能推舉。吾聞進賢受上賞，寧可令去官！」詔令高熲復位，還加拜左衛大將軍，本官如故。

高熲時常坐在朝堂北邊的一棵槐樹下辦公處理政務，但這棵槐樹長歪了，不依行列，有司準備將它砍掉。

楊堅趕快指示：「這樹不能砍，它是屬於高熲的。」

楊堅對高熲的重視，已至於此。

高熲的母親去世，高熲解職回家守孝。

還沒幾天，楊堅就一道詔書接一道詔書催著他回來。

高熲流涕辭讓。

楊堅優詔不許。

在這以後將近二十年的時間裡，高熲輔佐隋文帝楊堅，為隋朝在政治、經濟、軍事各方面做出了重要的貢獻。

右衛將軍龐晃及將軍盧賁等人，曾經在楊堅面講高熲的壞話。

楊堅很生氣，板起臉，訓斥了這些人一番，將他們通通貶黜。

楊堅非常堅定地對高熲說：「你我君臣道合，非青蠅所間也。」

尚書都事姜曄、楚州行參軍李君才兩人不知楊堅和高熲的關係堅定到這種地步，還向楊堅大講高熲的是非。

楊堅勃然大怒，將此二人黜去。

楊堅對高熲說：「公猶鏡也，每被磨瑩，皎然益明。」

高熲的夫人賀拔氏臥病，楊堅親自前往探問，賞錢幣百萬，布帛萬匹。

楊堅就是這樣優待、恩寵高熲。

高熲也因此對楊堅更加忠心，他不僅把楊堅看作自己尊敬的老闆，還把楊堅看成自己親愛的兄長。

說起來，高熲和楊堅之間是存在幾分親情的。

高熲的祖先和北齊高祖高歡出自河北大族渤海高氏，不過，史家普遍認為高歡一支有「攀附先世」和「偽冒士族」之嫌；對於高熲一支，存疑較小。

高熲的父親高賓原在北齊為官，因遭奸人陷害，迫不得已，背齊歸周，被北周大司馬獨孤信引為僚佐，賜姓獨孤氏。

獨孤信有七女，長女為北周明帝宇文毓的皇后，四女兒嫁給了唐國公李昞，小女兒獨孤伽羅許配給了楊堅。

獨孤信後來被晉公宇文護以謀反罪迫殺，高賓一家被發配到了蜀地。

獨孤伽羅結婚那年，才十四歲，非常懂事，僅僅因為高賓是自己父親之故吏，就和高家結成了親戚來往。

所以，高熲、楊堅、獨孤伽羅這三人，很早就成為要好的朋友。

周宣帝崩，楊堅居禁中，總百揆，獨孤伽羅鼓勵他說：「大事已然，騎獸之勢，必不得下，勉之！」楊堅會意，加強了篡位的步伐，但急需幫手，於是派人去招引高熲入相府。

高熲義不容辭，表示一定捨命相助，他對前來傳達楊堅意思的楊惠說：「願受驅馳。縱令公事不成，熲亦不辭滅族。」

楊堅受禪後，立獨孤伽羅為皇后，拜高熲為尚書左僕射，兼納言，進封渤海郡公。

高熲的獨一無二，朝臣莫與為比。

即使在公開場合，楊堅也總是親暱地稱高熲為「獨孤」而不稱其名。

在長達二十多年的時間裡，高熲、楊堅、獨孤伽羅三人都相得甚歡。

但是，最先變心的人是楊堅。

楊堅初與獨孤伽羅結婚的時候，一往情深。

楊堅也沒想到自己後來會成為皇帝，當時一個衝動，與獨孤伽羅訂立海誓山盟，發誓彼此都是一生只愛對方一個人。

楊堅初當上皇帝的時候，也沒忘記當年的誓言，不納後宮妃嬪，六宮虛設，與獨孤伽羅形影不離。

《隋書》稱：「上每臨朝，後輒與上方輦而進，至閣乃止。使宦官伺上，政有所失，隨則匡諫，多所弘益。候上退朝而同反燕寢，相顧欣然。」

楊堅和獨孤伽羅如此恩愛，遂被世人稱為「二聖」。

但是，皇帝當久了，楊堅覺得歷代帝王坐擁後宮佳麗三千，自己卻過著「單戀一枝花」的生活，不免興味索然。

隨著獨孤伽羅的芳華已逝，身軀老弱，楊堅的心更加不安定。

高熲和韋孝寬平定尉遲迥之叛後，按照法律，將其家男子或誅或殺或流配，女子則遣入宮中做奴婢。

尉遲迥是個出了名的大帥哥，他的遺傳基因非常強大，有兩個非常漂亮的孫女，其中之一名叫尉遲熾繁，另一個叫尉遲貞。

尉遲熾繁最初為西陽公宇文溫的妃子，後被北周宣帝宇文贇看中，奪入宮中，冊立為天左大皇后。

周宣帝宇文贇死後，尉遲熾繁出家為尼，法號華首，逝世於隋開皇十五年（西元 595 年），年僅三十歲。

尉遲貞則在尉遲迥敗亡後入宮為奴。

楊堅垂涎於尉遲貞的美色，背著獨孤伽羅，偷偷把尉遲貞帶到仁壽宮寵幸。

楊堅自以為做事周密，神不知、鬼不覺。

沒想到宮中人多眼雜，有人看見，去報告獨孤伽羅。

獨孤伽羅大怒，命人捆來尉遲貞，吩咐亂棍打死。

楊堅敢怒不敢言，憋了一肚子氣，感覺自己快要窒息了，騎了一匹馬，單騎出宮。

群臣得知此事，全驚呆了。

高熲、楊素等人分頭出城尋找，誰也不知楊堅去了哪裡。

高熲找來找去，後來在一山谷裡找到了，扣馬苦諫。

楊堅憤憤不平，仰天長嘆說：「吾貴為天子，而不得自由！」高熲看到他這副可憐相，心生惻隱，一時同情心氾濫，全然不顧後果，說了一句讓他自己遺禍無窮的話：「陛下豈以一婦人而輕天下！」聽了這句話，楊堅寬慰了不少。

楊堅當夜回宮，向獨孤伽羅認錯，夫妻重歸於好。

俗話說，疏不間親。

顯然，高熲犯忌了。

楊堅和獨孤伽羅重歸於好後，自然而然地把高熲勸慰自己的話告訴了獨孤伽羅。

獨孤伽羅因此對高熲生恨。

話說，此前不久，高熲的妻子去世，獨孤伽羅出於關心，曾熱心替高熲張羅婚事，想幫他續絃，對楊堅說：「高僕射老矣，而喪夫人，陛下何能不為之娶！」楊堅找高熲商量。

高熲當時流涕推辭說：「臣今已老，退朝之後，唯齋居讀佛經而已。雖陛下垂哀之深，至於納室，非臣所願。」

獨孤伽羅性妒，喜歡吃醋，不能容忍自己的丈夫有別的女人，也見不得別的男人有三妻四妾，即使她的兒子納妾，她也同樣痛恨。

只要她聽說自己的兒子或朝臣有小妾，尤其是已經有孕的小妾，必定痛斥一番。

太子楊勇多內寵，偏偏太子妃元氏又暴斃。

獨孤伽羅認為是楊勇的愛妾雲氏害死了元氏，對楊勇非常不滿意。

晉王楊廣在這一方面做得很「好」，不但嚴加克制自己納妾的數量，一旦小妾懷孕，即採取非常手段，讓之人間蒸發。

後來廢楊勇、立楊廣，全是獨孤伽羅的主意。

話說回來，獨孤伽羅對高熲生恨，處心積慮地進行報復。

在高熲死了妻子，又義正詞嚴地拒絕續絃的時候，她還敬重高熲是個情聖，內心不停地誇讚高熲。

但就在她開始恨高熲的時候，她收到一個小道消息：高熲的小妾生了個兒子！於是她在楊堅面前大講高熲的壞話，說：「陛下當回信高熲邪？始陛下欲為熲娶，熲心存愛妾，面欺陛下。今其詐已見，陛下安得信之！」這些話的殺傷力很強，因此楊堅疏遠了高熲。

獨孤伽羅主張廢掉太子楊勇，另立晉王楊廣。

楊堅找高熲商議，說：「晉王妃有神憑之，言王必有天下，若之何？」楊勇是高熲的女婿，無論是於公還是於私，高熲都必須替楊勇說話。

他長跪不起，對楊堅說：「長幼有序，其可廢乎！」獨孤伽羅知道後，萌生了除掉高熲之心。

隋開皇十八年（西元 598 年），朝中商議討伐遼東，高熲固諫不可。

楊堅不從，強行任高熲為元帥長史，隨漢王楊諒征討遼東。

大軍遇上久雨，將士多患疾病，無功而返。

獨孤伽羅在楊堅的耳邊不停洗腦說：「熲初不欲行，陛下強遣之，妾固知其無功矣。」

這次討伐遼東，漢王楊諒年幼，只是個掛名元帥，楊堅把軍權全部交給高熲。

年幼的楊諒不知好歹，認為高熲不把自己放在眼裡，一肚子怨氣，回朝後，向楊堅哭訴說：「兒倖免高熲所殺。」

楊堅本來就戴上有色眼鏡看高熲，聽了兒子的話，護犢心切，更加怨恨高熲。

不久，上柱國王世積以罪誅，刑部在審問王世積的時候，王世積無意中提到了一些宮闈之事並說是從高熲那裡獲得的。

楊堅再也坐不住了，氣勢洶洶地要定高熲的罪。

上柱國賀若弼、吳州總管宇文弼、刑部尚書薛胄、民部尚書斛律孝卿、兵部尚書柳述等人都力證高熲無罪。

楊堅惱羞成怒，把這些人全都發落給刑部處理。

從此以後，朝臣莫敢言者。

楊堅因此隨心所欲，將高熲免官、免職。

其實，高熲身居高位以來，一直牢記母親囑咐，「汝富貴已極，但有一斫頭耳，爾宜慎之」！心懷惴惴，常恐禍變。

這次被免官、免職，真是無官一身輕，高熲「歡然無恨色，以為得免於禍」。

然而，牆倒眾人推。

高熲封國的國令誣告高熲父子，說高熲被免後，他的兒子高表仁曾對他說：「司馬仲達初託疾不朝，遂有天下。公今遇此，焉知非福！」

楊堅被激怒了，命人把高熲囚禁到內史省嚴加拷問。

司法部門趁機又上奏說和尚真覺曾跟高熲說「明年國有大喪」，尼姑令暉也說「（開皇）十七、十八年，皇帝有大厄。十九年不可過」，請求處死高熲。

聽著這些亂七八糟、全是捕風捉影的事，楊堅一開始很惱怒，但漸漸也想通了，自言自語說：「去年殺虞慶則，今茲斬王世積，如更誅熲，天下其謂我何？」沒有誅殺高熲，只是下詔除掉他的官籍，將他貶斥為平民而已。

如果說，高熲就這樣當了平民，一直到老死，未嘗不是一件好事。

隋仁壽四年（西元 604 年），楊堅崩，楊廣繼位。

也不知楊廣怎麼想的，他讓人把近花甲的高熲拉了出來，授為太常。

楊廣治國的路數與高熲格格不入，他喜歡享樂，奢侈靡費，講究聲色，下詔收集整理北周、北齊的樂工和天下的散樂。

高熲本能地出面制止，說：「此樂久廢。今或徵之，恐無識之徒棄本逐末，遞相教習。」楊廣大為掃興。

楊廣大興土木，發起修築長城的勞役。

高熲憂心忡忡，對太常丞李懿說：「周天元以好樂而亡，殷鑑不遙，安可復爾！」楊廣聽到此話，滿心不悅。

楊廣對啟民可汗恩寵和禮遇過厚，高熲對太府卿何稠說：「此虜頗知中國虛實、山川險易，恐為後患。」

另外，他對觀王楊雄說：「近來朝廷殊無綱紀。」

本來，楊廣在奪儲時就怨恨過充當楊勇保護神的高熲，現在高熲這樣一而再，再而三地唱衰他，他豈能相容？隋大業三年（西元 607 年）七月，楊廣下詔以「謗訕朝政」之罪將高熲處死。

高熲死年六十七歲，諸子徙邊。

唐太宗李世民後來慨嘆：「高熲有經國大才，為隋文帝贊成霸業，知國政者一十餘載，天下賴以康寧。文帝唯婦言是聽，特令擯斥，及為煬帝所殺，刑政由是衰壞。」

「得其時、遇其主」的李德林為何以悲劇收場？

《三國演義》第三十五回「玄德南漳逢隱淪，單福新野遇英主」裡，水鏡先生司馬徽曾對劉備說過一句讓人感嘆不盡、惆悵不已的話。

劉備投奔劉表，駐守於新野，遭到荊州本土勢力代表蔡瑁的猜忌防範。

蔡瑁為除劉備，設「鴻門宴」，邀劉備赴會襄陽。

劉備得荊州謀士伊籍的提醒，及時離席，從西門出逃，馬躍檀溪，遇到水鏡先生司馬徽。

因此，劉備與水鏡先生兩人之間有了一大段關於天下走勢的暢論。

劉備認為自己手下人才濟濟，「文有孫乾、麋竺、簡雍之輩，武有關、張、趙雲之流」，之所以事業不濟，乃是由於時機不濟。

水鏡先生笑而搖首，指出劉備所缺的是經綸濟世之才，他語出驚人地說：「臥龍、鳳雛，兩人得一，可安天下。」

他甚至幫臥龍諸葛亮開出了高出天際的評價：「可比興周八百年之姜子牙、旺漢四百年之張子房也。」

而當劉備表示不惜一切代價要請諸葛亮出山時，他又冒出了一句莫名其妙的話：「臥龍雖得其主，不得其時，惜哉！」後人讀書至此，不免黯然神傷，都說諸葛孔明出山之時，曹操已統一河北，天下大勢將定，即使諸葛亮神機百變，也已無力回天，只能落下個「星落秋風五丈原」的黯淡下場。

一句話，歷朝歷代那些「學成文武藝，貨與帝王家」的豪傑奇才，但能大放異彩、流芳百世，又能明哲保身的，必須是「得其時、遇其主」。

隋朝開國首席謀士李德林，可謂「得其時、遇其主」，他自己通曉軍事、諳熟權謀，算無遺策，機發必著，結局卻極其不妙，頗讓人詫異。

隋文帝楊堅得以走上時代的風口浪尖，主要是劉昉和鄭譯二人力推，時有「劉昉牽前，鄭譯推後」之讚嘆。

但劉昉和鄭譯二人眼高手低，德陋才淺，並非能襄助楊堅開創雄圖王業之輩。他們只不過是周宣帝的寵臣，眼看周宣帝駕崩，朝政將亂，而他們又無力支撐大局，才想到請楊堅進入權力中樞，用意是讓楊堅充當他們依靠的對象，然後權力分攤，「三巨頭」共享朝政，僅此而已。

可嘆，楊堅一代人傑，夾在此二宵小之間，一時竟徬徨無計。李德林一語驚醒夢中人，說：「即宜作大丞相，假黃鉞，都督內外諸軍事。不爾，無以壓眾心。」

楊堅福至心靈，依計而行，以鄭譯為相府長史，以劉寬為丞相府司馬，迅速確立了自己一枝獨大的權臣地位，為後來建立隋朝打下了堅實的基礎。

相州總管尉遲迥不服楊堅專權，在鄴城起兵作亂。

在平亂過程中，楊堅以李德林為丞相府屬，加儀同大將軍。

李德林參與指授兵略，那一段時間，軍書羽檄，朝夕填委，一日之中，動逾百數。

但李德林機速競發，口授數人，文意百端，不加治點，儼然一流謀士。

東道元帥韋孝寬率軍平叛，師次永橋，沁水氾濫，兵馬不能渡。

長史李詢寫來密信說：「大將梁士彥、宇文忻、崔弘度並受尉遲迥餉金，軍中慅慅，人情大異。」

楊堅看了，深以為憂，與劉寬、鄭譯等人討論，準備陣前換將，另派三人上場。

李德林連呼不可，說：「公與諸將，並是國家貴臣，未相伏馭，今以挾令之威，使得之耳。安知後所遣者，能盡腹心，前所遣人，獨致乖異？又取金之事，虛實難明，即令換易，彼將懼罪，恐其逃逸，便須禁錮。然則鄖公以下，必有驚疑之意。且臨敵代將，自古所難，樂毅所以辭燕，趙括以之敗趙。如愚所見，但遣公一腹心，明於智略，為諸將舊來所信服者，速至軍所，使觀其情偽。縱有異志，必不敢動。」

楊堅恍然大悟，說：「若公不發此言，幾敗大事。」

後來高熲奉命馳驛往軍所，節度諸將，竟成大功。

楊堅登位後，創立了五省六曹制。

李德林任內史令，掌管內史省，進入了隋朝政治中心。

在平定南陳問題上，李德林有讚畫大功。

李德林對於平定南陳，有全面的見解、全盤的策略，從大到小，面面俱到。

楊堅極度贊同，隋開皇八年（西元 588 年），他離京考察攻陣事宜，李德林因病不能隨駕。

楊堅大感可惜，讓高熲帶敕書到李德林家徵召，詔書後御筆注：「攻打陳的事宜，最好你能親自來。」

楊堅還諄諄叮囑高熲：「德林若患未堪行，宜自至宅，取其方略。」

後來，楊堅把李德林平陳方略交付晉王楊廣。

楊廣因此取得平南陳的滅國之功。

在施政措施上，李德林不乏真知灼見。

隋開皇九年（西元 589 年），在滅陳之後，時任太子少保，兼納言、度支尚書的蘇威建議，以五百家為鄉，設立鄉正，專門負責處理民間訴訟。

李德林提出反對，他認為本來就應該廢黜鄉官判事，因為鄉官在鄉里有內外親屬，剖析評斷就會不公平，一旦設鄉正專門管理五百家民事糾紛，就會形成專治，滋生腐敗，且有些地方位置偏遠，人煙稀少，不夠五百家，又不能讓兩縣共同管理一鄉，所產生的混亂顯而易見。

李德林還說：「今時吏部總選人物，天下不過數百縣，於六七百萬戶內，詮簡數百縣令，猶不能稱其才，乃欲於一鄉之內，選一人能治五百家者，必恐難得。」

但楊堅這次沒有聽李德林的，全力支持蘇威。

不過，楊堅支持蘇威沒有用，真理站在李德林這邊。

事情的發展，正如李德林預料的那樣，各種問題不斷出現。

楊堅最終只好下令廢止該法。

可以說，李德林實在是一個天縱奇才。

事實上，李德林自小就有「神童」之譽。

李德林是博陵安平人，其祖父李壽，曾任北魏的湖州戶曹從事；其父親李敬族，歷任東魏太學博士、鎮遠將軍。

李德林天資聰慧，五六歲時，讀左思的〈蜀都賦〉，才十多天，就爛熟於心。

東魏四貴之一，太保、左僕射、吏部尚書高隆之，聽說這件事，無比驚奇，對朝中人士說：「若假其年，必為天下偉器。」

鄴京名士因此蜂擁前往李家圍觀，那段時間，李家每天來訪的車馬不斷。

李德林十五歲時，誦五經及古今文集，日數千言，對古代典籍、天文地理、陰陽緯候，無不通曉。

尤其在作文方面，不但倚馬可待，而且辭核理暢。

與溫子升、邢邵並稱「北地三才子」的魏收，時任拜散騎常侍、中書侍郎，負責修撰國史《魏書》。

他當著高隆之的面，對李德林的父親李敬族說：「賢子文筆終當繼溫子升。」

高隆之聽後，大笑著說：「魏常侍是不是已經在忌妒賢才了？為什麼不拿近的人與他相比，而拿遠的溫子升來比！」李德林十六歲時，父親李敬族去世，他親自驅駕靈輿，返葬故里。

博陵豪族中有個叫崔諶的，前往李德林家弔喪，其車服甚盛，到了離李德林家不遠，趕快縮減跟隨的人員，從者數十騎；等到了李德林家門，又縮減至五騎。

他對這五人說，只有這樣做，才不會使李郎責怪我太炫耀。

北齊神武帝高歡的第十子任城王高湝為定州刺史時，看重李德林的才能，將他召入州府，朝夕同遊，殆均師友。

北齊天保八年（西元 557 年），高湝對李德林說：「竊聞蔽賢蒙顯戮，久令君沉滯，吾獨得潤身，朝廷縱不見尤，亦懼明靈所譴。」

然後舉薦李德林為秀才，送入鄴京。

高湝鄭重其事地幫尚書令楊愔寫了一封推薦信，信中說道：「燕趙固多奇士，此言誠不為謬。今歲所貢秀才李德林者，文章學識，固不待言，觀其風神器宇，終為棟梁之用。」

楊愔半信半疑，讓李德林嘗試起草一篇〈讓尚書令表〉。

李德林面無難色，援筆立成，不加治點。

楊愔大相賞異，將該文示於吏部郎中陸卬。

陸卬攬文細讀，讚嘆道：「已大見其文筆，浩浩如長河東注。比來所見，後生製作，乃涓澮之流耳。」他讓自己的兒子陸乂跟隨李德林，以師事之。

北齊武成帝高湛讓中書侍郎杜臺卿寫了一篇〈世祖武成皇帝頌〉，讀後認為沒能盡善盡美，轉示李德林，降旨說：「臺卿此文，未當朕意。以卿有大才，須敘盛德，即宜速作，急進本也。」李德林奉詔作文，進獻上頌書十六章並加上序。

武成帝看了，點頭稱善，賜給李德林名馬一匹。

隨後，升李德林任中書侍郎，奉旨修訂國史。

北周建德六年（西元 577 年）正月，北周武帝宇文邕率軍攻陷鄴城，平滅了北齊。

周武帝進入鄴城的當天，特別詔令小司馬唐道和來到李德林家，宣讀聖旨曉諭撫慰，說道：「平齊之利，唯在於爾。朕本畏爾逐齊王東走，今聞猶在，大以慰懷，宜即入相見。」

宇文邕隨後派內史宇文昂向李德林詢問了齊朝的風俗教化、人物品性，封他為內史上士，隨駕入長安。

回到長安，所有的詔誥文書以及任用山東的人，宇文邕一律委託給李德林。

宇文邕曾在雲陽宮對群臣得意非凡地說：「我常日唯聞李德林名，及見其與齊朝作詔書移檄，我正謂其是天上人。豈言今日得其驅使，復為我作文書，極為大異。」

楊堅禪代之際，其相國總百揆、九錫殊禮詔策箋表璽書，都出於李德林之手。

特別值得一說的是，隋開皇五年（西元 585 年），楊堅詔令李德林寫一篇文章來記述他做丞相時的國家大事。

李德林文思泉湧，下筆如有神，將寫一篇文章的任務擴寫成了一部書，編為五卷，命名為《霸朝雜集》。

楊堅夜觀《霸朝雜集》，心潮澎湃，幾不成寐。

第二天，他眉飛色舞地對李德林說：「自古帝王之興，必有異人輔佐。我昨讀《霸朝雜集》，方知感應之理。昨宵恨夜長，不能早見公面。必令公貴與國始終。」

為了答謝李德林稱頌之意，他追封李德林的父親為恆州刺史。

過了兩日，楊堅猶感不足，又追贈李德林的父親為定州刺史、安平縣公，謚號為孝，讓李德林承襲。

「設立鄉正」一事發生在隋開皇九年（西元589年），從這一事來看，楊堅是有意支持蘇威而故意漠視和疏遠李德林的。

前面說，李德林在平定南陳上，貢獻巨大。

楊堅帶李德林走在回京路上，曾用馬鞭指著南邊說：「待平陳訖，會以七寶裝嚴公，使自山東無及之者。」

等到攻占了陳，楊堅卻沒有兌現諾言。

史書對楊堅食言的解釋是：楊堅本來是想封李德林為柱國、郡公，分封食邑八百戶，賞布帛三千段，但有人提醒他，說：「（平陳之功）乃是天子劃策、晉王及諸將戮力之所致也。今乃歸功於李德林，諸將必當憤惋。」

於是楊堅取消了對李德林的封賞。

楊堅對李德林的淡漠和疏遠，其實在受禪即位之前就有了。

當時，擔任石州總管的虞慶則勸楊堅盡滅宇文氏，高熲、楊惠等人都表示贊同。

李德林卻大發書呆子氣，固爭，以為不可。

楊堅當場就變臉了，訓斥李德林說：「君讀書人，不足平章此事。」

在楊堅發飆怒罵李德林是「讀書人」之前，他曾把起兵響應尉遲迥作亂的益州總管王謙的豪宅賞賜給李德林，但很快後悔，又轉賜給自己的親家崔謙，而向李德林解釋說：「夫人欲得，將與其舅。於公無形跡，不須爭之，可自選一好宅。若不稱意，當為營造，並覓莊店作替。」

李德林當時不假思索地要了北齊前宰相高阿那肱在衛國縣八十個市店。

沒想到，也是在隋開皇九年（西元589年）這年，楊堅巡幸晉陽，衛國縣市店裡的人告御狀，說「地是民物，高氏強奪，於內造舍」。

楊堅聽了大為不滿，派有關部門按價幫老百姓賠錢。

因「設立鄉正」之爭而與李德林結下了梁子的蘇威，趁機上奏，說：「高阿那肱是亂世宰相，以諂媚得幸，枉取民地，造店賃之。德林誣調，妄奏自入。」於是楊堅對李德林做出了相應處罰，並更加厭惡李德林。

偏偏，李德林不知好歹。

前面說了，隋開皇九年（西元 589 年）所設定的鄉正的發展正如李德林所估計的那樣。

隋開皇十年（西元 590 年），虞慶則等人從關東諸道巡察回來，報告說：「五百家鄉正，專理辭訟，不便於民。黨與愛憎，公行貨賄。」楊堅只好下令廢除這項政措。

李德林提出反對，他上奏：「此事臣本以為不可。然置來始爾，復即停廢，政令不一，朝成暮毀，深非帝王設法之義。臣望陛下若於律令輒欲改張，即以軍法從事。不然者，紛紜未已。」

楊堅再也忍不住，當場咆哮，罵李德林：「爾欲將我作王莽邪？」

隋開皇五年（西元 585 年），李德林作《霸朝雜集》得楊堅嘉獎，楊堅要替他父親追封贈官，問他父親生前所任最高官職。

李德林大腦一時「短路」，就說他的父親是太尉諮議。

此事被李元操與陳茂等人背後揭發，說：「德林之父終於校書，妄稱諮議。」

所以，這下子楊堅再也忍不住，將近十年來對李德林的積怨全部抖了出來，劈頭蓋臉，一條條算，說：「公為內史，典朕機密，比不可豫計議者，以公不弘耳。寧自知乎？朕方以孝治天下，恐斯道廢闕，故立五教以弘之。公言孝由天性，何須設教。然則孔子不當說《孝經》也。又罔冒取店，妄加父官，朕實忿之而未能發，今當以一州相遣耳。」

李德林看到龍顏變色、天庭震怒，嚇得不敢說話。

良久，才叩拜謝罪，膽怯地提出自己的訴求：「臣不敢復望內史令，請預散參，待陛下登封告成，一觀盛禮，然後收拙丘園，死且不恨。」

楊堅翻了翻白眼，沒有搭理。

李德林只好乖乖收拾好行李，出京城任懷州刺史去了。

楊堅說得沒錯，李德林身為內史令，掌握機密太多，實在不應過多干涉政事，而且，李德林不過一位「讀書人」，根本不是碰政治的料。

實際上，李德林當初襄助楊堅確立大丞相地位、提議高熲上前線督軍、上平定南陳大策等表現出色，都是他讀史書得來的知識，而他本人書呆子氣十足，並不適合碰政治。

李德林在北齊為官時，北齊武成帝高湛交給李德林的工作就是修訂國史，充分地利用了他讀書廣博、文章寫得好的優點。

李德林專心編寫《齊書》，幸福而快樂。

可惜入隋後，李德林投身於政治，著史工作荒廢了。

到了懷州刺史任上，李德林倒是想重提史筆，修繕完《齊書》，但是，事過境遷，老邁體衰，力不從心，沒過多久，就溘然病逝，年六十一歲。

所幸的是，李德林之子李百藥子承父業，接手編寫《齊書》，終於在唐貞觀十年（西元 636 年）修撰完工，共五十卷，紀八卷，列傳四十二卷，記載上起北魏分裂前十年左右，接續北魏分裂、東魏立國、北齊取代東魏，下迄北齊亡國，前後八十餘年史實。

為區別於南朝梁蕭子顯所撰的《齊書》，該書被改稱為《北齊書》。

不過，到了南宋，《北齊書》僅剩一卷帝紀、十六卷列傳。

清高的蘇威晚年求官成笑柄

唐高祖武德四年（西元 621 年）五月初八，秦王李世民挾虎牢關大勝之威，囚竇建德、王琬、長孫安世、郭士衡等人至洛陽城下，威脅負隅頑抗的王世充。

王世充站在城樓，與竇建德一問一答，細說勝敗緣由，彼此垂淚，相對而泣。

從城樓下來後，王世充萬念俱灰。

次日，王世充素服，率其太子、群臣、二千餘人詣軍門降。

李世民取笑他說：「卿常以童子見處，今見童子，何恭之甚邪？」王世充俯伏流汗，頓首謝罪。

隨後，李世民率軍開入洛陽，分守市肆，禁止侵掠，無敢犯者。

李世民本人端坐閶闔門，命記室房玄齡先入中書、門下省，收隋圖籍制詔；命蕭瑀、竇軌等封府庫，收其金帛，頒賜將士。

大家滿懷勝利喜悅的心情，幸福而快樂地忙碌著。

這時候，有人前來求見。

此人乃是前隋兩朝重臣、海內咸知其名的大人物蘇威。

蘇威已經八十歲了，到了耄耋之年，在他眼裡，二十來歲的李世民就是個「小孩」，因此倚老賣老，稱老病不能拜。

李世民一聽蘇威的名字，頓生厭惡之情，遣人數落他說：「公隋室宰相，危不能扶，使君弒國亡。見李密、王世充皆拜伏舞蹈。今既老病，無勞相見。」

李世民對蘇威的挖苦和諷刺，確實是鞭辟入裡、鞭鞭見血。

但蘇威恬不知恥，認為李世民年輕不懂事，西往長安，轉向唐高祖李淵求官。

李淵對蘇威的看法，和李世民是一致的。

蘇威碰了一鼻子灰，求官不得，既老且貧，不久病倒，卒於家，年八十二。

蘇威除了「見李密、王世充皆拜伏舞蹈」，其實，他還迎合過弒殺了隋煬帝楊廣的宇文化及。

很多人不知道，蘇威早年可是一位許由式的人物，志向高潔，隋文帝楊堅甚至將他與漢初著名的大隱士「商山四皓」相提並論。

蘇威的來頭很大，他是曹魏侍中蘇則十世孫、西魏度支尚書蘇綽之子、大塚宰宇文護之婿。

蘇威從小就很聰慧，在很小的年紀，就表現出與年齡不相符的成熟。

他五歲喪父，哀戚如同成年人。

年紀稍長，襲封美陽縣公，任郡功曹。

大塚宰宇文護覺得他器宇不凡，非常喜歡，把自己的女兒新興公主許配給他。

一開始，蘇威非常受用於岳丈的優待和妻子新興公主的美貌，但是，他慢慢覺察到老丈人的霸道與專權後，大為不滿，學習古代的隱士許由逃到深山中，以山泉洗耳，屏居山寺，以諷讀為娛。

不過，迫於叔父的催促，蘇威還是勉為其難地出來做官，官做得很大，被授為使持節、車騎大將軍、儀同三司，改封爵位為懷道縣公。

北周武帝宇文邕殺掉了蘇威的老丈人宇文護，親總萬機後，拜蘇威為稍伯下大夫。

但蘇威以生病為由不接受，並拒絕了此前被授予的所有官爵名號，無官一身輕。

楊堅做北周丞相時，高熲舉薦蘇威入相府。

楊堅和蘇威一見如故，兩人抵足暢談天下大事，情投意合，互引對方為知己。

相處了一個多月，蘇威隱約聽說了一些北周禪讓的風聲，不願再與楊堅交往，不辭而別，逃歸故鄉隱居。

高熲準備效仿蕭何，上演一齣「月下追韓信」，楊堅阻止說：「此不欲預吾事，且置之。」

隋開皇元年（西元 581 年），楊堅接受北周禪位之後，徵拜蘇威為太常卿、太子少保。

蘇威上表辭讓。

楊堅不由分說，再授其納言、民部尚書。

蘇威再上表辭讓。

楊堅下詔稱：「舟大者任重，馬駿者遠馳。以公有兼人之才，無辭多務也。」

蘇威感於楊堅的誠意，停止推辭，走馬出山。

治書侍御史梁毗認為蘇威身兼五職，太貪戀權位了，上表彈劾。

楊堅向梁毗解釋說：「蘇威朝夕孜孜，志存遠大，舉賢有闕，何遽迫之。」

同時又對朝臣們說：「蘇威不值我，無以措其言；我不得蘇威，何以行其道？蘇威若逢亂世，南山四皓，豈易屈哉！」楊堅既是這樣恩寵蘇威，眾人閉嘴，再也不敢說蘇威貪權戀位的事了。

蘇威因此得以在政壇上大展拳腳，稱心暢意地施政。

事實上，蘇威的能力是非常出眾的。

比如說，對後世影響深遠的《開皇律》，就是蘇威主持修訂的。

隋朝的許多典章制度、法令的標準、樣式，多是蘇威制定的。

還有，蘇威注重民生，大力推行減輕賦稅和勞役，與民謀福祉，使得大隋國力蒸蒸日上。

史稱：「時高熲與威同心協贊，政刑大小，無不籌之，故革運數年，天下稱治。」

蘇威清廉，也看不慣公卿占據大量良田，曾向楊堅建議：「戶口滋育繁多，天下田地不夠，必須減少公卿的封地以供應民眾。」

此議當然遭到了既得利益的公卿階層的激烈反對，最後不了了之。

蘇威雖得楊堅恩寵，卻在面對是非對錯時，絲毫不給楊堅面子。

比如，他見到皇宮中用白銀做帷幔的鉤子，直言不諱要楊堅奉行節儉的美德。

楊堅因此命人去掉了所有雕琢文飾的器物。

楊堅曾在暴怒的狀態下要殺某人，蘇威勇於上前勸諫，甚至用身體阻攔著楊堅，不讓楊堅動手。

事後，楊堅向蘇威表示嘉許，說：「公能若是，吾無憂矣。」

蘇威既得楊堅如此厚愛，那麼，他在仕途有沒有遇上什麼波折呢？也有。

蘇威的兒子蘇夔，少有盛名於天下，引致賓客，四海士大夫多歸之。

隋開皇十二年（西元 592 年），因與國子博士何妥議宮中樂事，得罪了何妥。

何妥一怒之下，奏告蘇威與禮部尚書盧愷、吏部侍郎薛道衡、尚書右丞王弘、考功侍郎李同和等人一起結成朋黨，在官衙中互相稱兄道弟。

又說蘇威用不正當手段讓他的堂兄弟蘇徹、蘇肅等人作假當官。

還有國子學請蕩陰人王孝逸為書學博士，間接引薦王孝逸做府中參軍，等等。

楊堅派人調查，果然，何妥所指控諸事全部屬實。

官員結黨，搞不好就會架空朝廷，這是歷代統治者最擔心、最不能容忍的事情之一，楊堅也不例外。

楊堅馬上免去蘇威所有的官職，並懲治了何妥所指出的一百多個官員。

不過，楊堅還是非常愛惜蘇威的才能，經常自言自語：「蘇威德行者，但為人所誤耳。」

不久，讓他恢復官職。

隋開皇十四年（西元594年）七月，蘇威跟隨楊堅祭祀泰山，因為不敬，又一次被免官。

但很快又官復原職。

楊堅對群臣說：「世人言蘇威詐清，家累金玉，此妄言也。然其性狠戾，不切世要，求名太甚，從己則悅，違之必怒，此其大病耳。」

隋煬帝楊廣繼位後，加封蘇威為上大將軍。

大業三年（西元607年）七月，楊廣興修長城，高熲、賀若弼、蘇威等人都勸告楊廣適可而止，不要太過勞困民力。

楊廣大為發怒，殺高熲、賀若弼，罷免蘇威。

過了一年多，重新任用蘇威。

宦海翻滾了二十多年，蘇威看破了許多，對人生不那麼執著。

楊廣被宇文化及弒殺後，蘇威自以隋室舊臣，遭逢喪亂，所經之處，皆隨機而處，以求收容。

宇文化及自立，蘇威依附之，任光祿大夫、開府儀同三司。

宇文化及在洛陽城北的邙山展開大戰，幾乎全軍覆沒。

蘇威與滑州總管王軌、通事舍人許敬宗等人一起歸降了李密。

蘇威見到李密時，以拜見天子的舞蹈大禮相見，再三舞蹈，口中連稱「不圖今日復睹聖明」。

李密與王世充爭鋒失利，蘇威入東都，被越王楊侗封為上柱國、邳國公。

王世充僭越稱帝，蘇威為太師。

王世充敗亡，蘇威又向李世民父子求官，最終自取其辱，為後人所笑。

虞慶則納美妾，結果招來殺身大禍

蘇威與高熲、楊雄、虞慶則是隋文帝朝的四大得力大臣。

隋文帝楊堅對他們恩寵有加，大方賞賜，大方升官。

因此這四人尊榮無比，被時人稱為「四貴」。

「四貴」之中，楊堅非常倚重高熲和虞慶則。

隋開皇九年（西元 589 年），隋滅南陳，楊堅大宴群臣，酒酣耳熱之際，噴著滿嘴酒氣說：「高熲平江南，虞慶則降突厥，可謂茂功矣。」

高熲在楊堅擔任北周左丞相時代，早早投靠楊堅，甘心接受楊堅驅使，並在平定尉遲迥叛亂時臨危受命，出任監軍，力扭乾坤，奠定勝局。

在平定南陳的過程中，隋開皇七年（西元 587 年），他獻上了「農時騷國」之大計，即每到江南水稻收割時節，就持續不斷地跨江擾敵，搞得陳國財力俱盡，苦不堪言。

隋開皇八年（西元 588 年），楊堅在壽春設淮南行臺省，任晉王楊廣為行臺尚書令，主管滅陳之事，讓高熲擔任晉王楊廣元帥長史，全權決斷三軍參謀事項。

所以說，平滅南陳，高熲居功至偉。

虞慶則本姓魚，出身於北方豪強家族，其父虞祥曾為北周靈武太守，後遷居京兆櫟縣。

虞慶則幼雄毅，性倜儻，身長八尺，有膽氣，善鮮卑語，身披重鎧，帶兩鬨，左右馳射，當地的豪傑對他敬畏有加。

虞慶則在北周宣政元年（西元 578 年），被北周武帝授予儀同大將軍，出任并州總管長史。

北周大咸元年（西元 579 年），虞慶則與時任內史下大夫的高熲跟隨越王宇文盛平定稽胡。

大軍得勝班師時，高熲建議留下虞慶則鎮守當地。

於是虞慶則被任命為石州總管。

虞慶則任上恩威兼施，境內清肅，稽胡中有八千戶人因為仰慕他的義氣前來歸附。

北周宣帝崩，虞慶則緊跟著高熲的腳步投靠了楊堅，在楊堅鞍前馬後效力。

楊堅在稱帝前夕，有心要屠滅北周皇族宇文氏，又擔心遭受天下非議，猶豫不決。

虞慶則是個狠人，力挺楊堅，不斷勸諫和鼓勵楊堅高舉屠刀，斬草除根。

高熲與虞慶則持相同意見。

於是楊堅再無顧慮，乾脆俐落地誅殺了北周皇族。

突厥可汗沙缽略妻為北周千金公主，其以恢復北周為旗號，大舉入侵。

右僕射虞慶則和左僕射高熲分別領軍出原州道和寧州，痛擊來犯之敵。

隋開皇四年（西元 584 年），突厥內部出現分裂，楊堅趁機派虞慶則出使，與西突厥結盟，共抗東突厥。

虞慶則馬到成功。

因此楊堅龍心大悅。

於是，就有了楊堅在平陳慶功宴上大讚高熲和虞慶則之語。

平滅南陳，楊素、賀若弼和韓擒虎等人都是立有大功的，賀若弼和韓擒虎之前有過在殿前爭功的不愉快之事。

楊素有心爭功，卻又害怕會觸怒楊堅，這下子看到楊堅大讚高熲和虞慶則，心存不滿，搶過話頭，高聲讚美說：「皆由至尊威德所被。」

楊素這一句話，既打壓了高熲和虞慶則，又捧了楊堅，讓楊堅樂得心花怒放。

虞慶則是個粗線條的人物，一看到自己的功勞被楊素輕描淡寫一句話抹殺，竟然不顧及楊堅的感受，指著楊素的鼻子說：「楊素前出兵武牢、硤石，若非至尊威德，亦無克理。」

楊素看虞慶則學自己說話，大怒，大揭其短。

虞慶則忍無可忍，針鋒相對，反唇相譏。

好好的一場慶功宴，被虞慶則鬧成了揭發大會。

最後，楊堅出面做和事佬，制止說：「今日計功為樂，宜不須劾。」

虞慶則在這次宴會上的表現，讓楊堅留下了很不好的印象。

事實上，楊堅在虞慶則出使突厥時，就對虞慶則有不同看法了。

虞慶則出使之前，楊堅為了與西突厥結成對子，曾千叮嚀、萬囑咐虞慶則：「我欲存立突厥，彼送公馬，但取五三匹。」

但是，虞慶則猶如風吹過耳、水淋鴨背，對楊堅的話絲毫不放在心上，不但全盤接收了突厥人送的上千匹好馬，還高高興興地娶了突厥可汗沙缽略之女為妻。

雖然虞慶則完美地完成了與西突厥結盟的任務，但他這種自作主張的做法，楊堅不喜歡。

隋開皇十七年（西元 597 年），嶺南人李賢據州反叛。

楊堅讓大臣討論派誰去平叛。

諸將爭相請戰。

楊堅卻不同意，扭頭對虞慶則說：「位居宰相，爵乃上公，國家有賊，遂無行意，何也？」在朝堂養尊處優慣了的虞慶則驚醒過來：嗯，不能光享受不付出，該為國家出力了。

他誠惶誠恐地請求帶兵出征。

楊堅馬上簽字同意，任他為桂州道行軍總管。

接著，又任命他的小舅子趙什柱為隨府長史，跟隨他一起去。

楊堅為什麼不讓其他人前往，偏偏指定由虞慶則負責呢？其實是趙什柱在背後搞的鬼。

話說，虞慶則既娶了趙什柱的姐姐為妻，後來又娶了突厥可汗沙缽略之女為妻，仍欠不足，廣納豔妾。

他有一個豔冠一時的小妾，與趙什柱勾搭成奸。

趙什柱為了光明正大地占有這名豔妾，決心把虞慶則逼上絕路。

但是，虞慶則位高權重，高居朝堂，沒病沒災，怎麼死呢？嶺南人李賢發起叛亂，趙什柱覺得是一個契機，想把虞慶則支出朝廷，趁機下手。

所以，在楊堅還沒召開選將大會之前，他就大造輿論，四處宣布謠言，說虞慶則對朝廷不忠，一千個一萬個不願意領兵出征。

這句話傳入了楊堅的耳中，於是楊堅一直觀察虞慶則在選將會上的表現。

偏偏，虞慶則在會上一言不發，對出征毫無興趣。

楊堅大為恚怒，暗暗記下了這筆帳。

虞慶則很能打，到了嶺南，兩三下就搞定了叛亂。

眼看這次遠征可以平安歸來。

但是，虞慶則不知道自己身邊有小人，班師經過潭州的臨桂鎮，看到這裡地形險惡，一時職業病發作，發表了幾句感慨，說：「此誠險固，加以足糧，若守得其人，攻不可拔。」

等的就是這句話！趙什柱生活的時代沒有錄音機，他能做的就是把虞慶則這句話一字一句牢記在心，然後騎著快馬到京城向楊堅稟告：「虞慶則認為潭州險固，想據潭州造反。」

楊堅早就看虞慶則不順眼了，不給虞慶則任何辯解的機會，命人將他誅殺。

回頭拜趙什柱為柱國。

表面上看，虞慶則是因為後院豔妾太美，死於紅顏禍水。

但《隋書》史官一眼看破其中深層原因，深深地感嘆說：「高祖沉猜之心，固已甚矣。」

最後補一句，隋開皇十八年（西元 598 年），楊堅也對高熲起了猜忌之心，有殺高熲之意。

但是，事到臨頭，幽幽說了一句：「去年殺虞慶則，今茲斬王世積，如更誅熲，天下其謂我何？」下令將高熲除名為民，僅此而已。

身為薛道衡的「粉絲」，隋煬帝為何最終還是殺了薛道衡？

薛道衡是公認的隋朝文壇領袖。

他原本著有文集七十卷，但流傳於世者，僅《薛司隸集》一卷。

《先秦漢魏晉南北朝詩》從中錄詩二十餘首，《全上古三代秦漢三國六朝文》從中錄文八篇。

僅從這些殘餘詩文中，足以奠定他在隋朝文壇中無人可匹的地位。

隋朝詩人中，比較有名望者，如「盧思道、李德林」，在他面前，不過是個小跟班的角色而已。

薛道衡的父親薛孝通，原是常山太守，在他六歲時便死了。

此後不久，薛道衡的母親病故。

薛道衡成了孤兒，由他的叔叔養育成人。

薛道衡十三歲那年，聽老師講解《春秋左氏傳》，有感於子產相鄭之功，提筆寫了〈國僑贊〉一文，有文采、有思想。

有識之士讀完此文，無不稱薛道衡為海內奇才。

北齊的齊州牧、彭城王高潡不由分說，將之引為兵曹從事。

尚書左僕射弘農楊愔更是慧眼識珠，見而嗟賞，推薦他入朝為官。

吏部尚書辛術與薛道衡攀談過後，讚嘆說：「有此人在，鄭玄的學業不會中斷失傳了！」河東人裴讞遠遠指著他對周圍的人說：「自從周鼎遷離河北，我以為關西再沒有孔子那樣的人了，沒想到今日又出了個薛道衡！」北齊武平二年（西元 571 年），薛道衡曾以主客郎的身分接待南朝陳使者傅縡。

南北朝對峙時期，尤其是南梁武帝時期，南朝的文學詩歌發展很快，南人普遍看不起北人。

傅縡本身是大詩人，和薛道衡幾次接觸下來，惺惺相惜，詩興大發，贈詩五十韻。

薛道衡從容和詩應答。

薛道衡應和作答之詩，「南北稱美」。

不過，與溫子升、邢邵並稱為「北地三才子」的魏收卻笑傅縡不自量力，取笑說：「傅縡可謂是拋磚引玉啊。」

北齊滅亡後，薛道衡入北周為官。

楊堅擔任周相期間，薛道衡曾跟隨梁睿擊王謙，攝陵州刺史；而在楊堅受禪稱帝後，回朝任內史舍人兼散騎常侍，並擔任使者出使南朝陳國。

「江東雅好篇什，陳主猶愛雕蟲」，在詩歌愛好者陳後主的引領下，時陳國的文學風氣極其濃厚。

陳國士大夫聽說薛道衡是北地最有名望的大文豪，都爭相來睹文豪風采。

正月初七，薛道衡準備回國了。

臨行，有人盛情邀請薛道衡露一手。

正月初七俗稱「人日」，又叫人節、人慶節等，傳說是女媧造人的日子。

薛道衡稍加思索，即成〈人日思歸〉。

前面兩句為：「入春才七日，離家已二年。」

陳人看了這兩句，莞爾想笑，都以為薛道衡是「盛名之下，其實難副」之輩。

薛道衡沒有理會，信手寫下後兩句：「人歸落雁後，思發在花前。」

眾人相顧失色，驚為神來之作。

此後，雖然薛道衡已經北返，但他「每有所作，南人無不吟誦焉」。

薛道衡回朝後，認為陳後主每日醉生夢死，昏庸顢頇，向楊堅奏請說：「陛下聖德廣布，天資卓異，國家連續三代繁榮興盛，一統九州怎能落下區區陳國？」力主伐陳。

因此楊堅堅定了平定南陳的決心。

隋文帝開皇八年（西元 588 年），薛道衡被任命為淮南道行臺吏部郎，跟隨晉王楊廣、宰相高熲出兵伐陳，專掌文翰。

高熲有些心虛，私下問薛道衡：「此番舉兵，能否克定江東，請君言之。」

薛道衡侃侃而談，回答說：「南北分裂，從那以來，戰爭接連不止。從運數而言，這是他必被平定的第一個原因。皇上親行恭謹節儉，憂心政務，陳叔寶追求高樓大廈，畫棟雕梁，酒色荒淫。上下離心離德，人神共憤，這是他必定被平滅的第二個原因。治國的大要，在於任賢使能，他的公卿大臣，只是充數而已，這是他必定被平滅的第三個原因。我方有德而又勢大，對方無道而又國小，估算他的士兵，也不過十萬。西起巫峽，東到滄海，分兵則遠隔而勢力減弱，聚集就守此失彼。這是他必定被平滅的第四個原因。」

高熲聽了，豁然開朗，讚嘆說：「君言成敗，事理分明，吾今豁然矣。」

看得出，薛道衡並非單單文章寫得好的「書呆子」，而是一個高深的謀略家。

然而，就是這個高深的謀略家，卻有很多不聰明的表現。

比如說，薛道衡極力交結高熲，而高熲也是一代名相，這個做法沒有錯。

但晉王楊廣才是值得他深交的人。

因為，當時的楊廣才是真正的大軍統帥。

而且，楊廣是隋文帝的兒子，雖說當時的太子是楊勇，但楊廣貴為皇子，薛道衡與他交好，並沒什麼害處。

最關鍵的是，楊廣是從心底崇拜和佩服薛道衡，是薛道衡的忠心「粉絲」。

即薛道衡要與楊廣交好，實在是一件很容易的事。

其實，楊廣的文學造詣也很高，至少，可以比陳後主好。

比如，楊廣作有〈飲馬長城窟行〉，開首的「肅肅秋風起，悠悠行萬里。

萬里何所行，橫漠築長城」，就很有氣勢；後面的「秋昏塞外雲，霧暗關山月。緣巖驛馬上，乘空烽火發」既工整，又有意境。

還有，楊廣效仿曹植作有〈白馬篇〉，其中的「輪臺受降虜，高闕剪名王」、「英名欺霍衛，智策蔑平良」，頗顯雄心壯志，有一時人傑之風。

當然，楊廣寫得最好的是〈野望〉。

詩云：

寒鴉飛數點，流水繞孤村。

斜陽欲落處，一望黯消魂。

這首詩好在哪呢？宋朝大詞人秦觀最有資格評論，因為，他在自己的代表作〈滿庭芳．山抹微雲〉裡，直接化楊詩為己詞，寫成了「斜陽外，寒鴉數點，流水繞孤村」。

就是這麼一位文學功底深厚，並對詩歌有無限痴迷夢想的年輕人，薛道衡卻非常厭惡，不屑與之交往。

為此，楊廣非常傷感，也非常苦悶，不知該怎麼向自己的偶像薛道衡表白自己這份濃烈而深沉的愛。

平定陳國後，楊廣坐鎮揚州，有了一次可以大膽地向薛道衡示愛的機會——薛道衡回朝後被人彈劾在朝中結黨，處以流放嶺南之刑。

楊廣暗中派人到長安通知薛道衡，要他取道揚州，授意說，只要到了揚州，自己就有辦法把他留在揚州幕府中，不用去蠻荒的嶺南之地。

不知薛道衡是太笨還是真的對楊廣厭惡痛絕到了極點，他迴避揚州路，選擇走江陵道，冒著瘴氣侵襲的危險，到嶺南去了。

楊廣一張熱臉貼在了冷屁股上。

即位後，他大赦天下，薛道衡因此回到了京師。

這時楊廣的臉還熱著。

但薛道衡的屁股依舊冷。

當時，隋煬帝是滿心歡喜地期待著薛道衡回來，他對內史侍郎虞世基說：「道衡要回朝了，我想讓他任祕書監。」

但薛道衡竟然毫無來由地寫了一篇〈高祖文皇帝頌〉奏上。

這「高祖文皇帝」就是楊堅；「頌」，就是讚歌。

你薛道衡這是要做什麼？把你貶斥到嶺南的人是楊堅，可把你從邊遠地區接回來的人是楊廣。

你不歌頌楊廣就算了，怎麼反倒歌頌起楊堅來了？想不明白，真想不明白。

楊廣知道薛道衡是故意讓自己難堪的。

楊廣對大臣蘇威說：「道衡極力頌揚先帝之朝，這是像〈魚藻〉一樣在諷刺君王。」

〈魚藻〉是《詩經》中的一篇，是透過歌頌周武王而達到譏刺周幽王的譏諷之作。

可以說，楊廣的殺心已起。

薛道衡的朋友司隸刺史房彥謙被楊廣的殺意所懾，偷偷勸薛道衡「杜絕賓客，卑辭下氣」，提醒他低調、再低調。

薛道衡卻渾然不以為意。

楊廣當上了皇帝，對詩歌創作的熱情並沒有消減，不過詩風突變，而且變得豔麗多姿，開始向陳後主的〈玉樹後庭花〉一類風格靠攏。

他登位後比較有名的詩作，有寫宮中美女的〈喜春遊歌〉、寫遊揚州的〈江都宮樂歌〉等。

誇張的是，楊廣還很自戀，他認為自己的詩文成就已經臻於完善，自負天下第一。

他對侍臣說：「天下人都認為我繼承先帝的遺業才擁有天下，實際上即使讓聯和士大夫比試選拔，我也應當做天子。」

很多人喜歡拿楊廣和李世民比較，說他們的性情、氣質、脾氣非常相似，這真是笑話。

我們來看看李世民對待詩文的態度，他和楊廣二人間的昏明之分則一目了然、高下立判。

李世民的詩文也寫得很好，著作佐郎鄧世隆曾上表請求為李世民編御文集，李世民斷然拒絕，說：「我的辭令有益於民者，史冊已經記錄，足為不朽。

若無益之文，何必編集。梁武帝父子、陳後主、隋煬帝均有文集行世，豈能拯其敗亡。人主唯恐無德政，不在乎有無文集。」

楊廣根本沒有李世民這種認知，當皇帝不好好當皇帝，還妄想著要當文壇領袖。

某次朝廷聚會上，楊廣要與群臣賽詩，以「泥」字起韻，他率先完成。

群臣頌聲四起，諛辭一片。

如果事情以此收場，那是再正常不過了。

薛道衡卻作死，不甘示弱，提筆寫了一首，其中有「暗牖懸蛛網，空梁落燕泥」之句，渾然天成，讓人服絕。

楊廣氣得差點咬碎牙齒。

這之後不久，朝臣們在一起討論新律令，爭論了許久也沒有結果。

薛道衡不耐煩地說：「假如高熲不死，法令當早已定奪施行了。」

高熲在楊廣與楊勇爭儲時支持楊勇，早被楊廣處死了。

有人把薛道衡的話轉告楊廣，楊廣勃然大怒，傳薛道衡前來責問：「你很懷念高熲嗎？」御史大夫裴蘊看透了楊廣的心，趁機彈劾薛道衡，說薛道衡「仗恃自己的才學和年齡，有藐視君主之心。每次見到詔書下來，就心中譏諷私下議論，把過失推諉給國家，隨意製造禍端。定論他的罪名，應是欺矇；推究他的本意，確是大逆不道。」

說得楊廣喜不自勝，稱讚裴蘊說：「你論定他的逆行，真是恰切地領會了我本來的想法啊。」

下令將薛道衡逮捕審訊，最後逼令自盡。

據說，薛道衡臨死前，楊廣曾問他：「更能作『空梁落燕泥』否？」

盧思道身歷三次改朝換代，多次獲罪，卻逢凶化吉

在一般人心目中，中國古代最富傳奇色彩的詩人是李白。

的確，大詩人李白豪情蓋世，狂放不羈，一生遊山玩水，遍歷名山勝水，留下佳作數百篇，堪稱奇蹟。

但是，李白的傳奇，主要得益於他作品的品質，他的經歷和際遇，尤其是仕途上的履歷，其實並沒有太多可以稱道的地方。

這裡說一下北朝大詩人盧思道的故事，和李白相比，盧思道算得上是官場不倒翁。

盧思道是范陽郡涿縣人，出生於北魏建明二年（西元 531 年），屬於北魏人。

但是，這個時候的北魏，已經是風雨飄搖、搖搖欲墜了。

事實上，北魏建明二年的前一年為北魏永安三年（西元 530 年），北魏孝莊帝元子攸不甘做權臣爾朱榮的傀儡，藏刀於靴中，趁爾朱榮入朝覲見時，拔刃將之刺死。

至此，北魏天下為之一變。

首先，汾州刺史爾朱兆為替死去的叔父爾朱榮報仇，自晉陽發兵進攻京師洛陽，擁立太原太守、行并州刺史長廣王元曄為主，改年號為建明。

爾朱兆攻陷洛陽、處死孝莊帝後，留下叔父爾朱世隆牽制元曄，自己滿載財物還歸晉陽。

爾朱世隆欲樹立個人權威，悍然行廢立之事：其於北魏建明二年（西元 531 年）春二月逼迫元曄禪位於廣陵王元恭。

元恭即位，改建明二年為普泰元年，大封爾朱家族。

執掌北方六鎮實權的大梟雄高歡不甘爾朱家族獨霸朝政，針鋒相對，立元脩為帝，即孝武帝。

可惜的是，元脩不甘做高歡的傀儡皇帝，一年之後，西入長安，投奔雍州刺史兼尚書令宇文泰去了。

高歡只好另立元善見做了皇帝，即孝靜帝，並遷都於鄴。

到了長安的孝武帝，與宇文泰相處得並不愉快，因為，他不甘於做宇文泰的傀儡皇帝。

宇文泰和高歡是同一類型的人物，並稱為絕世雙雄，他下藥毒死孝武帝，另立元寶炬為帝，建都長安。

這樣，北魏正式分裂成了東魏、西魏。

惡人高歡死後，長子高澄繼專魏政，正準備行篡位大事，卻被家奴刺殺。

北齊代魏之事，最終由高澄之弟高洋完成。

高洋於東魏武定八年（西元 550 年）廢掉孝靜帝元善見，建國號齊，建元天保。

大詩人盧思道就成長於這樣一個風雲變幻的大時代背景下。

少年盧思道「聰爽俊辯，通侻不羈」。

十六歲那年，他偶遇中山人劉松。

劉松正在替他人寫碑銘，看見盧思道少年老成，滿臉傲氣，想殺殺他的威風，讓他來說道自己做的碑銘。

盧思道瞪大了眼睛，反覆探究，多所不能解讀，不由得面紅耳赤，引以為辱，羞憤而去。

回到家裡，盧思道一方面閉戶勤讀，一方面師從河間邢劭探究學問。

這邢邵是個大學問家、藏書家，與溫子升、魏收，被後人並稱為「北朝三才子」。

盧思道既得名師指點，又刻苦勤奮，三年之後，學問大成。

為報當年之仇，盧思道精心寫了一篇碑銘，以其人之道，還施於彼身，示文於劉松，讓劉松來說道自己作的碑銘。

劉松瞪大了眼睛，反覆探究，多所不能解讀，只好甘拜下風。

盧思道遂長出了一口惡氣，施施然嘆道：「學之有益，豈徒然哉！」從盧思道羞辱劉松一事來看，盧思道雖然是個可教之材，卻是個睚眥必報的胸狹量小之人。

史書也說他「才學兼著，然不持操行，好輕侮人」。

高洋篡魏代齊之後，建史館，讓史臣編修前朝國史 ——《魏史》。

《魏史》編成，盧思道為了賣弄才華，經常品評指責書中內容。

這就犯了當政者的大忌，盧思道因此多次遭受笞辱之刑。

實際上，盧思道如果熟讀《魏史》，那他對北魏名臣崔浩的下場就不會感到陌生。

崔浩是北魏明元帝拓跋嗣和太武帝拓跋燾父子兩代的重臣，卻因「國史之獄」被誅殺，死前很難看，被幾十個衛士撒尿澆頭，「呼聲嗷嗷，聞於行路」。

盧思道命好，只是遭受到笞辱之刑而已。

但他總是屢教不改，笞傷好了又重犯。

很多人都認為，他這輩子很難出人頭地了。

但是左僕射楊愔愛才，把他舉薦給朝廷。

盧思道因此出仕擔任司空行參軍、長兼員外散騎侍郎，在中書省辦事。

高洋去世，當局要求朝中文士各寫十首輓歌，擇其善者而用之。

魏收、陽休之、祖珽等人都寫了十首，但只有一二首被選用。

盧思道倒好，他一個人被選用了八首！因為這個，盧思道被時人稱為「八米盧郎」。

盧思道在中書省辦事，經常丟三落四，一度洩露了中書省裡的談話內容，被逐出擔任丞相西閣祭酒。

盧思道並未放在心上，他從擔任丞相西閣祭酒做起，歷任太子舍人、司徒錄事參軍等，擔任了很多官職。

在其他職位上，他的工作同樣不認真，做事大大咧咧，不計用度，曾擅自用掉府庫的錢財，被免職回家。

免職就免職，盧思道輕車簡從，返還薊北。

途中，因有所感慨，寫了首五言詩以表心境。

沒想到，該詩被認定為世之佳作，流傳很廣。

盧思道因此得以復起為官，擔任給事黃門侍郎，在文林館待詔。

北周武帝宇文邕欣賞盧思道的文才，他在滅掉北齊之後，授予儀同三司，召他前往長安。

在長安，盧思道與陽休之等幾個人作有《聽蟬鳴篇》，盧思道寫得很有深度，其中的「暫聽別人心即斷，才聞客子淚先垂」抒發了鄉思，「富貴功名本多豫，繁華輕薄盡無憂」譏諷了長安權貴們的生活，詞意清切，為時人所重。

文壇宗師庾信把同作的幾篇都讀過了，唯獨對盧思道的作品「深嘆美之」。

不久，盧思道聽說居住在家鄉的母親患病，急忙告假回鄉探病。

祖英伯、祖昌期等人正經盧思道的家鄉范陽郡起兵叛亂，盧思道好死不死，加入其中。

可以說，盧思道完全辜負了北周武帝宇文邕對他的一片厚愛。

柱國宇文神舉奉命領兵平叛。

祖英伯、祖昌期這些小配角根本經不起折騰，很快就被宇文神舉消滅了。

盧思道也眼看就要死了。

不過，宇文神舉是個愛才之人，他早就聽聞盧思道的大名，把他拎了出來，讓他寫了一份告捷文書。

盧思道福至心靈，援筆立成，文無加點。

宇文神舉嘉而宥之，任命他為軍中掌教上士。

楊堅篡周代隋，建立了隋朝。

盧思道不願在隋朝為官，以母親年老要奉養為由，上表請求離職。

楊堅愛才，沒有為難他，下優詔應許。

在鄉下，盧思道作了〈北齊興亡論〉、〈北周興亡論〉、〈勞生論〉等名篇。

這其中的〈勞生論〉，專斥當世之事，被作家譽為北朝文代表作。

一年多後，楊堅徵召盧思道為官，要他負責接待陳國使者。

之所以這麼做，是因為盧思道的名氣在陳國很大，在陳國擁有很多「粉絲」。

原先在北齊時代，盧思道曾奉命出使過陳國。

陳國詩風很盛，陳主在接待盧思道的宴會上，讓群臣聯句作詩。

曾有陳國大臣出上句為「榆生欲飽漢，草長正肥驢」來為難盧思道。

盧思道不假思索，以「共甑分炊水，同鐺各煮魚」相對，讓陳國群臣對其文才心服口服。

「榆生欲飽漢，草長正肥驢」，說的是北方人用榆錢、榆葉和樹皮弄成粉末放在麵裡一起吃，結果吃得像驢一樣肥。

「共甑分炊水，同鐺各煮魚」說的是南方人即使在一個鍋灶上做飯，卻各吃各的，矯情、小氣，薄情寡義。

盧思道還隨軍出過塞外，作有〈從軍行〉，全詩二十八句，其中的「朔方烽火照甘泉，長安飛將出祁連」、「犀渠玉劍良家子，白馬金羈俠少年」、「天涯一去無窮已，薊門迢遞三千里」、「流水本自斷人腸，堅冰舊來傷馬骨」等句，被譽為千古佳句。

〈從軍行〉因此被認定為盧思道詩作的代表作。

盧思道的母親去世時，盧思道以守喪為由再次辭官，但沒多久，又被起用為散騎侍郎，參預內史侍郎事。

盧思道後來對隋朝的朝政提了許多建議，得到了楊堅的重視。

但盧思道在五十二歲時就病逝了，楊堅深感惋惜，派使者前往弔祭。

封倫：歷事數主的官場「老油條」

主要生活在隋唐年間的封倫一生歷事數主，左右逢源，不管主榮主衰，他始終春風得意，屹立不倒，稱得上絕世奇才。

在封倫很小的時候，他的舅舅——大詩人、大文學家盧思道就看出了他非比尋常的一面，斷言說：「是兒識略過人，當自致卿相。」

封倫年紀稍長，到隋朝四大名將之一的楊素手下充當幕僚，楊素也發出過與盧思道同樣的感慨。

楊素對封倫的賞識，是從一件小事開始的。

隋開皇十年（西元 590 年），楊素為內史令，負責到江南平定高智慧之亂，封倫為行軍記室。

楊素的座艦停泊於海面上，命人找封倫前來議事。

封倫來得急，從小船登大船時一腳踏空，跌落水中。

被人救起後，他匆匆忙忙地換了身衣服，然後從容面見楊素。

在與楊素議事時，絕口不提落水之事。

後來楊素從別人那裡知道了此事，非常奇怪，問封倫當日如何不說落水之事。

封倫連連謝罪，說：「私事也，所不敢白。」

楊素對封倫的表現非常滿意。

平定江南回來，他將自己的堂妹許配給封倫，楊、封兩家從此成了親戚。

讓楊素對封倫佩服得五體投地的是另一件事：隋開皇十三年（西元593年），楊素奉旨營建仁壽宮，為了討好隋文帝，他把宮殿造得規模宏大，裝飾極其奢華。

隋文帝前來驗收時，吹鬍子瞪眼，大發脾氣，仰天咆哮說：「素殫百姓力，為吾掊怨天下。」

楊素嚇得魂不附體，以為世界末日就要來臨了。

封倫卻毫不以為然，他餵了楊素一粒定心丸，說：「毋恐，皇后至，自當免。」

果然，次日，獨孤皇后也來驗收工程了，隋文帝笑嘻嘻地讓楊素匯報工作，他表揚楊素說：「公知吾夫婦老，無以自娛樂，而盛飾此宮邪？」楊素聽得雞皮疙瘩掉了一地。

楊素回家後，諮詢封倫，問：「何料而知？」封倫一笑，說：「上節儉，故始見必怒。然雅聽後言。後，婦人，唯侈麗是好。後悅，則帝安矣。」

楊素心悅誠服，說：「吾不及也。」

此後，楊素每與封倫論天下事，衮衮不倦，經常撫摸著自己坐的胡床說：「封郎終當據此！」隋煬帝楊廣登位後沒多久，楊素就死了，內史侍郎虞世基總攬了政務。

封倫轉向投靠虞世基，積極為虞世基出謀劃策，以迎合隋煬帝。

隋煬帝是個喜歡享受玩樂的敗家子、紈褲子弟，封倫就指點虞世基投其所好，大施媚功，把楊廣哄得醉生夢死。

隋朝的國政因此日漸敗壞。

《新唐書》據此痛斥封倫是「妖禽孽狐」，說他「當晝則伏自如，得夜乃為之祥」。

隋大業十四年（西元 618 年），宇文化及發動江都之變，讓封倫出面歷數隋煬帝的罪過。

隋煬帝悲憤莫名，對封倫說：「卿，士人，何至是！」封倫羞縮而退。

《舊唐書》揶揄地說封倫「多揣摩之才，有附託之巧；黨化及而數煬帝，或有赧顏」。

宇文化及弒隋煬帝後，立秦王楊浩為帝，任命封倫為內史令。

封倫察顏觀色，發現宇文化及終非可託大事之主，主動跟隨宇文士及到濟北籌糧，避免了與宇文化及一起覆滅的命運。

唐武德二年（西元 619 年），宇文化及兵敗被殺，封倫跟隨宇文士及投效李唐。

宇文士及和唐高祖李淵是老同事、老朋友，有舊交，而且有「金環之約」，唐高祖深相接納。

但對封倫，唐高祖認為他是隋朝舊臣，諂媚不忠，板起臉，對他嚴詞斥責，大棒斥出。

封倫似乎早料到這種情況，他胸有成竹，不慌不忙，不斷向唐高祖進獻「祕策」，也不知這是什麼樣的「祕策」，反正讓唐高祖龍心大悅，高興地任命封倫為內史舍人，不久又升任內史侍郎。

《新唐書》於此感慨說：「其奸足以亡隋，其智反以佐唐，何哉？唯奸人多才能，與時而成敗也。」

封倫的才能表現在哪呢？唐武德三年（西元 620 年），封倫隨秦王李世民東征洛陽王世充，大戰曠日持久，消耗極大，戰局呈現膠著狀態。

唐高祖感覺撐不住了，有意撤軍。

關鍵時刻，封倫回朝向唐高祖分析形勢：「賊地雖多，羈縻不相使，所用命者洛陽爾，計窮力屈，死在旦暮。今解而西，則賊勢磐結，後難以圖。」

唐高祖壯其言，打消了撤軍之念。

唐武德四年（西元 621 年），李世民在虎牢關擒竇建德，回軍洛陽，迫降王世充，一戰定天下。

戰後論功，唐高祖鄭重地幫封倫記上了一功，稱讚他說：「雖張華葉策晉武，亦何以加於是！」加封他為平原縣公，又讓他兼任天策府司馬。

唐武德五年（西元 622 年），突厥入侵太原，又遣使求親。

唐高祖向大臣問計，群臣大多主張求和。

封倫卻制止說：「不然。彼有輕中國心，謂我不能戰，若乘其怠擊之，勢必勝，勝而後和，威德兩全。今雖不戰，後必復來。臣以為擊之便。」

唐高祖笑呵呵地對封倫豎起了大拇指。

唐武德八年（西元 625 年），封倫進封道國公，不久改封密國公，又升任中書令，成了宰相。

至此，應驗了盧思道和楊素當年的話。

不過，封倫最精彩的人生才剛開始。

大家都知道，唐武德九年（西元 626 年），大唐發生了一件震驚天下的大事——「玄武門事變」。

那麼，在這場事變中，封倫支持哪一邊呢？說起來，很多人都感到難以置信，他哪一邊都支持。

《新唐書》說他「資險佞內狹，數刺人主意，陰導而陽合之。」

封倫曾為天策府司馬，李世民把他當自己人。

而且，他也「數進忠策」，向李世民進獻了許多對付李建成、李元吉的狠招。

李世民認為他是個忠義之人，橫賜累萬。

封倫暗地裡卻對唐高祖說：「秦王恃功，頡頏太子下，若不早立，則亟圖之。」

勸唐高祖提防李世民。

回頭又密勸太子李建成對李世民先下手為強，他說：「為四海不顧其親，乞羹者謂何？」李世民因功勞太大，深得民意，呼聲太高，危及李建成的太子之位，唐高祖有意廢李建成而立李世民，封倫卻堅定地諫止。

封倫這些事做得很隱祕，李淵父子三人互不知情。

「玄武門事變」之後，李世民笑到了最後，他把封倫看作從龍之臣，加封他為尚書右僕射。

幾個月之後，封倫壽終正寢，不知內情的李世民深悼之，廢朝三日，冊贈司空，諡曰「明」。

時間一晃到了唐貞觀十七年（西元 643 年），治書侍御史唐臨追劾封倫當年奸狀，即封倫陰持兩端之事暴露。

李世民回想自己一直把封倫當成心腹，再看封倫進奏唐高祖的紀錄，以及封倫勸李建成殺自己的密告，不禁氣得渾身發抖，將封倫的謚號由「明」字改為「繆」字，並黜其贈官，削所食實封，把先前對封倫所有的賞賜一併收回。

第六章

宮廷祕聞：帝王家事的恩怨與糾葛

隋文帝若讓楊勇繼位，隋朝也許崩得更快

隋煬帝楊廣是中國古代歷史上名聲最差的帝王之一。

與之相提並論的，似乎只有桀和紂。

像秦二世胡亥、漢獻帝劉協、蜀漢後主劉禪、南陳後主陳叔寶等，名聲雖差，但都遠不能跟楊廣相比。

《隋書．卷四．帝紀第四》對隋煬帝的評價是：烝淫無度，窮極侈靡，惡聞政事，猜忌臣下，朝臣有不合己意，必構其罪而族滅之。東西遊幸，靡有實居，每之一所，四海珍羞殊味，水陸必備焉。諸蕃至者，厚加禮賜，有不恭命，以兵擊之。六軍不息，百役繁興，行者不歸，居者失業。人飢相食，邑落為墟。每出師徒，敗亡相繼。戰士盡力，必不加賞，百姓無辜，咸受屠戮。黎庶憤怨，天下土崩。總之，隋煬帝的罪惡，用隋末梟雄李密發表討隋檄文裡的話來說，那是「罄南山之竹，書罪無窮；決東海之波，流惡難盡」。

因為作孽太多，普天之下，莫非仇讎，左右之人，皆為敵國。

當楊廣以萬乘之尊死困於一夫之手，億兆黎民之中無一感恩之士，九牧疆域之內無一勤王之師。

魏徵等《隋書》編纂者因此慨嘆：「自從有文字記載，宇宙分崩離析，生靈塗炭，喪身滅國，沒有比隋煬帝楊廣更嚴重的了。」

唐朝人杜佑編纂的《通典》記載：「（隋）末年離亂，至武德有二百餘萬戶」，即楊廣所造成的大亂，使華夏人口銳減到兩百餘萬戶。

隋煬帝楊廣既然這樣不堪，那麼，那個被隋文帝楊堅廢黜掉的太子楊勇是不是就很好呢？種種跡象表明：楊勇未必會比楊廣好到哪裡去，也許會更壞。

怎麼說呢？我們來對比一下楊廣登位前，楊廣和楊勇的表現吧。

先來說楊勇。

《隋書．卷四十五．列傳第十》記載楊勇在日常生活中的一件小事：楊勇閒來無事，親自在蜀鎧上雕飾花紋。

楊堅見了很不滿意，認為這是養成奢侈習性的開始，語重心長地告誡他說：「我聽說天道沒有親疏，只是幫助那些有德行的人，遍觀前代帝王，沒有行奢華而能長久的。你是儲君，如果不能上稱天心，下合民意，怎麼能繼承宗廟的重任，居於萬民之上？我過去的衣服，你各留一件，時常看一下，用來警戒自己。現在給你一把刀子，你應該懂得我的意思吧。」

對比一下楊廣。

楊堅某次到楊廣的府宅巡視，看到樂器的絲絃大多斷絕，又沾滿塵埃，都是好久沒用的。

因此楊堅認定這個孩子不好聲色，生活作風儉樸。

實際上，當時的楊廣不但生活樸素，而且仁愛孝順。

某次他觀獵遇雨，手下拿來油衣，他拒絕說：「士卒皆沾溼，我獨衣此乎！」讓人把油衣拿走，與將士共沐風雨。

楊勇被廢，有一部分原因來自他的母親獨孤皇后。

獨孤皇后和楊堅感情很好，兩人出雙入對，時稱「二聖」。

當初，楊堅與獨孤皇后新婚燕爾，曾許下諾言：「誓無異生之子。」

所以，楊堅的五子、五女共十個孩子，都是獨孤皇后生的。

楊堅也因此驕傲地對群臣說：「前世皇王，溺於嬖倖，廢立之所由生。朕傍無姬侍，五子同母，可謂真兄弟也。豈若前代多諸內寵，孽子忿諍，為亡國之道邪！」也就是說，楊堅即使當上了皇帝，也專寵獨孤皇后一人，六宮虛設，傍無姬侍。

楊堅之所以這樣做，並不是他不喜歡別的女人，是他不願傷獨孤皇后的心。

史稱獨孤皇后「性妒」，看不得男人有三妻四妾。

她不准自己的丈夫擁有別的女人，也不准自己的兒子擁有別的女人，甚至看到大臣寵愛小妾，也不順眼，也要出手干涉。

長孫覽和楊堅夫婦是親家，他的女兒嫁給了楊堅第四子蜀王楊秀。

他曾在隋開皇二年（西元 582 年）為東南道行軍元帥，統領八州總管進攻南陳，有戰功。

楊堅一時高興，便將前朝北周宮裡的妃嬪庫狄氏送給他以示封賞。

這庫狄氏長得非常漂亮，長孫覽與之共浴愛河，冷落了正妻。

正妻大怒，狀告到獨孤皇后那裡。

獨孤皇后二話不說，馬上勒令長孫覽離開庫狄氏！宰相高位極人臣，因為和小妾生了個兒子，被獨孤皇后惦記上了，沒少甩臉色給他看。

高熲後期麻煩事不斷，就是栽在這件事上。

自己的母后是這樣的人，楊勇偏偏無視，不但有很多寵幸的姬妾，還冷落正妻元氏。

獨孤皇后也沒少數落楊勇，但楊勇「免疫」，聽不進去，我行我素。

他的所有兒女，都是姬妾生的，沒有與正妻生下過一男半女。

他寵愛一個姓雲的昭訓，他對雲氏所用禮節近於正妻元氏。

恰巧，正妻元氏患病死了。

獨孤皇后認為元氏是被楊勇這個忤逆子氣死的，氣得狠狠地指責了楊勇一番。

楊勇卻一如既往地專寵雲昭訓，甚至讓她主管太子內宮。

獨孤皇后因此懷疑，元氏的死沒那麼簡單，極有可能是楊勇下毒毒死的。

因為楊勇有作案動機——要把雲氏扶正。

獨孤皇后失望無比地說：「我為伊（指楊勇）索得元孝矩之女，望其興隆基業，其竟無心與元氏女作夫妻，專寵阿雲，致使元氏女嫁夫如嫁豬狗。元氏女本來無病無痛，忽爾暴亡，必是他遣人投藥，致此夭逝。」

與楊勇形成鮮明對照的是，楊廣不僅生活儉樸，在母親獨孤皇后面前，只與正妻蕭氏相親相愛，並與蕭氏生下了兒子楊昭、楊暕以及一個女兒。

有人說，這些都是楊廣刻意裝出來的。

其實，楊廣也喜歡享樂，有不少妃妾，他和妃妾生的子女，都被他殺死或藏匿起來了。

楊廣能裝、會裝，表面工作做得好，但人家的能力也是下了不少功夫的。

楊廣自小喜歡讀書，愛好文學，在做晉王時代，經常招引陳朝舊官、才學之士，包括柳、虞世南等百餘人入王府，以師友相處，吟詩作對，多有名作。

《全隋詩》錄存其詩四十多首。

他的「寒鴉飛數點，流水繞孤村」，曾被宋代詞人秦觀化句入詞；他的〈春江花月夜〉曾被唐代詩人張若虛效仿擴寫。

楊廣曾親歷塞上，寫下了千古名篇〈飲馬長城窟行〉，後人稱該詩「通首氣體強大，頗有魏武之風」。

《隋書．卷四十五．列傳第十》雖然稱讚楊勇「頗好學，解屬詞賦」，但楊勇實無任何作品傳世。

可以說，楊廣的詩歌創作能力，遠在楊勇之上。

楊堅自受禪登帝位，便立楊勇為皇太子，軍國政事及尚書奏死罪以下事，皆令楊勇參加決斷。

那麼，楊勇在從被立為太子到被廢的漫長二十年時間裡，他都有哪些可圈可點的表現呢？非常遺憾，只能用四個字來形容：乏善可陳。

《隋書．卷四十五．列傳第十》對於楊勇的作為，僅記載了一件事，即楊堅因為崤山以東老百姓大多四處流動，派遣特使考察，打算讓這些人移民充實北方邊塞。

這個時候，楊勇上書勸諫，被採納了。

楊廣的建樹比楊勇多得多，且得世人稱讚。

前面說了，楊廣在晉王時代曾親歷塞上。

他到塞上幹嘛？出任行軍元帥，從靈武出師，進擊突厥人去了。

江南高智慧等人聚眾叛亂時，楊廣出任揚州總管，坐鎮江都，主持平亂大局。

當然，楊廣最傲人的功績，是在隋開皇八年（西元 588 年）任行軍元帥，統率八路大軍全面平定南陳。

平定南陳後，他拘捕了陳國的五大佞臣，斬之右闕下，以謝三吳百姓。

而且封府庫，資財無所取，天下稱賢。

不用多說，在楊堅與獨孤皇后眼裡，楊勇和楊廣，誰優誰劣，一目了然。

一句話，楊勇的太子位被廢，誰也別抱怨，就怨他自己太差勁了。

楊勇曾因「文飾蜀鎧」遭到了楊堅斥責，那麼，他有沒有把楊堅的斥責聽入耳呢？應該沒有。

該年冬至，官員們到東宮朝拜楊勇，楊勇竟然讓樂隊奏樂接見。

東宮養有樂隊，這可不是儉不儉樸的問題，而是奢侈豪華到什麼程度的問題。

當然，這件事的性質，不是奢侈不奢侈、豪華不豪華的問題，而是涉及一個尖銳的政治問題 —— 東宮結黨。

自古以來，所有封建王朝的帝王，要求所有臣民對自己絕對忠心！大臣都去東宮朝拜了，這不是要架空帝王嗎？楊堅還沒死，他怎麼受得了？他大發雷霆，說：「時令變化稱賀，只可三數十人，去與不去，個人自願，為什麼會出現這種情況？而且，太子為什麼要身穿禮服，還要安排樂隊接待他們？東宮這樣做，實是太過分了。」

從這件事不難看出，楊勇的政治才能接近於零，一點政治覺悟也沒有。

經過「冬至東宮朝拜」事件後，楊堅對楊勇的寵愛開始衰減。

他下令選派宗王的侍衛官到皇宮值班，以加強皇宮的警衛。

偏偏楊勇的親家、太子黨的上級成員高熲不合時宜地出面勸諫，說：「如果從東宮選派了侍衛，那麼東宮的警衛就太差了。」

楊堅臉色大變，說：「我有時行動，宿衛須得雄健勇毅。太子在東宮修身養性，要這麼多警衛做什麼？」楊堅無比警惕，嚴密防範楊勇以及楊勇的太子黨。

他對楊勇的戒備，達到了什麼程度呢？他曾向吏部尚書牛弘吐露心聲，說：「仁壽宮離京師並不遠，但我每次出入，都必須嚴備仗衛，如入敵國。因為害怕，不脫衣臥。昨夜欲上廁所，本應從後房出，恐有緊急，不得不改從前殿出。」

事情到了這一步，楊勇被廢，那是早晚的事了。

不過，在廢黜楊勇前夕，楊堅在自己老臣、老兄弟、心腹楊素面前泫然泣下，流淚嘆息說：「這小子早就不能繼承皇嗣了。皇后常勸我廢之，我以其是我貧賤時所生，又是長子，望其漸改，隱忍至今。楊勇昔日從南兗州來，曾對衛王抱怨說：『阿孃不讓我娶一個好妻子，也是可恨。』又指皇后侍女稱：『此皆屬我之物。』真是語多荒唐！其前妻初亡，即以鬥帳安置前妻的侍女。由此，其前妻之死，我深疑為其使馬嗣明藥殺。我曾責之，其竟怒懟曰：『我會殺元孝矩。』這是想害我而遷怒他人吧。」

越說到後來，楊堅越是老淚縱橫，嗚咽不能止，語不成調，說：「我的德行雖然比不得堯、舜，但絕不會將天下萬民交給不肖子。我一直害怕他的加害，像是防備大敵，現在想廢黜他，來安定天下。」

憑良心說，從楊勇的一系列表現來看，縱然不能說明他就是什麼大奸大惡之人，至少看不出他是什麼賢明之士，而且，他比楊廣差了太多。

能力和處世方式都要比楊勇優秀的楊廣，已經把大隋帝國糟蹋得不成樣子了，我們實在有理由相信，如果由能力和處世方式都要比楊廣差的楊勇來治國，治理好的可能性比較小，而把大隋帝國搞垮得更快的可能性更大。

論隋文帝五子之長短

在中國古代帝王中，對愛情最忠貞不渝的人是明孝宗朱祐樘。

明孝宗身為帝王，可以坐擁三宮六院，但他一生只娶了一個張皇后，從不納宮女，也不封貴妃、美人，每天只與皇后同起同臥，過著平常百姓一樣的夫妻生活，成了中國歷史上唯一一個用實際行動實踐一夫一妻的皇帝。

說起來，隋文帝楊堅的表現也不錯，若不是他後期管不住自己，先背著獨孤皇后偷腥，後索性破罐亂摔，寵幸了宣華夫人和容華夫人，他同樣會成為後世典範。

不過，楊堅共有五子五女十個孩子，全都是獨孤皇后生的。

這倒沒違背他與獨孤皇后新婚燕爾時許下的諾言：「誓無異生之子。」

對於這五個兒子，楊堅曾無比驕傲地對群臣說：「前世皇王，溺於嬖倖，廢立太子之事由此而生。

朕傍無姬侍，五子同母，可謂真兄弟也。

豈若前代多諸內寵，孽子忿諍，為亡國之道邪！」然而，所謂一龍生九子，子子各不同。

楊堅這五個一母同胞的兒子秉性不一、才能不同，能力差別巨大，而因楊堅在帝位繼承問題處置不善，最終引發兄弟內訌，五個兒子無一善終。

先說長子楊勇。

楊堅在受禪即位之初，就立楊勇為太子，指定他為自己的帝王繼承人。

隨著時間推移，楊堅漸漸發現楊勇性格驕橫、才能平庸、政治才能不高，與自己的期望值相去甚遠。

楊勇性格驕橫表現在：追求享樂、愛好聲妓、廣納姬妾，絲毫不把父母的反對和指責放在心上。

楊勇的才幹平庸之處在於：他在太子位上坐了二十多年，儘管一再委以軍國政事及尚書奏死罪以下事，其一直碌碌無為，毫無可圈可點之處。

楊勇政治才能不高的突出表現是：居然在冬至日設樂公開接受百官朝拜，表現出一副急忙要架空老子楊堅的架勢。

楊堅對他大為不滿。

老二楊廣生活儉樸，禮賢下士，仁愛孝順，有雄心，有才幹，曾領兵出塞攻打突厥人，統領八路大軍平定南陳，坐鎮揚州平定江南之亂，堪當大任。

當然，用現在後人的眼光看，楊廣當時在老爸面前表現出來的很多東西都是裝出來的。

問題是，當時的楊堅不知道呀！再有，才能和能力方面是裝不出來的，楊廣的詩詞歌賦、行軍打仗，確實很有一套。

最終，在經歷過一系列變故之後，楊堅做出了廢立之舉——廢除楊勇太子之位，改立楊廣。

楊勇被廢，處境慘淡，後被楊廣殺害。

楊堅此舉，引起了老四楊秀、老五楊諒對帝位的覬覦。

老四楊秀，被立為越王，出鎮於蜀地，史稱其「有膽氣，容貌瑰偉，美鬚髯，多武藝，甚為朝臣所憚」。

因為他長得容貌瑰瑋，多武藝，楊堅感到很不安，偷偷對妻子獨孤皇后說：「秀必以惡終。我在當無慮，至兄弟必反。」

果然，楊勇的太子位被廢，晉王楊廣為新的皇太子，楊秀意甚不平。

楊廣覺察到了來自他的威脅，設計陷害，密告其欲暗中謀反。

楊堅本來就擔心自己死後楊秀難制，於是召楊秀入朝，將之廢為庶人，幽內侍省。

楊廣即位後，對其禁錮如初。

楊秀並其諸子後來死於宇文化及之亂，其真正的能力如何，不得而知。

老三楊俊、老五楊諒，卻是毋庸置辯的無能之輩。

尤其老三楊俊。

楊俊十一歲被立為秦王，十二歲拜上柱國、河南道行臺尚書令、洛州刺史、加右武衛大將軍，領關東兵，十三歲遷秦州總管，盡領隴右諸州。

少年楊俊似乎看破紅塵，竟然想剃度出家當和尚。

楊堅不許，改任他為山南道行臺尚書令。

在討伐南陳的大戰中，楊堅任其為山南道行軍元帥，督三十總管，水陸十餘萬，屯漢口，為上流節度，順水下攻。

陳將周羅睺、荀法尚等人屯兵於鸚鵡洲相拒。

楊俊不忍心看到雙方士兵拚殺流血，一直按兵不戰。

當韓擒虎、賀若弼在下游攻破建康，活捉了陳後主，周羅睺等人家國已失，只好歸降。

楊俊遣使奉章詣闕，垂泣對使者說：「我糊里糊塗地當上了元帥，愧無尺寸之功，以此多慚耳。」

楊堅認為此子有仁愛之心，非常欣喜，授其揚州總管四十四州諸軍事，鎮守廣陵。

隨後，又轉并州總管二十四州諸軍事。

楊俊權勢更加龐大，嘗到了權錢帶來的快樂，逐漸奢侈，違犯制度，放高利貸，魚肉百姓。

即使如此，楊俊猶感不足，盛治宮室，窮極侈麗。

因為沉溺於女色，多寵姬妾，而其妻崔氏性妒，楊俊與崔氏的夫妻關係弄得很緊張。

某日，崔氏狠下心，在楊俊愛吃的瓜中下毒。

楊俊吃瓜之後，雖未被毒死，卻被毒成了個廢人，又受楊堅譴責，於隋開皇二十年（西元 600 年）六月，薨於秦邸。

五子楊諒，志大才疏，是個虛張聲勢、信口開河的人。

他極得楊堅寵愛，於隋開皇元年（西元 580 年）立為漢王，隋開皇十七年（西元 597 年）出任并州總管。

他出任時，楊堅送他一直到溫湯。

到了并州，楊諒的管轄範疇東到滄海，南拒黃河，盡轄五十二州。

楊堅還特許他便宜從事，可以自由任免官員，自由組建軍隊，自由支配稅收，不拘限於法律政令。

楊諒所在的并州，本身是天下精兵聚集之處，而為了防備突厥人，楊堅又將太原重鎮打造得固如鐵桶，楊諒從此驕橫跋扈。

隋開皇十八年（西元 598 年），楊堅發兵攻打高句麗，讓楊諒為行軍元帥。

楊諒率眾至遼水，遇疾疫，不利而還。

隋開皇十九年（西元 599 年），突厥人犯塞，楊堅再以楊諒為行軍元帥，楊諒竟然公開缺席。

即使這樣，楊堅也沒有怪罪他。

楊勇的太子位被廢，楊諒「居常怏怏，陰有異圖」。

當時，梁朝名將王僧辯之子王為其諮議參軍；陳朝名將蕭摩訶也在其手下任事。

楊諒認為自己的地盤這麼大，精兵這麼多，又有王、蕭摩訶這樣的文臣武將襄助，足可爭天下半壁。

楊堅駕崩，楊廣即位，楊諒馬上舉兵造反。

王說：「王爺您所部將吏家屬，盡在關西，若用他們，即宜長驅深入，直據京都，所謂迅雷不及掩耳。若但欲割據舊齊之地自立，宜任關東人。」

楊諒庸才，不能專定，採用了二者兼顧原則，即讓關西人殺往京師，讓關東人守太原。

這麼一來，將士三心二意，士氣不揚。

總管府兵曹裴文安大為著急，勸說楊諒：「井陘以西，是王爺您掌握之地，山東士馬，亦為王爺所有，宜傾巢出動。然後分遣羸兵，屯守要路，王爺您率精銳直入蒲津。文安請為前鋒，王爺您以大軍繼後，風行電擊，頓於霸上，咸陽以東可指麾而定。京師震擾，兵不暇集，上下相疑，群情離駭，我即陳兵號令，誰敢不從，旬日之間，事可定矣。」

楊諒再三思考，同意了。

但是大軍到了蒲津，楊諒突然改變主意，命令紇單貴切斷河橋，駐守蒲州，匆匆召還裴文安。

裴文安知道大事難成，回去見了楊諒，嘆息道：「兵機詭速，本欲出其不意。王爺您始終不肯動身，讓文安退兵，使對方轉危為安，大事去矣。」

事情的發展，正如裴文安所說。

楊諒發難之初，朝廷猝不及防，被弄得手忙腳亂，楊諒占了大好優勢。

但他這一退兵，朝廷贏得了調兵遣將的時間，王師雲集，好整以暇，進逼并州。

楊諒窮蹙，走投無路，只好自縛出降。

楊廣假惺惺地說了一句：「終鮮兄弟，情不忍言，欲屈法恕諒一死。」

後把他禁錮至死。

隋亡時，隋文帝的兄弟為何不出來救國？

我們讀《說唐全傳》、《興唐傳》等小說會發現，隋朝末年出現了十八路反王、六十四路煙塵，農民起義可謂風起雲湧，此起彼伏。

當此之時，隋煬帝楊廣的叔父、登州靠山王楊林，總是奔赴在撲滅各路反王的路上，行色匆匆，永無寧日。

對於這位開隋元老功臣，書中寫得極有威勢，說他面如傅粉，兩道黃眉，身長九尺，腰大十圍，善使兩根囚龍棒，每根重一百五十斤，有萬夫不當之勇。

雖然作為反派出現，但他被小英雄羅成的回馬槍絕技刺死時，還是讓不少讀者黯然神傷。

是的，作為一個心憂王室、屢屢捨命欲力挽狂瀾的國之棟梁，他的行為的確讓人肅然起敬。

但是，我們查正史，絲毫找不到楊林這個人的相關資料。

即楊林這個人物，純屬小說家虛構。

而在正史中，我們會發現，隋煬帝楊廣雖然沒有名叫楊林的叔父，但他卻另有楊整、楊瓚、楊嵩、楊爽等四個叔父。

那麼，問題來了，隋朝瀕臨滅亡時，為何不見他的這些叔父像小說中的登州靠山王楊林一樣，出來匡扶王室、拯救國家呢？下面，就分別敘述楊整、楊瓚、楊嵩、楊爽這四個人的結局。

俗話說，龍生九子，九子各不同。

隋文帝楊堅篡周代隋，將分裂了近三百年的南北朝歸於一統，清掃宇內，長驅突厥，開創先進的選官制度，發展文化經濟，疆域遼闊，國力強盛世被尊為「聖人可汗」，可謂絕世梟雄。

則隋文帝楊堅的四個弟弟，也個個出類拔萃。

這四個弟弟中，老二楊整、老三楊瓚，是楊堅的同母弟，同為呂苦桃所生。

老二楊整在北周明帝宇文毓朝就以軍功獲賜爵陳留郡公，位開府、車騎大將軍。

不過，北周建德五年（西元 576 年），北周武帝宇文邕率七路大軍伐齊，楊整從征，在圍攻晉陽時不幸陣亡。

也就是說，楊整還沒有看到大哥楊堅登位稱帝就死了。

老三楊瓚倒是看到大哥楊堅登位稱帝了，但他是反對大哥楊堅登位稱帝的。

為了阻止大哥楊堅登位稱帝，他曾設計要殺害大哥楊堅。

楊瓚為什麼會有這樣「反常」的反應呢？原因是楊瓚少年時長得俊美，風度翩翩，又好書愛士，有令名於當世，人稱「楊三郎」，得北周武帝宇文邕賞識，娶了北周武帝宇文邕的妹妹順陽公主，成了北周駙馬爺。

北周武帝宇文邕對楊三郎有多愛呢？北周建德五年（西元 576 年）的伐齊之戰，基本所有王公貴族都跟隨參與了，北周武帝宇文邕喜歡和信任楊三郎，獨留他在家守衛都城，親暱地對他說：「六府事殷，一以相付。朕將遂事東方，無西顧之憂矣。」

北周武帝宇文邕平齊歸來，進封楊三郎為邵國公。

周武帝崩，周宣帝即位，楊三郎又升任吏部中大夫，授上儀同的稱號。

周宣帝崩，楊堅入宮主政的時候，考慮到「打虎還要親兄弟，上陣尚須父子兵」，讓兒子楊勇暗中通知楊三郎入朝襄助。

楊三郎堅拒，惡狠狠地說：「作隋國公恐不能保，何乃更為族滅事邪？」楊堅沒有計較，自己任相後，升楊三郎任大將軍，不久，又升他任大宗伯，修撰禮法和典章，晉封上柱國，授予邵國公的爵位。

楊三郎還是不配合，多次暗暗籌劃要殺掉楊堅。

楊堅對弟弟三郎非常寬容，受禪稱帝後，對之以禮相待，封他為滕王，任命其為雍州牧。

兄弟私下相見，楊堅總是親熱地稱呼他為「阿三」，招呼他坐在一起。

楊三郎受妻子順陽公主的影響，對兄長篡周建隋之事憤憤不平，暗中施行巫蠱詛咒之事，詛咒楊堅早死，祈求北周復興。

這就沒辦法了。

楊堅勒令楊三郎與妻子離婚。

楊三郎拒絕。

不得已，楊堅將順陽公主從屬籍中除去並減少了對楊三郎的恩賜和寵信。

隋開皇十一年（西元 591 年），楊三郎跟隨楊堅到慄園遊玩，暴斃身亡，時年四十二歲。

楊堅的四弟楊嵩比楊堅的二弟楊整死得還早，死前，憑藉父親楊忠的軍功封興城郡公。

楊堅稱帝後追封這位弟弟為道王，追謚為「宣」。

諸兄弟之中，楊堅與五弟楊爽感情最好。

楊爽出生於北周保定三年（西元 563 年），楊堅受禪時，他才十九歲。

此前，他一直讓楊堅的妻子獨孤皇后撫養。

楊堅登帝位後，封這位幼弟為衛王、上柱國，擔任雍州牧、領左右將軍。

不久，遷右領軍大將軍，權領并州總管，後轉涼州總管。

楊爽長相英武，很有指揮軍隊的才能。

隋開皇三年（西元 583 年），他曾任行軍元帥，率軍分道出擊突厥。

他本人出朔州道，在白道大破突厥沙缽略可汗軍，俘千餘人。

隋開皇六年（西元 586 年），復為元帥，率步騎十五萬出合川，大捷而歸。

以楊爽的才能，如果活到隋末，肯定會成為楊林一類匡扶王室的英雄人物。

可惜的是，天妒英才，隋開皇七年（西元587年），楊爽因病逝世，年僅二十五歲，追贈太尉、冀州刺史，謚號「昭」。

隋煬帝這四位叔父，除了四叔楊嵩身後無子，其他都是有兒子的。

那麼，這些叔父的兒子又有哪些不同的遭遇呢？楊整共有三子：楊智積、楊智明、楊智才。

楊整在平齊之戰中陣亡，被贈柱國、大司徒、冀定瀛相懷衛趙貝八州刺史，後又追封蔡王，謚曰「景」。

楊智積就承襲了父親這些功爵。

楊堅登帝位，加拜他為開府儀同三司，授同州刺史。

楊智積由於父親生前與楊堅關係並不是很融洽，母親尉氏與獨孤皇后的衝突鬧得很僵，他謹慎處事，低調、喜靜，唯以讀書為樂，在人前不斷貶損自己。

楊堅了解他的情況，深相哀憐，徵召他還京第，不讓他擔任任何職務。

楊智積在京師闔門自守，非朝覲不出。

隋朝末年，楊智積從駕江都，鑑於隋煬帝疏薄骨肉，惴惴不自安，得病後，不肯就醫。

臨終，非常解脫地說了一句：「吾今日始知得保首領沒於地矣。」

楊智積的弟弟楊智明、楊智才原本被楊堅封為高陽郡公、開封縣公。

隋煬帝楊廣繼位後，以「交遊」為罪名，將此二人奪爵。

楊三郎楊瓚有子楊綸等；楊爽有子楊集。

楊綸和楊集也在隋煬帝朝遭到隋煬帝楊廣的猜忌，憂懼不知所為，請術士為自己章醮以祈福，結果被人告發，雙雙被除名為民，遠徙邊郡。

楊綸率諸弟散徙邊郡。

在隋煬帝第三次東征高句麗時，他曾上表請從軍自效，但被郡司遏阻住了。

隋末農民起義領袖林士弘起兵，楊綸攜妻子逃亡到了儋耳縣，後歸大唐，為懷化縣公。

楊集則在天下大亂之際，不知所終。

所以說，隋煬帝楊廣在天下危亡之時，乃是獨夫寡助，最終身敗名裂。

隋煬帝真的是殺父弒君嗎？

首先宣告，隋煬帝是中國古代歷史上惡名昭彰的暴君、昏君，他把父親隋文帝統治的萬里江山弄垮了，弄得民怨沸騰、山河動盪，是個百分百的敗家子、紈褲子弟。

明末文人張岱曾罵弘光帝，說他是「漢獻之孱弱、劉禪之痴呆，楊廣之荒淫，合併而成一人」。

可見，隋煬帝之昏庸堪與漢獻帝、劉禪相同。

但是，更多人喜歡把隋煬帝與商紂王並列，說明他在昏庸淫亂之餘，尤為殘暴。

不過，歷史講究事實。

隋煬帝是荒淫殘暴不假，卻沒必要因為其荒淫殘暴，就要把天下所有荒淫殘暴的事情都往他身上推，比如「殺父弒君」。

在封建社會，經過統治者及統治階層的鼓吹和洗腦，「殺父弒君」被訂定為天下第一大惡。

隋煬帝既是荒淫殘暴之君，如果不把這天下第一大惡的帽子扣到他頭上，很多人覺得不甘心。

《隋書》的編纂者其實並沒有確鑿的證據來確定隋煬帝是殺父弒君，卻多處設伏，以曲筆的方式暗示隋煬帝殺父弒君。

這麼一來，其他戲說、演義、評書，乃至現在的影視劇，都大講特講隋煬帝殺父弒君的情節，活靈活現，差不多把這件事變成事實了。

下面主要就正史上的記載來談。

《隋書·高祖本紀》裡面的記載四平八穩、中規中矩，非常簡練：「甲辰，上以疾甚，臥於仁壽宮，與百僚辭訣，並握手歔欷。丁未，崩於大寶殿，時年六十四。」

從這段記載可知，隋文帝死前，預知自己去日無多，與「百僚辭訣」，並「握手歔欷」，作了最後的告別。

最後，「崩於大寶殿」。

另外，《隋書·何稠傳》還記載有一段楊堅對何稠的叮嚀之語。

這個何稠是當時有名的工藝家，建築家，他與宇文愷參典山陵制度，建造成隋文帝心愛的獨孤皇后的陵墓。

隋文帝在「疾篤」時，緊急召見何稠，鄭重其事交代他說：「汝既曾葬皇后，今我方死，宜好安置。」

接著，生動傳神地勾勒了一個細節：「上因攬太子頸。」

即睡在病榻上的隋文帝掙扎著伸出手來，勾著楊廣脖子說：「何稠用心，我付以後事，動靜當共平章。」

看看，這是何其恩愛的一對父子。

即從隋文帝與百官流涕話別，向何稠從容交代後事，以及與楊廣舐犢情深的畫面來看，他應該是正常死亡，而不是死於凶殺。

《隋書．後妃．宣華夫人陳氏傳》卻記載了一件無比詭異、離奇的事情。

大意是說，隋文帝病重期間，在仁壽宮休養，他的愛妃宣華夫人陳氏和太子楊廣一起在他身邊服侍。

某日早上，宣華夫人「出更衣，為太子所逼」，因為她貞潔節烈，堅拒「得免」，跑了回來。

隋文帝覺察到她「神色有異」，驚問其故。

宣華夫人頓時珠淚滾滾，泫然哭訴說：「太子無禮。」

隋文帝省悟過來，恚怒道：「畜生何足付大事，獨孤誠誤我！」獨孤即指獨孤皇后。

埋怨過獨孤皇后，隋文帝呼兵部尚書柳述、黃門侍郎元巖說：「召我兒！」柳述等人以為是要傳召太子楊廣，隋文帝趕快補充：「勇也。」

強調是傳召廢太子楊勇。

柳述、元巖出閣代擬敕書，然後向左僕射楊素請示。

楊素將此事稟報太子楊廣，楊廣遣左庶子張衡入寢殿，驅逐走宣華夫人及後宮同侍疾的一大票人。「俄聞上崩，而未發喪也。」

這一段怪事，初唐趙毅筆記《大業略記》也有記載，情節大體類似，把宣華夫人陳氏記成了容華夫人蔡氏。

而且，與《隋書．後妃．宣華夫人陳氏傳》中寫張衡入寢殿，「俄聞上崩」中的含蓄不同，直接寫楊廣「召左僕射楊素、左庶子張衡進毒藥」，即讓楊素、張衡捧毒藥入去，像潘金蓮毒殺武大郎一樣，毒殺了隋文帝。

唐代人馬總的《通曆》裡也有相似情節，女主角是陳宣華夫人倒沒有弄錯，但行凶過程寫得更加驚心動魄：「楊素祕不宣，乃屏左右，令張衡入拉帝，血濺屏風，冤痛之聲聞於外，崩。」

以上三段記載，都出現太子黨重要人物楊素。

查《隋書 · 楊素傳》，楊素果然在其中擔綱了無比重要的角色。

說的是：隋文帝病重，楊素與兵部尚書柳述、黃門侍郎元巖等入閣侍疾。

當時的皇太子楊廣入居大寶殿，考慮到隋文帝停止呼吸的時間快到了，為了早做準備，就寫信給楊素，詢問處理隋文帝後事和自己登基事宜。

送信的人糊里糊塗，竟然把信送到了隋文帝手裡。

隋文帝閱信大怒，恰巧，宣華夫人陳氏又衣衫不整地跑了回來，說太子楊廣要非禮她。

隋文帝更加火上加油，發詔傳庶人楊勇。

太子楊廣與楊素合謀，矯詔追東宮兵士入仁壽宮宿衛，門禁出入，並取宇文述、郭衍節度，又令張衡侍疾。

行文至此，意味深長地寫了一句：「上以此日崩，由是頗有異論。」

北宋司馬光編《資治通鑑》，基本照搬了《隋書 · 帝紀一 · 高祖下》、《卷三十六 · 列傳第一 · 後妃》、《隋書 · 楊素傳》這三處的記載，這裡就不再贅述了。

但是，仔細想想的話，可以從《隋書》裡看出許多疑點。

一個大前提：楊廣共有五兄弟，在他登基之前，太子楊勇、秦王楊俊、蜀王楊秀俱已被廢，楊俊已死，只有漢王楊諒尚在。

而楊諒常年在外主持邊防，對楊廣的地位構不成大的威脅。

在朝廷之中，權臣高熲、李德林等都已經被排擠，楊素全力支持楊廣。

在這種情況下，楊廣的地位已經穩如泰山。

實際上，自仁壽四年（西元 605 年）春起，隋文帝因病退出了政治舞臺，「事無鉅細，並付皇太子」，即身為太子的隋煬帝已成為攝皇帝，他怎麼會謀殺垂死的父親，行此人神共憤的大惡事？有人說，因為楊廣與楊素密謀的書信誤落入了文帝手中，文帝準備復立廢太子楊勇，所以楊廣狗急跳牆，鋌而走險，行此大逆不道之事。

但是，這裡有一個邏輯必須要弄清楚：是因為楊廣與楊素密謀而導致文帝要復立楊勇，還是因為文帝要復立楊勇才招致楊廣與楊素密謀。

如果是前者，根本說不通。

想想看，楊廣的太子位已經穩如泰山，他要和楊素密謀什麼？就算楊廣的腦子有問題，無事找事，明明自己繼承帝位已經是成定論的事，他還擔心會節外生枝，堅持要和楊素密謀些什麼。

但既是密謀，兩人又都在仁壽宮，用得著寫信嗎？一般來說，密謀之事，出自君之口，入於卿之耳，天知、地知、你知、我知，除此之外，鬼神不知。

隋煬帝如果是一個成功的陰謀家，他怎麼會犯這種嚴重的錯？又怎麼會派如此不可靠的人送信？還把信送到了隋文帝的手上！可能嗎？在歷史上無數的政治博弈中，都沒出現過如此粗糙的情節。

好，也許有人說，不要高估隋煬帝，他其實很笨，他不會使用政治陰謀，他就是製造出了這麼一個粗糙的情節。

但大家也不要忘了，楊廣的合作者可是以老謀深算著稱的楊素！說楊素聰明，應該不會有什麼人反對吧！就算楊廣想用傳紙條的方式來玩這種驚險的遊戲，楊素也不肯！所以，「楊廣與楊素密謀的書信落入文帝手中」的情節根本就不存在。

那麼，是不是文帝惱怒於「楊廣調戲宣華夫人」，急切要用楊勇換掉楊廣，從而招致楊廣行凶殺人呢？但是，「楊廣調戲宣華夫人」之說就更加站不住腳跟。

宣華夫人是陳後主妹妹，在隋仁壽四年（西元 604 年）已經二十八歲，《隋書．後妃．宣華夫人陳氏傳》記：「晉王廣之在藩也，陰有奪宗之計，規為內助，每致禮焉。進金蛇、金駝等物，以取媚於陳氏。皇太子廢立之際，頗有力焉。」

即楊廣能在與哥哥楊勇的爭儲鬥爭中勝出，是得到宣華夫人的鼎力相助。

也就是說，宣華夫人和楊廣是有較深的感情交往的。

那麼，在隋文帝病危之際，一則，楊廣不太可能在這節骨眼上向她求歡；二則，就算楊廣真的控制不住自己，強行向宣華夫人求歡，那麼，宣華夫人不可能拒絕，就算拒絕，宣華夫人也不會向隋文帝匯報。

須知，宣華夫人已經是二十八歲的人了，不是未經世事的小女孩，她當然知道太子就是未來的皇帝，拒絕未來皇帝的求歡意味著什麼？向一個垂死的病人告密以主持公道現實嗎？退一萬步說，隋文帝真的因為她的告狀廢黜楊廣成功了，對她又能換來什麼好處？隋文帝生命垂危，一隻腳已經邁入棺材，當他的另一隻腳也邁進去了，當皇帝的人就是楊勇了。

從楊勇的角度來說，宣華夫人就是他的政敵。

因為，當年就是她鼎力幫助楊廣弄垮自己的！那麼，楊勇上臺了，宣華夫人能有好日子過嗎？而從宣華夫人的角度來說，她告發楊廣，所能得到的，不過是懲處楊廣時出了一口氣而已，此後餘生卻是無窮盡的黑暗。

反過來說，她是楊廣成為太子的有功之臣，楊廣又向她求歡，隋文帝又嚥氣在即，她最佳的選擇，就是靠上楊廣這棵大樹啊。

所以說，宣華夫人去向隋文帝告密？不可能！此後的史實也說明這一點，楊廣登位後，萬千寵愛集中於宣華夫人一身。

宣華夫人後來病故，楊廣「深悼之，為制〈神傷賦〉」。

從楊廣對宣華夫人如此深情的表現來看，宣華夫人沒有告過密。

既然「楊廣與楊素密謀的書信落入文帝手中」和「宣華夫人告太子無禮」的兩件事都不存在，那就不存在文帝要傳楊勇置換太子的事。

而結合文帝在臨終前與百官話別、向何稠託付後事，並從「攬太子頸」的記載來看，所謂楊廣被迫狗急跳牆殺父弒君的事根本就沒有發生。

《隋書》所記是如此之荒謬，則《大業略記》和《通曆》等更不值得一駁了。

《大業略記》非但把宣華夫人寫成了容華夫人蔡氏，還將二十一日發喪誤作十八日，足知其所寫依據來自市井流言，並不可信。

《通曆》寫張衡「拉殺」隋文帝，弄出了很大的動靜，「冤痛之聲聞於外」。

那麼，這就不是什麼暗殺，而是明目張膽的宮廷政變，且「冤痛之聲聞於外」，知道的人應該不在少數，但從隋末到唐初，並沒什麼人提起過，反倒是出生於中唐時代的馬總在《通曆》裡濃墨重彩地寫了這麼一筆，殊為可疑。

實際上，那些表示要以隋為鑑的唐太宗君臣，都沒有指控過隋煬帝殺父弒君。

即使是在隋末大起義浪潮中，千百萬民眾異口同聲討伐隋煬帝，也沒有人提到過他有「殺父弒君」。

還有，被《隋書》指控為殺害文帝的「直接凶手」張衡，後來反對隋煬帝建造汾陽宮和謗訕朝政被賜死。

唐高祖李淵卻為他平反，並賜給他「忠」字謚號。

想想看，如果張衡是弒君凶手，唐高祖一定會站在君臣綱常倫理的角度對之唾棄甚至鞭屍，怎麼可能賜給他「忠」的謚號呢？隋煬帝雖然是個暴君，但殺父弒君之事，他是無辜的。

楊麗華對父親表示永不諒解

「麗華」是一個好名字。

光武帝劉秀年少在長安遊學，曾說出人生兩大感慨：「仕宦當作執金吾，娶妻當得陰麗華。」

他把娶大美女陰麗華為妻訂為人生一大目標，後來得償所願，成了一個歷史佳話。

在南北朝末期，幾乎同時出現了兩個名叫「麗華」的大美女：南陳後主陳叔寶的寵妃張麗華和北周皇太后楊麗華。

這裡重點介紹楊麗華。

楊麗華是隋文帝楊堅的長女。

當然，楊麗華出生時，楊堅只是北周貴族圈裡的普通一員。

楊堅本身是一個大帥哥，他的妻子獨孤伽羅是獨孤信的七女兒，是個風華絕代的大美女。

在帥哥與美女的優秀基因影響下，楊麗華出落得風姿楚楚，儀態萬千。

在北周建德二年（西元 573 年）九月十九日，北周武帝宇文邕親自為皇太子宇文贇指定納娶楊麗華為皇太子妃。

該年，皇太子宇文贇十五歲，楊麗華十三歲。

宇文贇是個混帳，他在繼承父親宇文邕的帝位後，創紀錄地冊封了五大皇后，但看在宇文邕的面上，把楊麗華定位為第一正皇后，稱「天元大皇后」。

宇文贇並不寵愛楊麗華，他和楊麗華沒有生兒子，僅生一個女兒——宇文娥英。

宇文贇的性情喜怒無常，當上了皇帝後，他不再受任何道德、法制的約束，行事更加顛倒乖張，經常無緣無故地責備楊麗華。

有一次，楊麗華回了嘴，宇文贇猶如火上澆油，怒不可遏，他咆哮著，暴跳著，將腰間佩劍拔出，丟在地上，逼楊麗華自殺。

宮中太監腳快，一溜煙跑去通知楊堅夫婦。

楊堅夫婦如遭雷擊，呆若木雞。

獨孤伽羅反應比楊堅快，她散髮跣足，連爬帶滾，踉踉蹌蹌地趕入宮內，一頭撲倒在宇文贇的腳尖前，聲淚俱下，泣不成聲，苦苦為楊麗華求情，額頭砰砰砰地叩在白玉臺階上，鮮血直流。

最終，宇文贇冷靜了下來，饒過了楊麗華一條小命。

在宇文贇這頭暴獸身邊生活，那是朝不保夕。

不過，宇文贇短命，登帝位後第二年，就駕崩了，享年二十二歲。

宇文贇在臨終前，吩咐五大皇后中只留下天元大皇后楊麗華和天大皇后朱滿月共同撫養和扶持兒子宇文闡坐江山，其餘三個皇后均出家為尼。

朱滿月之所以與楊麗華一起留下，因為她是宇文闡的親生母親。

朱滿月原是宇文贇做太子時的一個侍女，在楊麗華還未過門時就與宇文贇在一起了，於是有了宇文闡。

八歲的宇文闡尊二十歲的楊麗華為皇太后，原以為母子可以相安無事地永久相處下去。

但是，形勢變化得很快。

楊堅在劉甗、鄭譯等人的控制下執掌了朝政，僅在一年之後，就篡奪北周天下，建立隋朝，成了一代開國皇帝。

剛開始，楊麗華認為宇文闡年紀太幼小，生怕大權被朝中的野心家奪去，聽說父親入宮輔政，內心竊喜。

後來覺察到父親有異志，意頗不平，形於言色。

等到父親行禪代之事，憤惋逾甚。

當楊堅磨刀霍霍，一口氣屠盡包括宇文闡在內的北周王室宗親，楊麗華再也無法原諒父親。

楊堅也知自己對不起這個女兒，內心充滿愧疚，不敢與女兒的目光相視。

他封女兒為樂平公主，並與皇后獨孤伽羅商量將楊麗華改嫁。

但是，楊麗華表示：「生為宇文氏家人，死為宇文氏家鬼，終生不再嫁人。」

楊堅夫婦只好作罷。

寡居在家的楊麗華是非常孤獨的，她所能做的就是把自己所有的愛都灌注到與宇文贇生的女兒宇文娥英身上。

無論是天上飛的、地上跑的、海裡游的，只要女兒提出要，她都想盡辦法，不惜一切代價幫女兒弄到。

從這一點上說，宇文娥英是幸福的，她含著金湯匙出生，享盡世間榮華富貴。

宇文娥英到了婚嫁的年齡，其外祖父楊堅親自下旨為她選婿。

那段時間，每天有數以百計的王孫公子奉旨到弘聖宮聚集，接受準丈母娘楊麗華的挑選。

楊麗華端坐在帷帳之中，精挑細選，不厭其煩，終於萬中挑一選中了幽州總管李崇之子李敏。

由於李敏的父親幽州總管李崇戰死在對突厥戰爭的戰場上，他被收養在宮中，雖然「美姿儀，善騎射，歌舞管絃，無不通解」，但沒有任何功勞，身無寸職。

楊麗華安慰他說：「我以四海與至尊，唯一女夫，當為汝求柱國。」

楊堅面對女兒的請求，樂呵呵地說：「公主有大功於我，我何得向其女婿而惜官乎！今授卿柱國。」

李敏於是得任柱國，以本官身分在皇宮值班。

李敏與宇文娥英婚後育有一女，名李靜訓。

楊麗華對這個外孫女溺愛不已，親自養育。

然而在隋煬帝大業四年（西元 608 年），年僅九歲的李靜訓夭折在弘聖宮。

楊麗華如同萬箭穿心，痛苦無比。

過了一年，她也病逝了，時年四十九歲。

臨終前，她隆重地囑託弟弟隋煬帝楊廣，說：「妾無子息，唯有一女。不自憂死，但深憐之。妾現有的食邑，乞求轉賜給女婿李敏。」

楊廣滿口應承。

但在大業十年（西元 614 年），由於世上流傳出「李氏當為天子」的讖語，猜疑心極重的楊廣，為絕後患，他把屠刀揮向了李敏一家，將李敏及其堂叔李渾及李善衡的宗族裡的三十二個族人斬首示眾，「自餘無少長，皆徙嶺外」。

其中的宇文娥英，也被「賜鴆而終」。

楊麗華為女選婿，被選中的李敏是什麼來頭？

話說，北周建德二年（西元 573 年）九月十九日，由北周武帝宇文邕親自為皇太子宇文贇訂親：要其納娶隨國公楊堅的長女楊麗華為皇太子妃。

武帝宇文邕死後，皇太子宇文贇即位，皇太子妃楊麗華被封為皇后，楊堅因此得晉升為柱國大將軍、大司馬。

可以說，楊堅後來能順利篡周建隋，有一定的程度是需仰仗女兒楊麗華的力量。

不過，楊麗華成了宇文家的媳婦後，就一心想著要宇文家好。

宇文贇短命，登位後不久就駕崩了。

二十歲的皇太后楊麗華扶著八歲的小皇帝宇文闡坐龍廷，滿心希望父親楊堅可以幫自己一把。

楊堅初入宮輔政，楊麗華內心竊喜，興奮不已。

但時日一久，楊堅的狐狸尾巴就露出來了，篡位之心，蠢蠢欲動。

楊麗華有所覺察，意頗不平，形於言色。

等到楊堅行禪代之事，楊麗華憤惋逾甚，卻無力抗爭。

而當楊堅屠盡包括宇文闡在內的北周王室宗親時，楊麗華悲痛欲絕，再也無法原諒父親。

楊堅登位，封女兒為樂平公主，表示要為女兒物色一個更好的夫家。

當時對一個女人來說，天下間最為至尊的地位是什麼？當然是皇太后。

從皇太后降格為公主的楊麗華悲憤莫名，表示自己生為宇文氏家人，死為宇文氏家鬼，終生不再嫁人。

楊堅只好悻悻作罷。

楊麗華與宇文贇沒有兒子，只有一個女兒——宇文娥英。

楊麗華對這個女兒千依百順，恨不得把世間最好的東西都給她。

宇文娥英一天天長大了，出落得水靈靈。

人們都想，這樣一朵金枝玉葉，以後不知要擇完美到何種程度的夫婿才能般配？的確，宇文娥英的婚事，讓楊麗華操碎了心。

為了能物色到最為完美的婚配對象，楊麗華讓父親楊堅下旨，所有王孫公子集中到弘聖宮由自己挑選。

很長一段時間內，楊麗華每天都準時出現在弘聖宮的大殿之上，端坐在帷帳之中，檢閱按批次入宮的王孫公子，精挑細選，不厭其煩。

最終，被挑選中的卻是身無寸職的年輕小夥李敏。

哈，原來是他！真是既在意料之外，又在情理之中。

人們得知李敏成了幸運兒後，沒有誰表示出不服氣的。

李敏出自隴西望族，他的遠祖乃是漢朝威名赫赫的「飛將軍」李廣！不過，李廣的時代太過遙遠，要說明李敏身分的非比尋常，還是從他的曾太祖父李斌說起好了。

李斌出自李陵這一支，祖上自李陵陷沒於匈奴後，居住在北狄，後來過了若干代，隨北魏南遷，重新回到汧、隴一帶居住。

李斌在北魏朝以都督身分鎮守高平，因此定居於高平。

李斌的兒子李文保很早就死了，但他留下了三個兒子：李賢、李遠、李穆。

這其中的李穆最為了得。

李穆風神警俊，倜儻有奇節，北周太祖宇文泰剛舉義旗時，他便委身追隨屢建奇功。

永熙末年，宇文泰奉迎魏武帝入長安，李穆被授都督，封爵永平縣子，食邑三百戶，隨後進子爵為伯爵。

李穆畢生建功無數，即使掃除掉其他功績，單論他在邙山之戰單騎救主這一件，足以讓他享盡榮華富貴。

當時，他跟隨宇文泰在邙山與齊國軍隊對攻。

宇文泰出身於行伍，習慣衝鋒陷陣，親自拎著刀帶領大家衝鋒。

雙方你來我往，激戰得天昏地暗。

但北齊方面占了地利之便，最終壓倒了客場作戰的北周軍。

最慘的是，宇文泰馬失前蹄，他一個倒栽蔥，狠狠地摔落在地上。

齊軍哇哇怪叫著衝上去要他的性命。

在這萬分危急的關頭，李穆突圍前進，先殺散了要來殺宇文泰的幾個齊兵，然後揚起馬鞭，劈頭抽向宇文泰，大聲責怪說：「沒用的東西，第一次打仗就這樣丟人現眼，真是個沒用的東西！」一邊抽，一邊喝斥宇文泰快滾。

宇文泰會意，在李穆馬鞭的抽打下，連滾帶爬，抱頭鼠竄而去。

接應殺上的北齊士兵看見宇文泰這個無能的樣子，怎麼知道他是北周的最高元首？以為他就是條「小魚小蝦」，撇開他不理，一齊呼喝著前來圍攻李穆這條「大魚」。

李穆極其生猛，他和圍過來的齊兵格鬥多時，估計宇文泰已經逃遠，這才殺出重圍，去追宇文泰。

等追上宇文泰，趕快跪地謝罪，並扶宇文泰上自己的戰馬，自己步行掩護。

最終，兩人都脫離了險境。

功高莫過救主，計窮莫過糧絕。

回到長安後，宇文泰指著李穆對近臣們說：「成我事者，其此人乎！」他提拔李穆當武衛將軍、儀同三司，晉封伯爵為武安郡公爵，增加食邑一千七百戶，並賜以丹書鐵券，饒恕他十次死罪。

不久又讓他開府治事，兼領侍中之職。

李穆的兄弟姐妹也得到了封賞。

不過，李穆的兩位兄長李賢、李遠都是佐命功臣，他們的子弟也都擔當了清顯之職。

宇文泰因此把封賞的對象撒向了李穆的姐姐和妹妹。

李穆的姐姐被封為郡君，妹妹被封為縣君，她們的子孫全隨舅家姓李，賞賜人人有份。

李穆後來轉任太僕，旋進位為大將軍。

在這種情況下，宇文泰又另授李穆嫡子為儀同三司。

李穆考慮到李氏滿門已經遍任朝廷要職，戒懼盈滿，堅辭不受。

宇文泰強令他接受。

宇文泰死後，宇文護執政，李穆的地位開始下降。

最先，李穆兄李遠及李遠之子李植犯罪，李遠父子被殺，李穆坐罪，被免職為民，他的子弟也被免官。

李植的弟弟李基時為淅州刺史，也應當連坐被殺。

李遠僅有李植、李基兩個兒子，這兩個兒子被殺，他就絕後了。

李穆於是向宇文護請求用自己的兩個兒子換回李基的性命。

宇文護激賞於李穆的仁義，通通釋放了他們。

不久，拜授李穆為開府儀同三司、直州刺史，並恢復李穆爵位安武郡公。

李穆被免除官爵的子弟，漸漸恢復了官爵。

楊堅禪代前夕，時為上柱國、任并州總管的李穆堅定地站在了楊堅這邊。

尉遲迥起兵要與楊堅對抗，派人招引李穆。

李穆扣押住了尉遲迥的使者，把尉遲迥企圖造反的書信上交楊堅。

李穆的兒子李士榮卻不以為然，他認為李穆所居的并州是龍興之地，且為天下精兵匯集之處，勸李穆不必要依附尉遲迥和楊堅任何一方，自己起兵稱帝。

李穆堅決拒絕並祕密上表，勸楊堅登基。

楊堅登基後，對李穆禮遇有加，拜授他為太師，要他贊拜時不自報姓名，實時成安縣三千戶的食邑。

也在這時，李家的功名富貴再攀高峰。

李氏子孫雖在襁褓，但悉拜儀同。

滿門執象笏者百有餘人。

李家的貴盛，在當時無人可比。

不過，李穆急流勇退，上表請求退休。

楊堅同意了，許諾說：「自今已後，雖有愆罪，但非謀逆，縱有百死，終不推問。」

隋開皇六年（西元 586 年），李穆在府第中去世，享年七十七歲。

楊堅追贈李穆使持節，冀、定、趙、相、瀛、毛、魏、衛、洛、懷十州諸軍事，冀州刺史。

諡號為「明」。

李穆的大哥李賢，生有一子，名為李詢，也是個人物。

李詢為人深沉有大略，在北周任內史上士，兼掌吏部。

北周建德三年（西元 574 年），北周武帝宇文邕巡幸雲陽宮，衛王宇文直作亂造反，焚燒肅章門。

李詢當時被武帝授為司衛上士，當留府事，聽說叛軍殺來，當機立斷，在肅章門內燃放起更大的火，阻止了叛軍入宮。

武帝平定了叛亂後，重賞李詢，授他為儀同三司，並升任為長安令。

楊堅派韋孝寬前去平定尉遲迥，北周大將軍、爵位為平高郡公的李詢，擔任了韋孝寬軍中的元帥長史，成了韋孝寬的心腹。

官軍在永橋與叛軍相對峙，諸將行動不一。

李詢及時送信給楊堅，要他趕快起用大臣監軍。

楊堅於是急令高熲監軍。

高熲到了軍中，多賴李詢鼎力協助。

史稱：「與熲同心協力，唯詢而已。」

平定了尉遲迥，李詢進位任上柱國，改封為隴西郡公，賞賜布帛上千匹，外加賞賜人口、馬匹。

李詢壽數不永，死於隋開皇八年（西元 588 年），時年四十九歲。

李賢還有一個兒子，名為李崇。

李崇的謀算不在其兄李詢之下，膽力過人。

李崇小時候因為父親李賢的功勳，得封樂縣侯。

拜爵之日，親族相賀。

小小年紀的李崇突然淚如雨下。

賓客散後，李賢怪而問他。

他收淚答道：「無勳於國，而幼少封侯，當報主恩，不得終於孝養，是以悲耳。」

李賢對這個小兒子刮目相看，嘖嘖稱奇。

李崇年長，隨宇文護伐齊國，功勞最大，得拔儀同三司，不久當上了小司金大夫和監製軍器的官員。

北周武帝平齊國，李崇參謀，因功加授開府，被封為襄陽縣公，食邑一千戶。

尉遲迥謀反之初，除了派使者前去招引李穆，也派使者前往招引李崇。

李崇開始是想響應尉遲迥的，但得知叔父李穆舉并州歸附楊堅，也就歸心楊堅，加入了平定尉遲迥的軍事行動，功成，得授徐州總管，不久升任上柱國。

隋開皇三年（西元583年），李崇任幽州總管，在抗擊突厥入侵時壯烈犧牲，時年四十八歲。

楊堅大為悲痛，追贈他為豫、蘄、申、永、澮、亳六州諸軍事、豫州刺史，諡號為「壯」。

這個李崇，就是李敏的父親。

李敏承襲了父親的官爵，因為父親死於王事，被楊堅豢養在宮中。

成年後的李敏俊美，儀表得體，善於騎射，精於歌舞音樂，被楊麗華看中，成了宇文娥英的結婚對象。

一開始，李敏覺得自己身無寸職，感到有些難為情。

楊麗華不以為然地說：「我以四海與至尊，唯一女夫，當為汝求柱國。」

楊堅當然不敢拒絕女兒的請求，樂呵呵地說：「公主有大功於我，我何得向其女婿而惜官乎！今授卿柱國。」

李敏於是得任柱國，以本官身分在皇宮值班。

但在隋大業十一年（西元615年），由於世上流傳出「李氏當為天子」的讖語，猜疑心極重的楊廣把屠刀揮向了李敏一家，將李敏及其堂叔李渾及李善衡的宗族裡的三十二個族人斬首示眾。

知道嗎？
隋朝共有八帝，其中之一活到了唐高宗朝

當年秦朝滅亡時，向劉邦呈交傳國玉璽的是「秦三世」子嬰。

但是，史學家們都說：秦朝二世而亡。

道理很簡單：只有秦始皇和胡亥兩位皇帝掌握有實權。

子嬰？子嬰算什麼？他是秦始皇的弟弟？兒子？還是孫子？到了現在，就連他和秦始皇是什麼關係都搞不清楚。

但是，子嬰是的的確確稱過帝的，不管他稱帝時間如何短，嚴格來說，秦朝都是出現過三個皇帝的。

和秦朝二世而亡一樣，隋朝也是二世而亡。

但隋朝出現過的皇帝更多！下面來簡單介紹一下。

首先是開國之君隋文帝楊堅。

他被稱為得國最容易的開國皇帝。

很多人對陳橋兵變、黃袍加身的趙匡胤咬牙切齒，說他欺負寡婦孤兒，帝位來得太容易。

但是，趙匡胤卻是投身行伍，從一介白身開始，在戰場上出生入死，浴血奮戰，累積戰功，最後成為周世宗最倚重和最信任的大將，這才有機會掌握帝國權柄。

楊堅就不同了，他之所以成為北周重臣，是躺在父親楊忠的功勞簿上得來的。

而從重臣進化成權臣，主要得益於他的女兒成了周宣帝宇文贇的皇后。

周宣帝一死，留下年幼無知的周靜帝坐殿，楊堅輕鬆篡位，建隋代周。

另外，按照古代「天子七廟」的標準，即開國皇帝除本人外，可追認四親（高祖、曾祖、祖、父）、二祧（高祖的父和祖父）為帝，設廟祭祀。

因此隋文帝可追尊為皇帝到其列祖（高祖的爺爺）之上。

楊堅雖然打著關西弘農楊氏家族的旗號，但他其實是匈奴或鮮卑人，因此不敢往上追尊太多，只追尊父親楊忠為武元帝，廟號太祖。

楊堅的帝位是來得容易，但不能否認他有濟世大才。

他繼承了北周的江山，但中國當時卻仍處於南北對峙狀態。

於是隋文帝打開他的雄才大略模式，從容收拾金甌，平後梁，滅南陳，統一了中國，結束了西晉末年以來近三百年的分裂局面，並開疆拓土，幅員萬里，建立下了輝煌的「開皇盛世」！可惜的是，隋文帝崩，接管了隋朝帝國的卻是紈褲子弟、敗家子楊廣。

這個楊廣卯足全力作踐父親留下的家財，鞭撻海內，奴役百姓，弄得天怒人怨，山河動盪。

於是，歷史開了楊廣一個大玩笑。

隋大業十三年（西元 617 年）七月，李淵自太原起兵，十一月攻入長安，俘獲了楊廣留置在長安的孫子楊侑。

李淵的政治手段極其高明，他立楊侑為帝，改年號為「義寧」，遙尊巡遊江都的楊廣為太上皇。

楊廣欲哭無淚，在取酒色消愁之餘，攬鏡自照，悻悻然地對蕭后和臣下說：「好頭頸，誰當斫之！」近臣宇文化及似乎得到了鼓舞，於隋大業十四年（西元 618 年）三月發動兵變，縊弒楊廣。

楊廣的死訊傳到東都洛陽，大軍閥王世充手腳很快地立當時居住在洛陽的楊侗即皇帝位，改元皇泰。

補充一下，楊侑和楊侗是隋煬帝嫡長子楊昭的兒子，楊侑是老三，楊侗是老二。

楊昭在隋大業元年（西元 605 年）正月初五日被隋煬帝立為皇太子，但身體不好，在隋大業二年（西元 606 年）病故，死時才二十三歲，諡號「元德」，史稱元德太子。

元德太子共有三子，老大叫楊倓，最得楊廣寵愛，被楊廣時刻帶在身邊，如果隋朝不滅亡得那麼快，他就是繼承楊廣帝位的人。

但在江都之變中與楊廣一起被殺害了，死時年僅十六歲。

老二楊侗即位後，追尊父親楊昭為成皇帝，廟號世宗；另外追尊爺爺楊廣為明皇帝，廟號世祖。

楊廣的諡號「明」，是一個大大的好諡。

但李淵在長安收到楊廣的死訊，認為老三楊侑已然無用處，便逼他退位，自行稱帝，降楊侑為養國公，追諡楊廣為煬帝。

這個「煬」，卻是個大大的惡諡。

楊廣的名聲實在太差，即「隋明帝」的叫法根本叫不響，後世一律叫他「隋煬帝」。

楊侑在一年後被害，諡號恭皇帝，史稱隋恭帝。

李淵這邊手段玩得這麼狠，那邊的王世充不甘落後，也弒殺了楊侗，自立為帝。

巧的是，王世充也諡楊侗為「恭皇帝」，即隋朝有兩個隋恭帝。

為了區分，史家一般把李淵追諡的楊侑稱為隋恭帝，而把王世充追諡的楊侗稱為「皇泰主」或「皇泰帝」（因楊侗使用過「皇泰」年號）。

再回來說弒殺了隋煬帝的宇文化及。

此人有自立為帝的野心，但作為過渡，他先立了一位楊氏宗室為帝。

這個不幸的楊氏宗室為楊廣的姪子楊浩，因定年號為「天壽」，也被稱為「天壽帝」。

天壽帝是隋文帝第三子楊俊的長子，在當了六個月的傀儡皇帝後，就被宇文化及殺害了，死後連個皇帝的謚號也沒有，令人唏噓。

楊浩、楊侗、楊侑三叔姪被人如殺雞鴨一樣處死，命運悲慘。

但隋朝最後一個皇帝並不在他們當中產生。

隋朝最後一個皇帝名叫楊政道。

話說，隋煬帝一共有四個兒子。

長子元德太子楊昭死於隋大業二年（西元 606 年），第三子楊銘早夭。

次子楊暕、四子楊杲和隋煬帝一起死於江都兵變之中。

宇文化及不得已帶著隋煬帝的蕭皇后和楊暕已有身孕的齊王妃北上。

宇文化及後來敗於竇建德之手。

蕭皇后和齊王妃等人就落入竇建德手中。

齊王妃產下的兒子就是楊政道，被竇建德封為鄖公。

因為隋文帝早年把義成公主嫁到東突厥和親，其中東突厥的處羅可汗認隋朝這門親戚，派遣使者前往竇建德處，將蕭皇后和楊政道迎接到東突厥，並擁立楊政道為帝。

楊政道在定襄郡設定百官，依照隋朝制度，復立「大隋」政權，史稱「後隋」。

唐貞觀四年（西元 630 年）正月，唐朝將領李靖率軍攻打並滅亡東突厥。

東突厥頡利可汗的親信康蘇密攜蕭皇后、楊政道投降唐朝。

唐太宗李世民先任命楊政道為員外散騎侍郎，後又封其為弘農郡公。

楊政道衣食無憂，直到唐高宗永徽三年（西元 652 年）才安然去世。

綜上所述，細數起來，隋朝一共有隋太祖、隋文帝、隋煬帝、隋恭帝、皇泰帝、隋世宗、天壽帝、後隋帝共八位皇帝。

其中的隋太祖和隋世宗是死後追謚的「殭屍皇帝」，生前真正稱過帝的有六位，但有四位屬於橫死，隋文帝疑為橫死，只有後隋帝楊政道善終。

挖掘到九歲小孩墓，棺外刻四字咒語

1957 年，西安古城進行改造，人們在西安玉祥門外挖掘到了一座隋代古墓。

照理說隋唐代的墓葬不應該出現在這裡，因為此處在隋唐時期屬於皇城內，而且很靠近安福門外大街。

怎麼會有墓穴在這裡呢？也許不是墓穴吧？為謹慎起見，施工單位進行了地質鑽探。

分析探鏟帶上來的五花土，工作人員確認這裡有一座墓葬，還是一座隋唐時期甲字形的土坑豎穴墓！由此，驚動了考古研究專家，第一時間趕到現場對墓葬展開挖掘。

隨著墓室門打開，眼尖的考古隊員立刻發現墓室正中那一座完整的石槨。

而在石槨的周圍，堆滿了隨葬的土俑。

經過整理和清點，共有土俑八十四件，分人物俑、獸俑兩大類。

人物俑主要有鳳帽俑、執箕俑、武士俑、文官俑、男侍俑、女侍俑等，俑上或多或少塗有白粉，也施了一些顏色，非常生動。

獸俑主要有馬、羊、牛、狗、雞、豬等，造型相對於人物俑而言較小，一般長度在十公分左右。

打開石槨，一具雕刻精美、堪稱石雕藝術品的仿殿堂石棺隨即躍入大家的眼簾：棺蓋由整塊石頭雕刻而成，蓋下的部分由六塊石塊鑲為一體，中間開門，兩側開窗，四周刻有斗栱、門窗、瓦當，併線刻有青龍、朱雀、侍從等圖案，儼然是一座隋代九脊殿的縮影，極盡豪華。

但是，棺上的塵土被清掃後，現場所有人都嚇了一大跳：精美的棺面之上竟然血跡斑斑！而且，正中還刻有讓人怵目驚心的四個大字 —— 開者即死！打開石棺門後，小小的石棺空間除了安躺著一具小小的屍骨，竟然充滿了精美珍寶，有金器，有嵌珠寶金項鍊、嵌珠寶金翎、金戒指、金盃、金釵飾品等。

其中有一條戴在小屍骨頸上的項鍊，上面鑲嵌著珍珠和雞血石、雕大角鹿的青金石，通體華光閃爍，異彩紛呈！這些珍寶，累計有二百三十餘件。

看來，這具小屍骨來頭不小。

墓誌保留完好，上面的字歷歷可辨：「隋左光祿大夫歧州刺史李公第四女石志銘並序，女郎諱靜訓，字小孩，隴西成紀人。上柱國幽州總管壯公之孫，左光祿大夫敏之第四女也」原來，這具小屍骨是女性，姓李，名靜訓，字小孩，是上柱國幽州總管之孫，左光祿大夫李敏之第四女。

那麼，上柱國幽州總管和左光祿大夫李敏又是什麼人呢？這就難不倒熟悉歷史的考古工作人員了，畢竟，這兩人都是歷史上赫赫有名的人物。

上柱國幽州總管說的是北周驃騎大將軍、河西郡公李賢之子李崇。

李崇乃是世之名將，早年跟隨周武帝平齊。

隋文帝楊堅篡周代隋後，李崇忠心事隋，開疆拓土，於隋開皇三年(西元 583 年) 以身殉國，享年四十八歲。

左光祿大夫李敏是李崇之子。

隋文帝楊堅念及李崇之開國戰功，對李敏倍加恩寵，將其養在宮中。

開皇初年，北周宣帝宇文贇之女宇文娥英選李敏為夫婿，隋文帝隨之亦封李敏為上柱國，後官至光祿大夫。

宇文娥英為北周宣帝第一皇后楊麗華所生，即楊麗華為李敏女兒李靜訓的外祖母。

楊麗華是歷史上非常有個性的女性。

她是楊堅長女、北周第四代皇帝周宣帝宇文贇的第一皇后。

宇文贇暴虐荒淫、昏庸無道，在位只有一年，卻冊立了五位皇后。

楊麗華端莊秀麗，性格柔婉，得到了其他皇后及嬪妃的敬重。

但因個性倔強，行事有主見，曾遭到宇文贇迫令自盡。

楊堅的夫人獨孤氏得知，飛奔入宮求情，才得免一死。

宇文贇去世，北周靜帝尊楊麗華為皇太后。

不久，楊堅羽翼已豐，篡周而立隋朝。

這事對楊麗華來說，應該是好事。

但楊麗華卻因此對父親生恨。

隋開皇六年（西元 586 年），楊堅封楊麗華為樂平公主，並勸其改嫁。

楊麗華卻堅拒絕從。

按墓誌記載，李靜訓出生於宮中，深受外祖母楊麗華的喜愛。

不過，隋大業四年（西元 608 年），年方九歲的李靜訓不幸去世，楊麗華悲痛欲絕，將之葬於京兆長安縣（隋大興唐長安城以朱雀大街為界，東為萬年縣，西為長安縣）休祥（唐稱坊）萬善道場（萬善尼寺，皇家尼寺）之內，還在墳上修築了重閣。

至此，皇城內發現墓葬的問題有了答案。

楊麗華在李靜訓的墓誌中以「周皇太后」自稱，足見其對父親建隋代周的行為始終無法釋懷。

李靜訓死後一年，即隋大業五年（西元 609 年），楊麗華跟隨弟弟隋煬帝楊廣巡幸張掖時，途中死於河西，享年四十九歲。

楊麗華愛極女兒和女婿，在臨終前，還特別囑託隋煬帝，要其將自己現有的食邑轉賜給李敏。

這就是李靜訓墓如此奢華的原因。

李靜訓墓出土的文物，有部分在中國國家博物館陳列展出，石棺則珍藏於陝西省西安市的博物館內。

第七章

短暫輝煌：隋朝的最終結局

隋文帝知法玩法，對後世影響極差

王夫之在《讀通鑑論》中慨嘆，自經漢朝仁君漢文帝整頓刑法以後，「古肉刑之不復用」。

但是，「五胡以來，獸之食人也得恣其忿慘」，各種稀奇古怪的刑罰又死灰復燃。

特別是北齊、北周，單單死刑就有磬、絞、斬、梟、磔等不同手段，使得「內外恐怖，人不自安」。

所幸隋文帝制定《開皇律》，刪除了許多苛酷條文，「垂至於今，所承用者，皆政之制也」。

的確，隋文帝下令由裴政、蘇威、高熲、鄭譯、楊素、常明、牛弘等人合力完成的《開皇律》，死刑執行或絞或斬，只此兩種，改鞭為杖，改杖為笞，非謀反大逆無族刑，廢除了原北周、北齊法律中的死罪八十一條、流罪一百五十四條、徒杖等罪一千餘條，最後僅剩下五百條，可謂善莫大焉。

另外，隋文帝在刑法上還制定了一件功德無量的制度，王夫之沒有說。

即在隋開皇十五年（西元 595 年），隋文帝宣布把「死刑復奏制度」形成定制，規定「死罪者三奏而決」，即凡判處死刑的案件，須經「三奏」才能處決。

這充分展現了隋文帝悲天憫人的情懷以及對生命的重視。

《開皇律》對後世律法影響深遠，唐承隋制，唐朝基本上繼承了《開皇律》的條文。

不過，誠如呂思勉所說，隋文帝最大的缺點，還是「用刑失之嚴酷」。

趙翼則指責他「殘忍慘毒，豈復稍有人心」。

為什麼會這樣呢？應該說，隋文帝的天性是善良的，但他在管理上，難免會疑神疑鬼、患得患失。

一本介紹隋唐史的書中非常深刻地剖析隋文帝這種性格，書中寫：「楊堅易於發怒，有時在狂怒以後又深自懊悔。這顯然與他個人的自危感有關，到了晚年，與上面談到的追求最高權勢的變態心理有關。一次他在殿上鞭打一個人，然後又肯定此事與天子的身分不符，並主張廢除笞刑。但不久，他在暴怒時又用馬鞭把一人鞭打致死。他常常似乎對帝王應仁慈寬厚的呼籲充耳不聞，不加限制地施行普遍的酷刑。」

隋朝建國初年，國內盜賊橫行，社會治安極差，嚴重危害到國家政權的穩定。

隋文帝急火攻心，召集群臣商議對策，但不等大家發言，他又解散會議，自作主張，推行檢舉法，在國內發出通知：「凡是舉報盜賊的，依律法將盜賊的家產判定給舉報人。」

一開始效果還不錯，處罰了很多盜賊，社會暫時得到了安寧。

但是，地痞、流氓從中找到了漏洞，惡意誣告富家子弟，意欲憑藉官府的判處霸占富人的家產。

如此一來，社會秩序又出現了混亂。

隋文帝於是在隋開皇十七年（西元 597 年）廢棄原本的辦法，再上一個狠招，宣布：「凡是偷盜一錢以上財物的，立即斬頭棄市。」

這就非常恐怖了。

百姓人人自危，個個恐慌，無論做什麼事都小心翼翼、如履薄冰，生怕稍有行差踏錯，會招來殺身之禍。

隋文帝大感滿意，從而變本加厲，推廣這個辦法，下詔令規定：凡貪汙官署一錢以上財物者，一律處死。

隨後，又追加一條：凡有人聽說或看見了貪汙行為而不檢舉告發的，一律連坐，與貪汙者一同處死。

這麼一來，除了隋文帝自己，其他所有人都坐不住了，包括執事宰相。

眾人紛紛找隋文帝訴苦，說這個「盜取一錢斬頭棄市之法」乃是亙古未有。

隋文帝只好悻悻地取消了此法。

從隋文帝這一系列表現來看，我們知道，他想要治理好國家的心情是迫切的，但想法太過簡單，只想著「以刑去刑」，表現草率，不持重，制定的刑罰不符合法律的「罪刑相當」要求，難於推行，到最後只好不了了之。

其實，隋文帝不單單是對頒布的法令、文告隨意更改，就算是集思廣益的、已經制定好的《開皇律》，也是隨心所欲，不放在眼裡。

番州刺史陸讓是個大貪官，他在番州大貪特貪，得寸進尺，肆無忌憚。

番州司馬掌握了陸讓貪汙的證據後，整理好資料，向隋文帝進行檢舉彈劾。

隋文帝派調查組到番州查驗，吩咐一旦考核了陸讓的罪行，就把他押解到長安。

陸讓被逮捕押解到長安後，隋文帝又親自審問他。

陸讓非常狡猾，拒絕認罪。

隋文帝不得不讓治書侍御史重新審理此案。

經過三番兩次的細查重審，在堆積如山的大量證據面前，陸讓低下了頭。

為慎重起見，隋文帝又讓公卿們討論這個案件。

大家都認為，根據《開皇律》上的條文，陸讓的貪汙行為就應該判死刑。

隋文帝經過複核，簽字同意，下詔判處陸讓死刑。

臨刑那天，陸讓的庶母馮氏從番州趕到，散髮踣足、蓬頭垢面，在朝堂上當眾教子，大聲數落陸讓，說他千不該、萬不該，不該做出這等貪贓枉法的事來。

痛斥過後，馮氏又求請來一碗粥，親手端著，一口一口餵陸讓吃。

粥餵完了，馮氏突然又做了個大膽的舉止，跪倒在隋文帝面前，哀求隋文帝給陸讓一個改過自新的機會。

隋文帝看他們母子難捨難分，動了惻隱之心。

坐在隋文帝身邊的獨孤皇后也開口幫馮氏求情。

治書侍御史柳彧跟著起鬨，說：「馮氏母德高尚，即使鐵石心腸都會被感動；我們如果殺了陸讓，那就太缺德了！」隋文帝一個衝動，善心氾濫，一拍大腿，當即下詔：「馮氏的慈愛之道感天動地，免陸讓死罪，貶為庶民即可。賞馮氏五百段布帛，予以嘉獎勉勵，淨化風俗。」

群臣聽了，交口稱讚，頌詞如潮，大讚當今皇上是堯舜禹湯，有好生之德，「威範也可敬，慈愛也可親」。

隋文帝揚揚自得，心安理得地享受臣子的稱頌。

隋文帝沒有想到，他這一「善舉」，其實是在變相地對那些曾被陸讓欺壓的番州百姓施予「惡行」，是在赤裸裸地踐踏法律。

表面威嚴無限的《開皇律》，在皇權面前變得一文不值，毫無存在意義。

隋朝只有短短的三十七年歷史，與其法律制度的執行有極大關係。

終隋文帝一生，都不能遏制盜賊叢生的問題。

繼任的隋煬帝，不得不加重對盜賊的處罰，致使社會秩序大亂。

最終，被百姓舉起了義旗，把隋朝政權埋葬於戰火烽煙之中。

曾恩待秦瓊的來護兒，差點平滅高句麗

有隋一代，雖然只有短短三十七年歷史，但也是將星閃現，爭相輝耀。

大家都知道，其中最負盛名的，是歷代公認的隋朝四大名將：楊素、賀若弼、韓擒虎、史萬歲。

但這四人的驚豔表現，都只出現在隋文帝朝。

楊素、賀若弼、韓擒虎三人都死於隋煬帝當政初年，而史萬歲更是直接死於隋文帝之手。

那麼，隋煬帝朝有沒有表現搶眼的名將呢？當然有，比如說，來護兒。

實際上，來護兒也同樣為隋文帝楊堅所倚重。

早在隋開皇十二年（西元 592 年），來護兒平定了婺州汪文進叛亂，隋文帝深嘉其功，命畫工圖其像以進。

隋開皇十八年（西元 598 年），隋文帝為一睹名將風采，專門遣使傳召來護兒父子入朝，賜其宮女以及寶刀、駿馬、錦彩等物。

隋文帝喜愛其子來楷，將之留在京師，以千牛備身之職擔任禁衛武官，而讓來護兒返回駐地。

隋文帝既是如此重視，隋煬帝楊廣也就不敢怠慢，繼位之初，便徵召來護兒入朝，先後拜右驍衛大將軍、左驍衛大將軍、右翊衛大將軍，最後改授光祿大夫，封榮國公。

楊廣對來護兒的禮遇，史稱：「恩禮隆密，朝臣無比」。

來護兒是東漢名將來歙的十八世孫——這來歙可不得了，他是光武帝劉秀的表兄，與鄧禹、吳漢、賈復、寇恂、馬援、馮異、岑彭等人齊名。

清人歸有光曾說：「光武承王莽之亂，奮跡南陽，恢復舊物，則有鄧禹、吳漢、賈復、寇恂、馬援、馮異、岑彭、來歙之徒宣其力。」

來歙的代表作是平隗囂、定隴右。

可惜在攻略蜀地時，被公孫述派刺客行刺殺害。

來護兒的曾祖名叫來成，初仕北魏，封新野縣侯，後奔南梁，徙居廣陵，官至六合令。

來護兒的祖父名叫來嶷，官至步兵校尉、秦郡太守，封長寧縣侯。

來護兒的父親名叫來法敏，仕南陳，官至海陵令。

不過，來護兒的父親、母親都死得很早，他由伯母吳氏撫養成人。

來護兒雄略秀出，志氣英進，好立奇節。

初讀《詩經》，讀到「擊鼓其鏜，踴躍用兵」、「羔裘豹飾，孔武有力」等句，擲書於地，長呼道：「大丈夫在世當如是，會為國滅賊以取功名，安能區區專事筆硯也！」眾人驚其言而壯其志。

侯景禍亂江南期間，來護兒的伯父為鄉人陶武子所害。

這個陶武子宗族數百家，勢力龐大，雄霸一方，橫行一時。

來護兒年紀稍長，一直思謀替伯父報仇，心想，但能報得大仇，也不枉伯母養育我一場。

某日，陶武子家辦婚事，高朋滿座，熱鬧非凡。

來護兒藏刃於腰間，混雜在客人之中，趁陶武子不備，一把揪過他的頭髮，擎刀從頸中割落，猶如宰雞殺鴨一般，將陶武子的腦袋割下。

眾賓客被來護兒的殺氣所懾，皆不敢動。

來護兒提著陶武子的腦袋到伯父墓前拜祭，長出了一口惡氣。

來護兒所住白土村，密邇江岸，地處南北兩朝交界之地，連年戰事不斷，導致他建立功業的願望更加強烈。

隋開皇元年（西元 581 年），隋文帝建立隋朝，命賀若弼出鎮廣陵。

來護兒踴躍投軍，經常奉命渡江偵察，積功升任大都督。

平定南陳，來護兒立有大功，進位上開府，賞物一千段。

隋開皇十一年（西元 591 年），江南豪強高智慧起兵反隋。

楊素出任行軍總管，來護兒時為子總管，一起率軍赴江南平叛。

當時，高智慧軍屯據浙江東岸建營，營壘周亙百餘里，船艦被江，鼓譟而進。

來護兒對楊素說：「吳人羸銳，利在舟楫。必死之賊，難與爭鋒。公且嚴陣以待之，勿與接刃，請假奇兵數千，潛渡江，掩破其壁，使退無所歸，進不得戰，此韓信破趙之策也。」

楊素深以為然。

由此，來護兒親率數百輕艖實施包抄。

其直登江岸，以奇兵掩敵營，並四下縱火，一時煙焰張天。

高智慧軍倉皇失措，相顧失色。

楊素這邊趁機催動大軍，鼓譟進擊，一擊破敵。

高智慧敗逃入海，來護兒尾隨追擊，一直追擊到泉州。

在泉州，來護兒因功進位大將軍，升任泉州刺史，封襄陽縣公。

此後，來護兒轉戰於閩、越等地，平滅了盛道延、汪文進等人的叛亂，於隋仁壽三年（西元 603 年）任瀛州刺史，賜爵黃縣公，邑三千戶。

尋加上柱國，除右御衛將軍。

當然，與三征高句麗及平滅楊玄感作亂相比，來護兒以上戰績，不過是玩鬧而已。

必須說明一下，高句麗其實是中國東北地區的一個割據政權，非常頑強和悍猛，主要由當地濊貊人和部分遷移到該地區的扶餘人組成。

在隋朝時期，高句麗占據了北韓半島北部 —— 以至於現在不懂歷史的北韓人、韓國人，錯認之為祖。

隋大業八年（西元 612 年），楊廣親征高句麗，任命來護兒為平壤道行軍總管，兼檢校東萊郡太守。

來護兒率樓船，指滄海，渡過水，在平壤三十公里外，與高句麗國王高元列陣相對。

當時，高句麗軍列陣數十里，隋軍諸將咸懼。

來護兒獨笑道：「吾本謂其堅城清野以待王師，今來送死，當殄之而朝食。」

高句麗國王高元之弟高建驍勇絕倫，率數百人來搦戰。

來護兒命自己的第六子來整引軍迎戰。

來整揚刀呼嘯而出，馳斬高建首級。

來護兒縱兵追奔，直至城下，俘斬不可勝計。

該日日暮，高句麗晝閉城門，不敢出，來護兒於城外紮營，以待諸軍。

可惜的是，宇文述等眾軍皆敗，來護兒軍成了一支孤軍，只好整軍徐徐而退。

戰後論功，來護兒得賜物五千段，第五子來弘為杜城府鷹揚郎將，第六子來整封襄陽公。

隋大業九年（西元 613 年），楊廣二征高句麗。

來護兒再次出滄海道，師次東萊。

沒想到，楊玄感詐稱來護兒造反，打著討伐來護兒的旗號起兵反隋，進攻洛陽。

來護兒怒不可遏，下令回軍討伐。

行軍副總管周法尚等人以沒有朝廷敕令為由，固執不從。

來護兒厲聲道：「洛陽被圍，心腹之疾。高麗逆命，猶疥癬耳。公家之事，知無不為，專擅在吾，當不關諸人也。有沮議者，軍法從事。」

當日，來護兒毅然回師，同時，命來弘、來整兩子馳驛奏聞。

事後證明，來護兒的決斷是完全正確的。

楊廣見到了來弘、來整兄弟，大感欣慰，不停地說：「汝父擅赴國難，乃誠臣也。」

那邊，來護兒與宇文述等人合兵攻破楊玄感於閿鄉，勝利平叛。

楊廣龍顏大悅，加封來護兒為開府儀同三司，賜物五千段、黃金千兩、奴婢百人，並追贈其父來法敏為東陽郡太守、永寧縣公。

隋大業十一年（西元 615 年），來護兒再次率水軍渡海征討高句麗。

大軍進至奢卑城，高句麗舉國來戰。

來護兒一擊破敵，斬首千餘級，然後氣勢洶洶地撲向平壤，準備一報前次無功而返之恥。

沒想到高元震懼怕，遣使向楊廣請降，跪叩稱臣。

好大喜功的楊廣笑呵呵地接受投降，命來護兒班師。

勞師遠征，耗費錢糧無數，就這樣整軍而還，來護兒實在不甘心，他召集諸將道：「三度出兵，未能平賊，此還也，不可重來。今高麗困弊，野無青草，以我眾戰，不日克之。吾欲進兵，徑圍平壤，取其偽主，獻捷而歸也。」

他讓長史崔君肅起草奏書，馳奏楊廣，請求進擊。

長史崔君肅極力勸諫，認為不應該逆詔用兵。

來護兒耐心勸說道：「賊勢破矣。吾在閫外，事合專決，寧征得高元，還而獲譴，捨此成功，所不能矣。」

但是，崔君肅警告眾將說：「若從元帥，違拒詔書，必當聞奏，皆獲罪也。」

眾將都恐懼莫名，全部跪地，懇勸來護兒勸師。

諸將既不肯再戰，來護兒無奈，只得班師。

高句麗就此躲過一場滅頂之災。

隋大業十二年（西元 616 年），楊廣準備巡幸江都。

來護兒勸諫說：「陛下以高句麗逆命，稍興軍旅，百姓無知，易為謗怨，在外群盜，往往聚結，車駕遊幸，深恐非宜。伏願駐駕洛陽，與時休息，出師命將，掃清群醜。」

楊廣大為惱怒，訓斥他說：「公意乃爾，朕復何望！」來護兒因此不敢再言。

隋大業十四年（西元 618 年），宇文化及在江都煽動兵變，準備弒殺楊廣。

來護兒當時正要入朝，在途中被叛軍抓獲。

來護兒喝問：「陛下今何在？」來人答：「今被執矣。」

來護兒一聽，心死如灰，長嘆道：「吾備位大臣，荷國重任，不能肅清凶逆，遂令王室至此，抱恨泉壤，知復何言！」旋即遇害。

來護兒共有十二個兒子，其中最為傑出的是第六子來整。

來整驍勇，善撫士眾，百戰沙場，所向皆捷。

敵將因此忌憚無比，作歌傳唱：「長白山頭百戰場，十十五五把長槍，不畏官軍十萬眾，只怕榮公第六郎。」

可惜的是，宇文化及造反時，除了殺害來護兒，也對來護兒的兒子下手。

來護兒十二子，十子遇害，僅年紀較小的來恆、來濟不在江都，躲過了一劫。

此二子，後來在唐高宗朝均官至宰相。

來護兒重然諾，敦交契，廉於財利，善撫士卒，部分嚴明，故咸得其死力。

開唐名將秦瓊早年曾在來護兒部下為將，深得來護兒禮遇。

秦瓊喪母，來護兒特意遣使弔唁。

軍吏大奇，問：「士卒死亡及遭喪者多矣，將軍未嘗降問，獨吊叔寶何也？」來護兒答曰：「此人勇悍，加有志節，必當自取富貴，豈得以卑賤處之？」事實證明，來護兒慧眼識珠，秦瓊後來果然成為唐朝開國功臣，生前官至左武衛大將軍、翼國公；死後追贈為徐州都督、胡國公，謚曰「壯」。

唐貞觀十七年（西元 643 年），其畫像被掛入凌煙閣。

神祕的魚俱羅，因雙瞳被忌殺

對很多人來說，大隋猛將魚俱羅是個神祕的歷史人物。

當然，他有將近一半的神祕性是由評書《興唐傳》營造出來的。

話說，先秦散文、兩漢大賦、唐詩、宋詞、元曲，一個時代有一個時代的文化特色，到了明清時期，小說發展到了一個鼎盛期，各類英雄傳奇演義噴湧而出。

隋亡唐興，是一個英雄輩出的時代，小說家們當然不肯放過這一個熱鬧題材，出現了諸如《說唐》、《隋唐演義》、《隋史遺文》、《大唐秦王詞話》、《隋唐兩朝志傳》等小說。

這些小說中，《說唐》最為出色。

《說唐》最引人入勝的地方，是替隋唐英雄排名，其中的第一條好漢李元霸、第二條好漢宇文成都、第三條好漢裴元慶、第四條好漢雄闊海、第五條好漢伍雲召、第六條好漢伍天錫、第七條好漢羅成讓人津津樂道，百談不厭。

不過，書中對這些好漢排名的定位，自始至終都是一成不變的。

比如說，小將羅成排在第七，靠山王楊林排在第八，那麼，無論任何時間、任何地點、任何狀況，不管兩人的身體是否有病或帶傷，體力是否充沛，精神是否飽滿，鬥志是否旺盛，永遠是第七條好漢羅成碾壓第八條好漢楊林。

近代說書人單田芳、田連元等輩認為這種缺乏變數的排名太僵硬，不好玩，就編撰了《興唐傳》，企圖力糾其弊，展開了一個仿如鬥獸棋裡大象吃老虎，老虎吃貓，貓吃老鼠，老鼠又鑽大象鼻孔之類的模式，弄了個姜松勝羅成、羅成欺負羅士信、羅士信力壓李元霸、李元霸回頭又可以秒殺姜松之類「相生相剋」的排名法，寫得非常熱鬧，出現了開隋九老、瓦崗五虎、三怪、四猛、四絕、十三傑、八大錘外加野輩十三條好漢（指來路不正的番邦蠻國的奇能異士）等。

他們以為這麼一來，藝術成就一定遠高於《說唐》。

事實上，他們一口氣編出了數量龐大的人物，卻又沒有《水滸傳》、《紅樓夢》作者那種刻劃人物的本事，結果讀者看到的，只是一連串名字，人物形象根本樹立不起來，要說有，那也不脫《說唐》和《隋唐演義》

著力塑造出來的諸如李元霸、宇文成都、裴元慶、雄闊海、秦瓊、羅成等那一群。

只能說，《興唐傳》成了一部徹頭徹尾的失敗作品。

不過，話說回來，就是這樣一部失敗作品，還是讓很多人都記住了《說唐》和《隋唐演義》都沒有提到的一個人物——魚俱羅。

能記住這個人物，並不是說《興唐傳》塑造得多成功，而是《興唐傳》替他編造了一個特殊的身分：他是大隋的開隋九老之一，天生雙瞳，收了天下第二好漢宇文成都為徒，在李元霸將宇文成都殺掉之後，以九十歲高齡斬殺李元霸。

我們都知道，所謂的天下第二好漢宇文成都屬於小說虛構人物，即魚俱羅是宇文成都師父之說當然是虛構的。

另外，李元霸是李淵的第三子，原名李玄霸，在李淵太原起兵之前就病死了。

則魚俱羅以九十歲高齡斬殺李元霸之事也是不存在的。

在《興唐傳》所編造的「開隋九老」中，諸如伍建章、楊林、定彥平等並不存在，那麼，所謂的「開隋九老」也是不存在的。

但魚俱羅的確是一員開隋猛將，《隋書》對他的記載是：「身長八尺，膂力絕人」，這還不算最絕的，他擁有世間罕有的「獅子吼」神功，「聲氣雄壯，言聞數百步」，堪與《三國演義》中喝退曹兵的張飛相比。

就因為這麼猛，他從隋文帝的親衛兵做起，一直累遷大都督。

楊廣統兵平南陳，魚俱羅隨軍從征，以戰功拜開府，賜物一千五百段。

隋開皇十年（西元 590 年）沈玄懀、高智慧在江南作亂，越國公楊素負責平亂，他認為諸將之中，魚俱羅最為壯勇，請與同行。

魚俱羅因此再積戰功，加上開府、高唐縣公，拜疊州總管。

魚俱羅是馮翊下絡人，母親在下絡獨居，於隋開皇十九年（西元 599 年）春去世。

魚俱羅以母憂去職，回鄉奔幸。

回到扶風，遇上尚書右僕射楊素率兵將出靈州道擊突厥。

楊素路逢魚俱羅，大喜過望，認為是天遣神將前來相助，力奏隋文帝，讓魚俱羅與自己同行。

與突厥人首戰，魚俱羅一馬當先，與數騎奔擊，瞋目大呼，所當皆披靡，出左入右，往返若飛。

隋文帝戰後論功，讓魚俱羅功進位柱國，拜豐州總管，在邊境抗擊突厥。

突厥人多次入境為寇，魚俱羅輒擒即斬之。

史書稱：「自是突厥畏懼屏跡，不敢畜牧於塞上。」

隋大業九年（西元 613 年），隋煬帝楊廣二征高句麗，以魚俱羅為碣石道軍將。

在失利回朝之時，江南人士劉元起兵作亂。

楊廣詔命魚俱羅受命前往征討。

一開始，討伐很順利，魚俱羅率兵出擊作亂的朱燮、管崇等部，戰無不捷。

但是，作亂的人層出不窮，這些人敗而復聚。

魚俱羅認為這種形勢不是三年兩載可以解決得了的，考慮到自己的幾個兒子分居在京、洛，而兩都饑饉，穀食踴貴，遂暗遣家僕分頭去迎接諸子前來與自己相聚。

魚俱羅本來就生得奇形異稟，目有雙瞳。

事實上，倉頡、舜、重耳、項羽、呂光、高洋這些人，都是目有雙瞳之人。

換句話說，目有雙瞳，是帝王之相。

現在的魚俱羅又整了這一齣，楊廣懷疑他想造反，就將他抓起，不久「斬東都市，家口籍沒」。

慘遭隋煬帝雪藏的猛將楊義臣，無力迴天

提起歷史上有名的尉遲將軍，大家第一個想起的應該就是大唐開國功臣尉遲敬德。

尉遲是一個鮮卑姓，源於鮮卑族中的尉遲部落，該部後來隨北魏孝文帝進入中原，被命以族名尉遲為姓，稱尉遲氏。

由此可知，尉遲是一個少數姓，所占人數不多。

而尉遲敬德的名聲又實在太響了。

尉遲敬德是李世民親信之一，曾跟隨李世民擊敗王世充、竇建德、劉黑闥等，最重要的是，在玄武門之變中，他有著關鍵的作用，力助李世民奪取帝位，因此官至右武侯大將軍，封鄂國公，是凌煙閣二十四功臣之一。

尉遲敬德去世時，唐高宗為其廢朝三日，冊贈司徒、并州都督，諡號「忠武」，陪葬昭陵。

後世推崇尉遲敬德之威武忠義，將之與秦叔寶並尊為門神。

不過，話說回來，先於尉遲敬德成名之前，即在北周時期，就曾出現過一個顯赫的尉遲家族。

該家族的代表人物是曾被隋文帝楊堅視為心腹大患的尉遲迥。

這個尉遲迥能力一般，但卻擁有絕世美顏，長身玉立，氣度非凡。

這也使得他在締結人際關係時，左右逢源，如魚得水。

他本身是北周太祖宇文泰的外甥，很小的年紀，就迎娶了西魏皇帝元寶炬之女金明公主，地位尊崇，身分高貴。

北周初年，尉遲迥即拜為柱國大將軍、大司馬，封為蜀國公，遷大前疑、相州總管。

這樣的身分，使得尉遲迥在大丞相楊堅專攬朝政時心理難以平衡，他另立趙王宇文招的幼子造成分裂，這絕對是一手臭得不得了的臭棋，因為楊堅雖然專權，但北周靜帝還在，即北周政權還在，尉遲迥這麼做，就使他在道義上落於下風，遭到了北周第一名將韋孝寬的討伐。

一個將略平庸之輩，對陣當世第一名將，結局當然不言而喻。

不過，在尉遲迥起事之初，楊堅還是很緊張的，因為，他當時不知道人心向著哪一邊。

但是，有一個人的表現，讓他懸在半空的心放到了肚裡。

這個人是尉遲迥的族弟尉遲崇，時為北周儀同大將軍，領兵鎮守恆山。

尉遲崇聽說尉遲迥擁趙王宇文招的幼子起兵叛亂，就深知這個族兄必敗無疑，趕快自囚於獄，遣使請罪。

楊堅看見尉遲迥的族弟都站在自己這邊，信心大增，下書慰問，讓他乘驛車回朝，把他安排在自己身邊。

今天要說的主角，不是這位尉遲崇，而是尉遲崇的兒子尉遲義臣。

尉遲義臣因為父親的緣故，也來到了楊堅的身邊。

楊堅代周建隋後，突厥人入侵，尉遲崇跟隨行軍總管達奚長儒與突厥人接戰於周盤，力戰而死。

楊堅痛惜不已，追贈其為大將軍、豫州刺史，讓尉遲義臣承襲其官爵。

尉遲義臣當時雖然只有十三四歲，卻長得威武雄壯，談吐不凡。

楊堅把他收養在宮中，賞賜頗多。

某日，楊堅與群臣追思舊事，看到了在宮中擔任侍衛以磨練自己的尉遲義臣，心生嗟嘆，下詔說：「朕受命之初，群凶未定，明識之士，有足可懷。尉（遲）義臣與尉（遲）迥，本同骨肉，既狂悖作亂鄴城，其父（尉遲）崇時在常山，典司兵甲，與（尉遲）迥鄰接，又是至親，卻知逆順之理，識天人之意，即陳丹款，慮染惡徒，自執有司，請歸相府。及北夷內侵，橫戈制敵，輕生重義，馬革言旋。操表存亡，事貫幽顯，雖高官大賞，延及於世，未足表松筠之志，彰義節之門。義臣可賜姓楊氏，賜錢三萬貫，酒三十斛，米麥各百斛，編之屬籍，為皇從孫。」

也就是說，尉遲義臣被楊堅賜姓楊，成了楊堅的堂孫。

《北史》、《隋書》均以「楊義臣」之名為之列傳。

喜歡讀演義小說的朋友都知道，隋煬帝楊廣有一個專門為他保天下的皇叔——靠山王楊林。

但是，這個靠山王楊林是小說家按照許仲琳《封神演義》裡聞太師的影子進行的虛構，歷史上並不存在。

但小說《說唐》裡卻提到了楊義臣，說楊義臣是靠山王楊林的弟弟，鎮守東嶺關，擺下了一個銅旗陣，外加一個八面金鎖陣，後被秦叔寶和羅成這對表兄弟合力攻破，自殺身亡。

而在褚人獲小說《隋唐演義》裡，楊義臣比較威風，他在隋煬帝被弒後，聯合竇建德誅滅宇文化及，為隋煬帝報仇，然後金盆洗手，封刀隱居。

實際上，演義小說徹底弱化了楊義臣的能力。

話說，楊義臣被賜姓後，不久出任陝州刺史，曾多次到雁門、馬邑等地與突厥人交戰，立下了許多戰功。

在與突厥人作戰中，戰果最輝煌的一次，是協同史萬歲作戰，追敵到大斤山，大獲全勝。

可惜的是，因為史萬歲被楊素構陷，楊義臣大功竟不得錄。

隋煬帝楊廣即位之初，漢王楊諒不滿，在并州起兵，大舉圍困代州總管李景。

楊義臣奉詔前往救援。

漢王兵多，楊義臣兵少，怎麼辦？楊義臣驅趕軍中的牛、驢等牲口，實施「疑兵計」，一擊破敵，大敗漢王軍。

楊義臣也因此升任上大將軍，轉授相州刺史。

隋大業五年（西元 609 年），楊義臣隨楊廣征討吐谷渾，曾駐軍於琵琶峽，把吐谷渾國主鎖死在覆袁川。

隋末，渤海人高士達、清河人張金稱，相聚起事，擁眾數萬，攻郡陷縣，勢頭很猛。

楊廣派將軍段達前往討伐。

段達敗得很慘，幾乎全軍覆沒。

楊義臣充當了救火隊員，率領從遼東回來的幾萬兵馬前去進剿，大破高士達，斬殺了張金稱，進擊豆子觥，擒捉了格謙。

接下來，楊義臣揚威河北，所向披靡，收降了數十萬叛軍，無人能及。

河北梟雄竇建德一度驚呼：「歷觀隋將，善用兵者，唯義臣耳！」如果楊廣信任楊義臣，讓楊義臣放手去打，楊義臣收拾河北亂局絕對不是問題。

但是，他誤聽虞世基讒言，對楊義臣起了疑心，惡其威名，追召其入朝，遣散其士兵。

楊義臣大感憂憤，回朝後，病卒於禮部尚書任上。

楊義臣一走，張金稱、高士達的餘部全都歸附竇建德，河北叛軍復振，隋朝很快就走向了滅亡。

打仗最像霸王項羽的楊玄感，下場很慘

受小說演義的影響，人們對隋唐英雄武力排名極感興趣，茶餘飯後，津津樂道，樂此不疲。

可惜的是，像宇文成都、裴元慶、雄闊海、伍雲召、伍天錫、羅成、楊林、魏文通、尚師徒這些英雄好漢，全是虛構的文學人物，史無其人。

至於那個天下無敵的第一好漢李元霸，歷史上雖然有這個人，但他在小說演義裡的事蹟卻也是虛構的，經不起推敲。

其實，在隋朝末年，四海鼎沸，大澤龍蛇躁動不安，天下英雄呼嘯而起，正是「一時多少豪傑」！結合正史《隋書》和新、舊兩《唐書》的記載，也是可以替隋唐英雄排一個武力榜的。

如《舊唐書》稱：「敬德善解避槊，每單騎入賊陣，賊槊攢刺，終不能傷，又能奪取賊槊，還以刺之。」

尉遲敬德可謂藝高膽大，不但揮鞭擊槊功夫了得，而且騎術精湛，在萬軍中衝鋒陷陣收放自如，毫髮不傷，還能在馬上空手奪白刃，可謂世之猛將。

《舊唐書》稱：「叔寶每從太宗征伐，敵中有驍將銳卒，炫耀人馬，出入來去者，太宗頗怒之，輒命叔寶往取。

叔寶應命，躍馬負槍而進，必刺之萬眾之中，人馬辟易。」

秦叔寶在萬軍之中取上將首級猶如探囊取物，驚世駭俗！即這個排行榜上，必須有尉遲敬德、秦叔寶、程咬金、單雄信這些人的名字。

此外，還應該有丘行恭、張須陀、羅士信、段志玄、裴行儼、王君廓、闞稜、杜伏威、張公謹、來整、蘇定方、魚俱羅等。

這些人，正史上都明確提到了他們的武力值，並都有驚豔的戰鬥表現。

但是，還有一個猛人的武力，是極容易被人們忽略掉的。

忽略掉的原因，並非他的名氣太低，存在感不強；而是他的名氣太大，做出的事蹟太過驚天動地，大家的注意力都集中在他所做的這件事上，無暇關注其他。

這個人，就是隋朝開國大將楊素的長子楊玄感。

楊素是四大名將之一，歷史上很有名。

但楊玄感之名，遠在楊素之上。

不為別的，就為楊玄感最先打響了政府軍正式反隋的第一槍，揭開了規模宏大的反隋戰爭史的大幕。

楊玄感很能打，《隋書》稱：「玄感驍勇多力，每戰親運長矛，身先士卒，喑嗚叱咤，所當者莫不震懾。論者方之項羽。又善撫馭，士樂致死，由是戰無不捷。」

「每戰親運長矛，身先士卒，喑嗚叱咤，所當者莫不震懾」這句話，正是《史記》中司馬遷借韓信之口對項羽的評價。

所以，「論者方之項羽」，即隋朝人認為，楊玄感打仗是最像霸王項羽的人。

而且，楊玄感天生俊俏，史稱其「體貌雄偉，美鬚髯」，簡直就是美髯公關雲長從畫裡走出來。

楊玄感好讀書，擅長騎射，熱衷於打仗。

有些人，似乎與生俱來就是屬於戰場的，他們喜歡享受刀口舔血的快感，喜歡感受馳騁殺伐的刺激。

楊玄感顯然屬於這類人。

他多次對兵部尚書段文振說：「玄感得到的寵愛遠遠超過了應得到的賞賜，如不立功於邊塞，何以塞責？如邊疆有風塵之警，希望能拿起馬鞭，指揮軍隊，粗立微末之功。明公主管兵革的，我冒昧將心思如實相告。」

他強烈要求段文振多替他安排行軍打仗的機會。

段文振把他的話轉告給隋煬帝。

隋煬帝壯其言，對群臣說：「將門必有將，相門必有相，此話不假。」

隋煬帝這樣誇獎楊玄感，是他知道楊玄感的最終目的不是為了封賞，而是單為建功揚名。

因為，少年時代的楊玄感，曾憑藉父親楊素的軍功，位至柱國，與楊素同為第二品，朝會齊列。

楊玄感曾為此感到沮喪。

隋文帝後來將他的品級降了一等。

他眉開眼笑，拜謝說：「多謝陛下如此寵愛我，讓我在公廷上得以表示出對家父的尊敬。」

楊玄感的父親楊素在隋煬帝當政初年去世，楊玄感父憂去職，歲餘，起拜鴻臚卿，襲爵楚國公，遷禮部尚書。

這不是重點，重點是他愛重文學，四海知名之士多趨其門。

他累世尊顯，有盛名於天下，在朝文武多是其父將吏，在朝中極具威勢。

楊玄感要起兵反隋，一方面就是自認威勢太盛，根基雄厚，有勝利的信心；另一方面，他出自正宗的弘農豪族楊氏，而隋煬帝不是；當然，最主要的是，隋朝的朝綱已紊，煬帝猜忌日甚，偏偏自己又樹大招風，因此內不自安，日夜與諸弟潛謀廢除隋煬帝。

隋煬帝征討吐谷渾敗還，屯駐於大斗拔谷，當時隨從官員都很狼狽，情況很糟，一片亂哄哄的。

楊玄感想趁機襲擊煬帝，可惜被他的叔父楊慎攔住了。

當時，楊慎告誡楊玄感說：「士心尚一，國未有釁，不可圖也。」

楊玄感悻悻然作罷。

其實，那還真是一次絕好的機會，楊玄感行事不夠堅定，錯失此千載難遇之良機。

楊玄感正式反隋的時間是隋大業九年（西元 613 年）。

該年春，隋煬帝發動了第二次東征高句麗的軍事行動，楊玄感負責在黎陽督運糧草。

楊玄感串聯起武賁郎將王仲伯、汲郡贊治趙懷義等人，先是故意扣押糧草，讓隋煬帝所在的部隊斷糧挨餓；接著讓弟弟武賁郎將楊玄縱、鷹揚郎將楊萬碩把帶到前線的隊伍悄悄撤回；然後謊稱前線大將來護兒造反，自己以討伐來護兒為名，發起了叛亂。

一開始，進展順利，聲勢浩大。

楊玄感現身鼓動民眾說：「我身為上柱國，家累鉅萬金，對於富裕顯貴，沒有什麼追求的。現在不顧讓家庭破產、家族滅絕的危險，但為天下解倒懸之急，拯救老百姓的性命罷了。」

眾人欣悅其語，每日到轅門請求自效的有成千上萬人。

最讓楊玄感欣喜無限的是，觀王楊雄之子楊恭道、韓擒虎之子韓世諤等四十多名高官子弟都前去軍中效力，形勢一片大好。

楊玄感自少傾心結交的好友李密也從長安應召而來，積極為他出謀劃策。

李密提供了上中下三策。

李密說，煬帝遠在遼東，離幽州有千里之遙，南限鉅海，北阻強胡，他所釋出的號令，只能從榆林一線傳達。

如果我們鼓而北上，直扼其喉，可形成高句麗在前面阻止他們的去路，我們在後面截斷他的歸途的局勢，不出旬日，他們一定兵疲糧困，那時我們舉旗招降，大玩政治攻心，很快就能渙散他的軍心，然後傳檄而南，天下可定。

這是叫做「釜底抽薪」，乃是上上之策也。

中策是西入長安，奪取京師。

京師此時正虛，留守京師的是庸才衛文升，如果我們全速抄到長安，關中是四塞之地，一旦我們得手，就可以據函崤、制諸夏，於是隋亡襟帶，我勢萬全。

這也不失為一條好計策，所謂「以逸待勞」是也。

下策是因近便利，先取東都，但是頓兵堅城之下，如果不能馬上決出勝負，反遭到煬帝的圍攻，那就凶險了，所以這個計策也叫「火中取栗」。

楊玄感認為，所謂的上策和中策，無論在時間還是空間上都太久遠，不容易實施，反倒是下策容易實施。

事實上，朝廷要員的妻兒老小都在東都，只要攻下東都，俘虜了這些家屬，勢必震動朝野，大事可成。

於是，他以下策為上計，引兵從汲郡渡過黃河，圍攻東都洛陽。

這麼一來，誠如李密所說，楊玄感頓兵堅城之下，不能馬上決出勝負，很快就遭到隋煬帝的圍攻。

楊玄感先是遭到了鎮守東都的越王楊侗、民部尚書樊子蓋的頑強抵抗；此後，刑部尚書衛玄率眾數萬，自關中來援，與他鏖戰於鏶、澗水間；

不久，武賁郎將陳稜、武衛將軍屈突通、左翊大將軍宇文述、右驍衛大將軍來護兒等數路大軍來援。

楊玄感進退失據，陷入了重圍，最終兵敗身死。

楊玄感死得相當悲壯。

他與弟弟楊積善從亂軍中殺出，戰馬律死，兩人失騎，步行至葭蘆戍，而後面追兵不絕。

楊玄感自感窘迫，情知不免，對弟弟說：「事敗矣。我不能受人戮辱，汝可殺我。」

楊積善含淚抽刀斫殺了哥哥，然後橫刀自刎。

但刀鈍，楊積善死不了，為追兵所執。

追兵將楊積善和楊玄感的屍體一起送到隋煬帝的行在所。

隋煬帝為洩憤，「磔其屍於東都市三日，復臠而焚之」。

李密這一失策，導致隋末瓦崗軍的崩解

戲曲界流行有這樣一句話：「若無瓦崗散將，焉有貞觀盛唐？」這句話衍生於通俗演義小說《說唐》。

其本意是說，瓦崗軍解散後，眾瓦崗英雄紛紛投唐，從而幫李淵、李世民父子打下了李唐江山，同心協力，協助李世民開創了貞觀盛世。

這種說法，無限地誇大了瓦崗英雄的作用，屬於戲曲、小說家語。

但不可否認，在隋末風起雲湧的眾多起義軍中，先期影響力最大的，就是瓦崗起義軍。

唐高祖李淵父子從太原起兵，正是因為瓦崗軍牢牢牽制住了隋朝東都

以及江都的主力，他們才可以順風順水地攻取長安，進而號令天下英雄。

如果把「若無瓦崗散將，焉有貞觀盛唐」這句話說成「若非瓦崗敗亡，天下歸屬尚未可知」，相對比較適當一些。

按照《舊唐書》裡面的說法，瓦崗軍曾「據鞏、洛之口，號百萬之師，竇建德輩皆效樂推，唐公給以欣戴」。

即瓦崗軍號稱百萬之師，處於隋末起義軍的盟主地位，不但為竇建德等梟雄樂於推舉遵從，也是唐公李淵欣然擁戴的對象。

那麼，如此聲勢浩大、氣焰張天的瓦崗軍為什麼會迅速敗亡了呢？戲曲、小說裡面的說法，是瓦崗軍領袖李密貪圖個人享受，用玉璽去換取天下第一美女蕭妃，因此冷了眾英雄好漢的心，引發了轟轟烈烈的「瓦崗散將」局面。

毫無疑問，「用玉璽換美女」這樣的情節，只能出自小說家的頭腦，不可能是政治家的想法。

瓦崗軍領袖李密是一個徹頭徹尾的政治家，而且是一個極具個人魅力的政治家。

下面，我們來簡單介紹一下李密的早期經歷。

李密的來頭可不簡單。

他的曾祖父趙郡公李弼在西魏時代與安定公宇文泰、隴西郡公李虎、廣陵王元欣、河內公獨孤信、南陽公趙貴、常山公于謹、彭城公侯莫陳崇同為「八柱國」。

這個安定公宇文泰，就是後來的北周太祖。

隴西郡公李虎，就是李淵的爺爺。

李密的曾祖父李弼與宇文泰、李虎同列為「八柱國」，可知其權勢之盛。

李弼在北周時為太師、魏國公；李密的祖父李曜，為北周的太保、邢國公；李密的父親李寬為隋朝的上柱國，封蒲山郡公。

一句話，從李密的曾祖父李弼到李密，他們一家是「四世三公」。

關於李密的父親李寬，《隋書．李密傳》是這樣描述的：「父寬，驍勇善戰，幹略過人，自周及隋，數經將領，至柱國、蒲山郡公，號為名將。」

李密本人在隋開皇九年（西元 589 年）襲父爵蒲山公，因為年紀尚幼沒有被朝廷安排具體工作，到了隋煬帝即位，才憑藉父蔭任左親衛府大都督、千牛備身。

這千牛備身屬於皇帝的禁衛武官，是個非常有前途的職位。

李淵在開皇初年，也是擔任了楊堅的千牛備身。

李密志向遠大，《隋書．李密傳》說他「多籌算，才兼文武，志氣雄遠，常以濟物為己任」。

他認為千牛備身是個瑣碎差事，不屑為之，借病辭職，專心致志讀書。

讀書之餘，花費家產，周贍親故，養客禮賢，無所愛吝。

李密曾聽國子助教包愷講授《史記》、《漢書》，聽得精神振奮，從此徹底愛上了這兩部書，手不釋卷。

時出訪友，就騎在黃牛背上，把整套《漢書》掛在牛角上，自己一手捉牛繩，一手翻書閱讀。

這兩部書中，他最愛讀《項羽傳》。

某次，他讀書讀得太入神，牛撞入了越國公楊素的車隊。

楊素見了李密勤奮讀書的樣子，大奇，問道：「何處書生，耽學若此？」李密知道對方是楊素，連忙下牛叩拜謝罪，自報姓名。

楊素問他所讀何書。

李密不假思索地答：「《項羽傳》。」

楊素更加驚異，與語，大悅，回頭對自己的兒子楊玄感等人說：「吾觀李密識度，汝等不及。」

楊玄感聽父親這樣盛讚李密，就與李密傾心相交。

李密胸懷大志，以救世濟民為己任，得楊玄感禮遇，也很想結交楊玄感以成就一番大事業。

楊玄感曾與李密私語，說：「上多忌，隋歷且不長，中原有一日警，公與我孰後先？」李密微笑回答：「決兩陣之勝，噫嗚咄嗟，足以讋敵，我不如公。攬天下英雄馭之，使遠近歸屬，公不如我。」

隋大業九年（西元 613 年）春，隋煬帝發動了第二次東征高句麗的軍事行動，楊玄感負責在黎陽督運糧草。

李密從長安應召而來，積極為楊玄感出謀劃策，提供了前文講過的上中下三策。

楊玄感對李密說：「公之下計，乃上策也。今百官家口並在東都，若不取之，安能動物？且經城不拔，何以示威？」於是，他以李密的下策為上計，引兵從汲郡渡過黃河，圍攻東都洛陽。

楊玄感揮軍抵達洛陽後，頻戰皆捷，自謂天下響應，功在朝夕。

當他抓獲到隋朝的內史舍人韋福嗣後，即委以腹心。

從此，征戰大事，不再由李密一人主持。

韋福嗣本來就不是共同舉事的同謀，只因戰敗被執，不得已委身於楊玄感，內心無時不在思謀逃回隋煬陣營，所以，他每次參與軍事行動的籌劃，皆持模稜兩可的態度。

楊玄感讓韋福嗣這位擔任過隋朝內史舍人的政治高層幫自己起草討隋檄文，韋福嗣固辭不肯。

李密一眼看穿了韋福嗣的心意，偷偷對楊玄感說：「（韋）福嗣元非同盟，實懷觀望。明公初起大事，而奸人在側，聽其是非，必為所誤矣，請斬謝眾，方可安輯。」

楊玄感哪裡捨得斬韋福嗣這樣的優質人才？不以為然地說：「何至於此！」李密知道事不諧矣，對自己的親從說：「（楊）楚公好反而不圖勝，如何？吾屬今為虜矣！」隋左武衛大將軍李子雄因事獲罪被捕，本應被押送到煬帝的行宮去處罰，但他在半路上殺掉押送官員，前來投奔楊玄感。

見了楊玄感，極力鼓動楊玄感稱帝，說是加強反隋的影響力。

楊玄感蠢蠢欲動，向李密徵求意見。

李密大驚失色，勸阻說：「昔陳勝自欲稱王，張耳諫而被外，魏武將求九錫，荀彧止而見疏。今者密欲正言，還恐追蹤二子，阿諛順意，又非密之本圖。何者？兵起已來，雖複頻捷，至於郡縣，未有從者。東都守禦尚強，天下救兵益至。公當身先士眾，早定關中。乃欲急自尊崇，何示不廣也！」這次，楊玄感聽從了李密的勸告，將稱帝一事置之不理。

不得不說，李密真是個深謀遠慮的政治家。

而也正如李密前面所說，楊玄感頓兵堅城之下，既不能馬上決出勝負，很快就會陷入到隋軍主力的圍攻中了。

楊玄感左支右絀，又聽說隋朝將領宇文述、來護兒等人率領軍隊源源不斷入援洛陽，不免有些手忙腳亂，向李密問計：「計將安出？」李密建議楊玄感抓緊實施自己先前說的中策，西入長安，奪取京師。

他說：「元弘嗣統強兵於隴右，今可揚言其反，遣使迎公，因此入關，可得紿眾。」

楊玄感連聲稱妙，整軍向西。

大軍來去，猶如山遷岳移，蓋因李密策劃周密，絲毫不亂。

倒是那個首鼠兩端的韋福嗣，一如李密所料，一溜煙逃入洛陽去了。

楊玄感的大軍西進途經弘農宮，遭到了弘農太守楊智積的尋釁挑戰。

李密告誡楊玄感兵貴神速，不要多管閒事。

楊玄感不聽，堅持要先滅了楊智積。

李密苦口婆心勸諫說：「公今詐眾西入，事宜在速，況乃追兵將至，安可稽留！若前不得據關，退無所守，大眾一散，何以自全？」楊玄感還是不聽，發兵圍攻弘農宮。

圍了三天都沒能攻克，只因後面追兵太急，不得不帶上隊伍向西走。

結果在閿鄉縣被追兵追上了。

一番激戰過後，楊玄感敗亡，全軍覆沒。

李密雖在亂軍中逃脫，卻在進入潼關後被緝捕歸案。

隋煬帝駐蹕於高陽縣，李密和同案七人一起被押送到高陽受懲。

李密口才好，在路上盡出私藏金錢請押送官員喝酒，找機會逃了出來。

經過三年多的逃亡，隋大業十二年（西元 616 年），李密流落到了韋城瓦崗寨。

這瓦崗寨的隊伍，是東郡人翟讓發展起來的反隋農民起義軍，規模並不大。

還是那句話，李密口才好，他幫翟讓大談了一番爭天下的道理。

他說：「今主昏於上，民怨於下，銳兵盡於遼東，和親絕於突厥，方乃巡遊揚、越，委棄京都，此亦劉、項奮起之會，以足下之雄才大略，士馬精勇，席捲二京，誅暴滅虐，則隋氏之不足亡也。」

補充一下，夥同翟讓一起舉事的人有單雄信、徐世勣等。

單雄信也就算了，徐世勣後來和李靖並稱為開唐兩大名將，絕對是隋唐年間重量級的人物。

徐世勣和翟讓一樣，都對李密大為敬慕，由此可知李密的人格魅力。

李密又向翟讓自告奮勇，親自去遊說周邊的各小股義軍。

憑著他過人的口才，說得諸路義軍紛紛來附。

瓦崗的聲勢越來越大。

李密繼而向翟讓建議奪取滎陽，以籌積糧草，待得兵強馬壯，再跟別人爭奪天下。

滎陽的策略地位非常重要，南面峰巒如聚，北面邙嶺橫亙，東面京襄坐斷，西面虎牢扼關，同時也是通洛渠入黃河的樞紐地帶，素有「東都襟帶，三秦咽喉」之譽，向來是兵家必爭之地。

春秋時的晉楚爭霸、漢末的楚漢相爭都曾在這裡鏖戰連年。

翟讓依計而行，先攻克金堤關，然後攻打搶掠滎陽等縣城鎮，戰無不克。

讓天下英雄震驚的是，在迎戰滎陽太守楊慶和通守張須陀時，李密巧妙設伏，他本人親自帶兵上陣，大破其眾，斬張須陀於陣。

張須陀是大隋王朝柱石式的人物，他的死讓天下各路反隋陣營裡都十分震驚。

李密一夜暴得大名，名滿天下。

最主要的是，對隋王朝而言，其只有掌握了河南，才能保持長安、洛陽、江都三地的通暢，才支撐著一統天下的局面。

張須陀陣亡，河南二十八郡基本脫離了隋室的掌控，天下很快就要分崩離析了。

可以說，張須陀的死，是一個時代的開端，它意味著東漢以來又一次群雄割據的時代到來了。

翟讓不能沒有一點表示，他讓李密建立自己的營署，單獨統率一支部隊。

李密將自己這支營署命名為「蒲山公營」。

李密不但仗打得好，管理部隊也很有一套，史稱：「密軍陣整肅，凡號令兵士，雖盛夏皆若背負霜雪。」

瓦崗軍從此氣象大變，變成了一支有板有眼、一本正經地要爭奪天下的隊伍。

李密繼續向翟讓建議說：「昏主蒙塵，播蕩吳、越，群兵競起，海內饑荒。明公以英傑之才，而統驍雄之旅，宜當廓清天下，誅剪群凶，豈可求食草間，常為小盜而已！今東都士庶，中外離心，留守諸官，政令不一。明公親率大眾，直掩興洛倉，發粟以賑窮乏，遠近孰不歸附？百萬之眾，一朝可集，先發制人，此機不可失也！」

聽了李密的志向和高論，翟讓自知淺薄，自慚形穢，既羞且窘，弱弱地說：「僕起隴畝之間，望不至此，必如所圖，請君先發，僕領諸軍便為後殿。得倉之日，當別議之。」

李密當仁不讓，於隋大業十三年（西元 617 年）春，帶領七千名精兵從陽城向北出發，跨越方山，從羅口襲擊興洛倉，竟然一擊得手！李密下令開倉放糧，恣人所取。

一下子，方圓百里的老百姓，無論老弱婦孺，都聞風而來，道路不絕，眾至數十萬。

洛陽城裡的越王楊侗派遣虎賁郎將劉長恭率領步兵騎兵二萬五千人討伐李密，也被李密的七千人一舉打敗，劉長恭僅以身免。

這種情況下，翟讓心悅誠服，推舉李密當首領，稱魏公。

李密在鞏縣城南郊外設立祭壇，祭天登位，以洛口為都城，年號為「永平」。

即李密的西魏政權算是正式建立了。

山東長白山賊寇首領孟讓帶領人馬前來歸附；河南鞏縣長史柴孝和、侍御史鄭頤獻出縣城投降；隋朝虎賁郎將裴仁基帶著兒子裴行儼獻出武牢歸附李密擁眾三十萬，號稱百萬，豪氣沖天，顧盼自雄。

李密讓軍中文書祖君彥起草討隋檄文。

該檄文即歷史上赫赫有名的〈移郡縣書〉，文中明確地提出了自己的政治口號，制定了政治目標，還詳細地列舉了楊廣的十大罪狀。

其中「罄南山之竹，書罪無窮；決東海之波，流惡難盡」創造了「罄竹難書」的成語，成了流傳千古的名句。

柴孝和向李密建議說：「秦地阻山帶河，西楚背之而亡，漢高祖都之而霸。如愚意者，令仁基守回洛，翟讓守洛口，明公親簡精銳，西襲長安，百姓孰不郊迎，必當有征無戰。既克京邑，業固兵強，方更長驅崤函，掃蕩京洛，傳檄指，天下可定。但今英雄競起，實恐他人我先，一朝失之，噬臍何及！」柴孝和的這個建議，其實正是四年前李密進獻給楊玄感三策中的中策，按理說，李密不會反對。

但李密當年是不當家不知柴米貴。

現在他當家了，要考慮的東西太多了。

他誠懇地對柴孝和說：「君之所圖，僕亦思之久矣，誠乃上策。但昏主尚存，從兵猶眾，我之所部，並山東人，既見未下洛陽，何肯相隨西入？諸將出於群盜，留之各競雌雄。若然者，殆將敗矣！」所以，李密和當年的楊玄感一樣，只能實施他當年提出的三策中的下策，全力攻打洛陽。

這樣，隋朝的主力，基本被李密牽制在東方了。

李淵父子在太原起兵，順風順水地殺向西方長安。

李密和柴孝和都知道李淵一旦占據了長安會意味著什麼，急得直吐白沫。

為此，李密命令柴孝和帶領一萬人馬趕去攔截李淵。

但柴孝和剛走，李密在攻打回洛倉時遭到了隋將段達、龐玉、霍世舉的聯合反擊，他身中流矢，被抬回來療傷。

隨後，派出去接戰的裴仁基大敗而歸，大將楊德方、鄭德韜雙雙陣亡，形勢很不妙，李密只好放棄回洛倉，灰溜溜地退回都城洛口。

聽說李密這邊戰敗，柴孝和一時沒了主意，帶領人馬退了回來。

既然沒法攔阻李淵，李密就以盟主的身分讓祖君彥寫信給李淵，稱：「與兄派流雖異，根系本同。自唯虛薄，為四海英雄共推盟主。所望左提右挈，戮力同心，執子嬰於咸陽，殪商辛於牧野，豈不盛哉！」要求李淵率步騎數千來河內與自己面結盟約。

李淵怎麼肯聽？他對自己的行軍主簿溫大雅說：「密妄自矜大，非折簡可致。吾方有事關中，若遽絕之，乃是更生一敵；不如卑辭推獎以驕其志，使為我塞成皋之道，綴東都之兵，我得專意西征。俟關中平定，據險養威，徐觀鷸蚌之勢以收漁人之功，未為晚也。」

隨後，他讓溫大雅回信好好地恭維了李密一番，堅拒面見結盟，說：「殪商辛於牧野，所不忍言；執子嬰於咸陽，未敢聞命。汾晉左右，尚須安輯；盟津之會，未暇卜期。」

李密接信之時，他一生中的敵人——江都通守王世充進駐洛陽了。

至此，他無暇西顧李淵，專心與王世充開戰。

李密與王世充大大小小一共戰鬥了六十多次，雖然勝負不分，但武陽郡丞元寶藏、黎陽義軍寇首領李文相、洹水義軍首領張升、清河義軍首領趙君德、平原義軍首領郝孝德、永安土豪周法明、齊郡義軍首領徐圓朗、任城縣的大俠客徐師仁、淮陽郡太守趙佗等，猶如百川入海，不斷前來歸附，瓦崗事業還是處於上升勢頭。

瓦崗軍為何會出現突然崩亡的現象？很多人都說，是因為瓦崗起義軍內部發生了內訌，李密為了爭權奪勢，殺死了瓦崗軍最初的當家人翟讓，讓瓦崗上下寒心，瓦崗的軍事實力遭受重創，一蹶不振。

此說大謬。

李密之所以要殺翟讓，是因為翟讓受其部將王儒信、其兄翟寬等人的蠱惑，要對李密下毒手。

李密為求自保，不得不先下手為強。

李密的手段乾脆俐落，流血範圍很小，僅僅是殺了翟讓、翟寬、王儒信幾個人，對翟讓的老部下如徐世勣、單雄信、王伯當等，仍是重用有加，並未波及其餘。

再者，李密未加入瓦崗軍之前，瓦崗軍不過是幾千人之眾而已。

李密建立西魏政權後，擁眾三十萬。

這三十萬人都是傾慕李密前來投奔的。

一句話，瓦崗的實力並未因翟讓被殺而受影響。

王世充原本也預料到翟讓與李密會有一場內訌，他滿懷期待地等待著瓦崗的內亂發生。

但李密處理事件的方法得當，瓦崗的內亂很快平息。

王世充大失所望，扼腕嘆息道：「李密天資明決，為龍為蛇，固不可測也。」

李密除掉翟讓後，又揮兵攻占了黎陽、偃師等地，斬殺了隋朝虎賁郎將楊威、王辯、霍舉、劉長恭、梁德、董智等。

隋廷掌管土木營建的官員將作大匠宇文愷甚至認為李密是天命所歸，

毅然決然地叛離了東都，投奔李密。

東到海濱、泰山，南到長江、淮河的所有郡縣都派使者前來聯絡李密，表示歸附。

竇建德、朱粲、楊士林、孟海公、徐圓朗、盧祖尚、周法明等人都向李密上書，勸他早登皇帝位。

李密手下的官吏也都勸說李密趕快稱帝。

這種情況下，李密還保持著很清醒的頭腦，說：「東都未平，不可議此。」

真正導致瓦崗軍上下離心、士眾潰散的，是李密做了下面這件愚不可及的傻事、蠢事。

話說，隋大業十四年（西元 618 年）三月，宇文化及在江都弒殺了隋煬帝，立秦王楊浩為傀儡皇帝，自率十萬大軍北上。

消息傳到東都洛陽，城中段達、王世充、元文都、韋津、皇甫無逸、盧楚、郭文懿和趙長文等隋朝大臣擁立了留守洛陽的越王楊侗即位，改元皇泰。

王世充執掌軍權，專橫跋扈。

皇泰主楊侗想借李密之手除之，派人冊封李密為太尉、尚書令、東南道大行臺行軍元帥、魏國公，許諾李密平定了宇文化及便可入東都輔政。

按理說，李密是不應該理睬楊侗這一手的。

畢竟，他是胸懷大志要建立政權以濟世安民的人。

但是，這個時候的李密，一方面要應對王世充的攻擊，一方面又要對付南來的宇文化及，為了避免兩面作戰，他接受了冊封。

他不僅接受了冊封，還按照楊侗的吩咐，引兵到黎陽迎戰宇文化及。

李密這個做法，大失瓦崗士眾之心。

清史學家王夫之感嘆說:「李密，本來是隋朝之世臣，並無大怨於隋，他自己也沒有可恃之勢，卻無緣無故地起了叛亂之心，先鼓動楊玄感造反，楊玄感敗，他亡命而依附翟讓。

隋朝有足夠的理由來仇恨李密，李密卻沒有什麼緣由來仇恨隋朝。

他讓人起草檄文歷數其君之罪，斥責君主如同斥責奴僕，並聲稱像周武王滅紂、漢高祖執子嬰那樣對付隋帝，那已經是與隋不兩立，君臣之義永絕了。

到了宇文化及弒君自立，率軍前往黎陽並進逼黃河，李密為了解除腹背受敵的困境，竟然奉表降隋。

隋煬帝本來是李密要像周武王滅紂那樣要滅的人，他卻責怪宇文化及『世受隋恩，反行弒逆』；越王楊侗本來是李密要像漢高祖執子嬰那樣要執的人，他卻北面稱臣，受其爵命；由此諸將看他如豬狗，知道他不會有什麼大作為，誰還會為他拚死效命並希望他得到天下呢？」應該就是這個原因，李密雖然在童山險勝了宇文化及，卻在邙山腳下慘敗於王世充。

這場慘敗，一潰千里，無可收拾。

沒有辦法，李密只好與王伯當像喪家犬一樣西入長安投奔李淵。

不過，也誠如王夫之所說，「其降隋也，非元文都之愚，未有信之者也；其降唐也，唐固不信其果降也」。

李密歸唐後果然復叛，最終在陸渾縣南邢公峴被唐熊州副將盛彥師擊殺。

現京杭大運河是隋煬帝時鑿的？請莫張冠李戴

隋煬帝楊廣是中國古代歷史上最混帳的帝王之一。

他坐享其成地繼承了他爹隋文帝留下的豐厚遺產，後來卻把這些遺產揮霍光，成了惡名昭彰的紈褲子弟、敗家子。

根據學者岑仲勉等人考證，隋文帝篡北周自立，從北周那繼承了大量戶田，後來又吞併了南陳，透過大索貌閱等手段清查北周、南陳的隱漏瞞報戶口，根據《資治通鑑》裡面的記載：「隋開皇中，戶八百七十萬。」

即開皇年間達到了八百七十萬戶。

估計隋朝鼎盛時期可達八百九十萬戶。

但是，隋煬帝肆意揮霍和作孽，造成了隋末大動亂，唐朝人杜佑編纂的《通典》記載：「（隋）末年離亂，至武德有二百餘萬戶」，即隋煬帝造孽，使華夏人口銳減到兩百餘萬戶！真是恐怖至極。

現在有這樣一種奇怪的聲音：唐朝的興盛完全得益於隋朝打下的堅實基礎。

這真是語不驚人死不休啊！隋煬帝留下的分明是一個破壞嚴重、人口戶口銳減四分之三、內外眾多強敵的爛攤子，這所謂「堅實基礎」真是何從說起！隋煬帝喜愛遊玩，貪圖享樂，荒淫無度，窮極侈靡。

不過，單憑這幾點，是遠遠不足以將偌大帝國弄垮。

他最大的毛病，就是好大喜功，沉迷於誇兵耀武的惡趣味中。

因為這個，他經常舉辦大型軍演，動輒發動幾十萬人馬浩浩蕩蕩，像集體旅遊一樣，在邊塞來回遊行，表面上是想震懾北方游牧民族，實際上卻是興師動眾，勞民傷財，消耗極大。

最可笑的是，隋大業十一年（西元 615 年），這種震懾遊行惹毛了突厥人，隋煬帝被突厥始畢可汗率軍圍困在雁門。

隋煬帝上天無門、入地無路，欲哭無淚，非常後悔。

最後，是被他爹隋文帝送到突厥人那裡和親的義寧公主出面，好說歹說，才躲過一劫。

還有，東北高句麗看不慣隋煬帝這一套。

隋煬帝放話「高句麗若降，即宜撫納，不得縱兵」，前後興師了三次東征高句麗。

這三次東征，雖然全以失敗告終，但第一次明明是可以擊敗高句麗的。

但是，高句麗人把準了隋煬帝的脈，一看要撐不住了，馬上低頭認錯；等險情消散，又亮兵挑釁，如此再三，反覆戲耍兼消耗，終於把遠道而來的隋軍拖垮了。

只能說，在隋煬帝的帶領下，大隋帝國縱有雄兵百萬，卻是處處吃虧，處處碰壁，三征高句麗，結局是：「隋人望之而哭者，遍於郊野。」

這情形，好不悽慘。

而也因為隋煬帝這樣窮兵黷武，搞得六軍不息，百役繁興，行者不歸，居者失業，人飢相食，邑落為墟，最終，黎庶憤怨，天下土崩。

歷史學家在書中談到，隋煬帝這樣胡搞亂搞使得內外遍樹強敵，國內分裂嚴重，邊境大量疆域丟失。

所幸，華夏有不世出之人傑李世民，其經年苦戰，不僅完成了統一大業，還粉碎了突厥可汗奪取中原的企圖，保衛了中華民族幾千年的文明。

好大喜功的隋煬帝，曾在隋大業三年（西元 607 年）和隋大業四年（西元 608 年）兩次修築榆林以東的長城，調發丁男一百二十萬，役死者過半。

隋大業元年（西元 605 年）至六年（西元 610 年），驅迫數百萬百姓，修築隋唐大運河，《開河記》中記：隋煬帝「詔發天下丁夫，男年十五以上五十以下者皆至，如有隱匿者，斬三族」，共徵發了三百六十萬人。

因為勞動負擔很重，監工督責太急，不到一年，三百六十萬民工死者竟達二百五十萬人，白骨積盈於兩岸，「下寨之處，死屍滿野」。

一句話，隋煬帝在十餘年間徵發擾動的農民不下一千萬人次，平均每戶就役者一人以上，造成「天下死於役」的慘象。

現在，有些人體會不到當年民眾的苦難，開口閉口大加稱頌隋煬帝的功德，說他開鑿大運河，是一件「功在當代，利在千秋」之大美事。

但是，必須說明，隋朝的大運河，主要是將若干自然河和前人開鑿的人工運河連線成可以通達中國大部分地區的運河主道。

中國古代很早就有利用自然水源修築人工運河，用以灌溉農田和船運的歷史。

據記載，春秋時期，吳國開鑿了胥溪、邗溝、黃溝三條運河，其中的邗溝是在長江與淮河之間開鑿一條運河，這也是後來大運河在江蘇境內的一段。

根據《越絕書》記，秦始皇從嘉興「治陵水道，到錢塘越地，通浙江」，成了奠定運河走向的人。

漢武帝在吳江南北沼澤地帶開河，基本接通了蘇州至嘉興的運道。

三國時期，孫權開鑿了破崗瀆，西連淮水，東接雲陽，成了溝通南京以東的水運網。

東晉桓溫為了運兵北伐前燕，開鑿從鉅野澤北出濟水的桓公瀆，船隻能從濟水進入黃河。

南朝蕭梁開通了上容瀆。

先秦時期到南北朝時期的眾多王朝開鑿了大量運河河道，為後世開隋唐大運河奠定了基礎。

實際上，隋文帝在登基之初，就有了開通運河的設想。

他已經著手實施了一部分。

當時，隋朝的首都在長安，糧食供應一度成了問題。

為解決運糧難的問題，他於隋開皇四年（西元 584 年），下令從大興城到潼關開鑿一條運河，命名為廣通渠，引入渭水，有效地解決了關中糧食的供應問題。

但是，隋文帝是個愛惜民力的人，他考慮到民生國力的各方面，顧慮重重，沒有繼續往下做。

隋煬帝即位，就想把父親這項未完成的大工程一口氣完成。

在這裡強調一下，之前很多人認為隋煬帝開鑿大運河的動機是為了「遊幸」的需求，即所謂「出於君王遊幸之私意」，甚至按小說演義的說法，是為了到揚州看瓊花。

所以有「廣陵花盛帝東遊，先劈崑崙一派流」、「隋皇意欲泛龍舟，千里崑崙水別流」之類的詩出現。

歷史學家在書裡說得嚴肅一點，稱：「作為隋的最高統治者隋煬帝，他開鑿運河主要是為了加強統治和榨取江南人民，也帶有便於他本人巡遊享樂的動機。」

但真實的緣由，應該是隋煬帝好大喜功，想做出比父親更大的政績。

是，隋煬帝貪戀江南的美景和名花、美女是不假，但他三下江都，絕不僅僅是為了享樂，否則，很難解釋其西巡隴右和北巡雁門的舉止，畢竟，隴右和雁門並非煙花繁盛之地。

據《資治通鑑》載，隋煬帝在即位之初，就曾對給事郎蔡徵說：「自古天子有巡狩之禮，而江東諸帝多傅脂粉，坐深宮，不與百姓相見，此何理也？此其所以不能長世。」

所以說，隋煬帝三下江都，都有與西巡隴右和北巡雁門相同的「巡狩天下」的意味。

話說回來，隋煬帝在營建東都洛陽的同時，以洛陽為中心，構築大運河，其中，隋大業元年（西元 605 年），開通濟渠，從洛陽西苑通到今天的江蘇淮安。

隋大業四年（西元 608 年），開永濟渠，南接黃河，北通涿郡。

隋大業六年（西元 610 年），在長江以南開鑿了一條江南河，從江蘇鎮江可直達浙江杭州。

整個工程，溝通了錢塘江、長江、淮河、黃河和海河五大水系，全長約兩千七百公里。

但是，如此龐大的工程，卻是投入量大、產出量少。

黃、淮多沙易淤，河道多變易塞。

隋大業十二年（西元 616 年），隋煬帝還未死，永濟渠引沁水會清水一段的管道已經嚴重淤塞。

到了唐代，有些河道的湮塞程度甚至出現過「幾與岸平，車馬皆由其中，亦有作屋其上」的滑稽景象。

為此，唐代統治者不得不經常動用民力疏濬、修整和開鑿大運河。

唐代的疏濬工程主要有：四疏汴渠，五浚邗溝，三治江南運河，二鑿丹灞水道，三治褒斜道，疏濬嘉陵江故水道，治理靈渠，治理黃河汾水道等等。

這之後的後周、北宋，也同樣經常性地疏濬、整修。

可以說，大運河說是世界上「故障率」最高、通航效率最低、副作用最大的運河之一。

有人統計，自隋修建大運河後的一千四百年間，真正能從杭州（餘杭）全程通航到北京（大都、涿郡）的時間總共不過幾十年，百分之八十以上的河段能夠貫通的時間也不過兩三百年，其餘時間都是在若干地段靠水陸聯運輾轉而行。

元朝定都大都後，很多物資，特別是糧食需要從南方運送過來，但是隋朝運河以洛陽為中心，已不符合時代的運輸需求了。

為此，元朝任用郭守敬作為總設計師，耗時十餘年，費盡民力，終於裁彎取直，把原本呈「＜」型的隋朝大運河改成了大體上是南北一條直線的京杭大運河。

一句話，原本的全長約二千七百公里的隋朝大運河已不復存在，取而代之的是全長為一千七百九十四公里的京杭大運河。

不難看出，京杭大運河比隋朝大運河縮短九百多公里。

而且，元朝所新修的大部分河道已不是隋朝大運河的河道。

當然，為了保證大運河的使用，明清也經常疏濬、整修。

現在，京杭大運河仍在航運上發揮重要的功能。

但是，那些指著京杭大運河，說這條大運河就是隋煬帝開鑿出來的人，顯然是張冠李戴了。

楊堅曾血洗北周宇文氏，為何留下了宇文化及一家？

我們知道，隋文帝楊堅在受禪建隋之後，為絕後患，曾血洗北周宇文氏，誅殺了北周多個鮮卑酋長及宇文氏皇族，共計殺宇文泰子孫二十五家，宇文覺及宇文毓子孫六家，宇文邕子孫十二家。

即宇文氏子孫依次被誅殺，殆無遺種。

這種做法實在血腥殘忍，襄助楊堅登上帝位的開國第一謀士李德林心生惻隱，提出過勸諫，結果惹得楊堅火冒三丈。

後世史家趙翼讀史讀到這一段，也氣得直吹鬍子，斥罵楊堅：「竊人之國，而戕其子孫至無遺類，此其殘忍慘毒，豈復稍有人心。」

但是，我們也知道，隋大業十四年（西元 618 年）三月十日夜，宇文化及發動了江都之變，絞弑了隋煬帝楊廣。

隨同楊廣遇難的，還有蜀王楊秀及其七個兒子、趙王楊杲、齊王楊暕及其二個兒子、燕王楊倓等隋氏宗室外戚以及虞世基、裴蘊、來護兒、袁充、許善心、獨孤盛、宇文協、宇文協、梁公蕭鉅及其子等，隨後因反抗宇文化及而被害的又有麥鐵杖的兒子麥孟才、沈光、錢傑等人。

不免讓人感到疑惑，楊堅當初盡屠北周宇文家族，為何還會留下宇文化及家這一支呢？其實，宇文化及本姓並非宇文，他們家與北周宇文氏並無血緣關係。

這一點，在當時，是人盡皆知的。

心思縝密、老謀深算的楊堅是不會留下任何禍根的。

宇文化及弑殺了楊廣，自稱大丞相，總百揆。

以皇后的命令立秦王楊浩為皇帝，封弟弟宇文智及為左僕射、裴矩為右僕射，率隋官兵十餘萬眾西歸關中。

宇文化及到了滑臺，留下所有輜重，讓王軌看守，自己引兵向北與梟雄李密爭奪黎陽。

李密與宇文化及隔水而語，無情揭露宇文化及的祕密：「卿本匈奴皁隸破野頭耳，父兄子弟，並受隋恩，富貴累世，舉朝莫二。主上失德，不能死諫，反行弑逆，欲規篡奪。不追諸葛瞻之忠誠，乃為霍禹之惡逆，天地所不容，將欲何之！」李密說的一點也沒錯。

宇文化及的先祖原姓破野頭，為南匈奴人，後來做了鮮卑人北周太祖宇文泰的五世祖宇文俟豆歸的奴僕，才隨主人改姓為宇文氏。

李密的曾祖父為西魏「八柱國」之一的司徒李弼；祖父李曜為北周的太保、邢國公；父親李寬為隋朝的上柱國，封蒲山郡公。

李密本人在大業初年曾任左親衛府大都督、東宮千牛備身，在宮裡擔任過宿衛，對宇文化及瞭若指掌。

宇文化及此人，不學無術，不過依仗父親的權勢，作威作福。

在長安城，李密經常看到這樣一幅景象：宇文化及帶領家丁，騎著高頭大馬，挾弓持彈，肆意狂奔在大街上。

百姓對宇文化及畏而遠之，稱他為「輕薄公子」。

李密成了瓦崗寨首領，聽說了宇文化及做出弒君壯舉，一口濃痰砸在地上，輕蔑地說：「化及庸懦如此，忽欲圖為帝王，斯乃趙高、聖公之流，吾當折杖驅之耳。」

不但宇文化及的對手李密看不起宇文化及，就連跟隨宇文化及發起江都之變的司馬德戡也看不起宇文化及，他在看清了宇文化及昏庸懦弱的本質後，後悔萬分地說：「化及庸闇，君小在側，事將必敗！」《隋書》對宇文化及的評價用了四個字，非常精準：庸秡下才。

宇文化及實在是昏庸懦弱不堪，他擁眾十餘萬，據有六宮，自奉養一如楊廣。

每日於帳中南面坐，有人奏事，他默然不能相對；下朝後，才取出上報的啟、狀和唐奉義、牛方裕、薛世良、張愷等人商量著處理。

他被李密打敗後，退往魏縣，明知必敗，也要在敗前過一把癮，說：「人生故當死，豈不一日為帝乎？」於是鴆殺傀儡皇帝楊浩，僭皇帝位於魏縣，國號許，建元為天壽，署置百官。

不久，遭到唐軍李神通和竇建德所部義軍的夾擊，最終死於竇建德之手。

宇文化及如此斗筲小器，憑什麼能成為歷史上一度左右時局發展的人物呢？前面說了，他所依仗的是他的父親宇文述。

所謂「虎父犬子」，以宇文化及這個犬子來說，宇文述可算得上一個名副其實的虎父。

宇文述帶兵打仗的能力出眾，政治眼光也很準 —— 每當政治風向改變時，他都看得很準。

宇文述的父親是北周上柱國宇文盛，北周武帝時，因父親的軍功擔任開府。

當時當權的是武帝的堂兄宇文護，武帝不過一個傀儡皇帝。

宇文述當然站在宇文護這邊，屬宇文護的親信之一。

但是，宇文述很快覺察到了來自武帝的鋒芒，改投到武帝這邊，從而在武帝除掉宇文護後，擔任了左宮伯，隨後升任英果中大夫，得賜封爵位博陵郡公，不久改封濮陽郡公。

隋文帝楊堅擔任北周丞相時，宇文述加入了楊堅的陣營，積極參與平定尉遲迥之亂，因此得拜為上柱國，封褒國公。

楊堅即位後，再得拜右衛大將軍。

楊廣圖謀奪取太子之位時，宇文述站在楊廣這邊，幫楊廣出謀劃策。

從北周武帝到楊堅再到楊廣，宇文述每一次都站在最後的勝利者這一邊，因此成了個政壇常青樹。

當然，前面說了，宇文述的能力也不是蓋的。

在平定尉遲迥之亂時，韋孝寬為行軍元帥，宇文述以行軍總管率步騎三千相從。

他先是在懷州擊破尉遲迥部將李俊，然後與諸將協同作戰，在武陟之戰中擊敗尉遲迥之子尉遲惇。

在武陟之戰中，宇文述躍馬橫槍，先鋒陷陣，俘馘甚眾。

在隋開皇九年（西元 589 年）隋滅南陳的戰役中，宇文述任行軍總管，領兵三萬從六合渡江。

韓擒虎、賀若弼兩軍夾攻丹陽，宇文述進據石頭城，以為聲援，最終攻陷建康，取得了最後的勝利。

南陳吳州刺史蕭瓛在陳亡後據東吳之地，擁兵拒守。

宇文述統行軍總管元契、張默言等率軍前往討伐，水陸兼進，大獲全勝。

此後，在出擊突厥、吐谷渾，以及平定楊玄感之亂中，宇文述都功高一時。

當然，宇文述也有遭遇慘敗的時候——即隋大業八年（西元 612 年）跟隨楊廣的第一次東征高句麗，宇文述統領九軍三十萬零五千人渡遼，全軍皆潰，倉皇逃竄，及還至遼東城，唯二千七百人，物資器械損失殆盡。

不過，這次失敗全怪楊廣亂指揮。

楊廣當戰不戰，不當戰強行要求出戰，搞得宇文述非常被動，最後輸得很慘，也輸得很冤。

宇文述還參加了第三次東征高句麗。

第二次東征，因為楊玄感突然叛亂，最終沒有成行。

第三次東征，因為糧運不繼，軍至懷遠，無功而返。

即使這樣，楊廣對宇文述的恩寵不減，厚待如初。

歸根到底，還是宇文述在楊廣奪太子位時出力大的緣故——宇文述是最先支持楊廣奪位的人，隋開皇二十年（西元600年），他對楊廣說：「皇太子失愛已久，令德不聞於天下。大王仁孝著稱，才能蓋世，數經將領，深有大功。主上之與內宮，咸所鍾愛，四海之望，實歸於大王。」

然後自告奮勇，帶了大量財寶進京活動。

朝廷諸臣中，舉足輕重的有兩個人：左僕射高熲、右僕射楊素。

高熲是太子楊勇的親家，絕對的太子黨成員，這條路就用不著去走了。

宇文述的目標是楊素。

怎麼與楊素搭上線呢？大理寺少卿楊約是楊素的弟弟，楊素無論有什麼大小事，都要與楊約商議一番，才會放手去做。

宇文述回京後，先從楊約下手，經常約楊約過來喝酒玩樂。

喝得高興了，就盛陳器玩，與楊約猜拳賭賽，故意賭輸，送與楊約。

楊約贏得珍寶多了，與宇文述交情日深。

自然而然地，楊素也成了宇文述的好朋友。

由此，宇文述得以拖楊素下水，共同密謀策劃幫助楊廣奪位。

可以說，宇文述是為楊廣奪取太子鋪平道路的人。

楊廣感恩戴德，將自己的長女南陽公主許配給宇文述的次子宇文士及，前後賞賜之物，不可勝計。

楊廣登位後，更是卯足了勁封賞宇文述，拜其為左衛大將軍，改封許國公。

後又加開府儀同三司，每冬正朝會，輒鼓吹一部。

宇文述家金寶累積，後庭曳羅綺者數百，家僕千餘人，皆控良馬，被服金玉。

史稱：「（宇文）述之寵遇，當時莫與為比。」

宇文述病死於隋大業十二年（西元 616 年）。

當時，宇文述隨楊廣巡幸江都，病倒後，楊廣不斷派人探問病情，他甚至打算親自去看望，被大臣苦勸放棄了。

宇文述快要病死了，楊廣遣司宮魏氏問宇文述：「必有不諱，欲何所言？」話說，宇文述的兩個不肖子宇文化及、宇文智及在跟隨楊廣駕臨榆林時，竟狗膽包天，違背禁令與突厥人做買賣。

此事激怒了楊廣，被楊廣黜免為民。

宇文述臨終前向魏氏託孤，說：「化及，臣之長子，早預藩邸，願陛下哀憐之。」

就這樣，楊廣一時之仁，答應了宇文述的請求，一句「吾不忘也」，重新起用了宇文化及，結果替自己招來了殺身之禍。

宇文述三個兒子中，宇文化及、宇文智及都是不成器的蠢材，倒是尚娶了楊廣長女南陽公主的宇文士及是個人才。

宇文述去世後，宇文士及以父憂去職，回家守孝。

宇文化及於隋大業十四年（西元 618 年）發動江都之變時，宇文士及並不知情，糊里糊塗地受封為內史令。

唐高祖李淵在隋文帝朝時，曾任殿內少監；當時宇文士及為奉御，兩人交情非常要好，彼此深自結托。

宇文士及的妹妹還嫁給了李淵，生下了李元嘉、李靈夔兩子。

李淵在長安稱帝後，不忘舊情，派人去尋找宇文士及。

宇文士及當時正跟隨兄長宇文化及北上與李密爭奪黎陽，他也知自己這個兄長成事不足、敗事有餘，早已派家僕間道詣長安申赤心。

在黎陽見到了李密派來的使者，便密貢一金環。

李淵收到金環，大喜，對侍臣說：「我與士及素經共事，今貢金環，是其來意也。」

宇文化及兵敗，逃到魏縣，兵威日蹙。

宇文士及力勸兄長投降唐朝，遭到拒絕。

宇文士及於是離開了兄長，一個人投奔長安。

李淵見到宇文士及，興高采烈地對元謀功臣裴寂說：「此人與我言天下事，至今已六七年矣，公輩皆在其後。」

宇文士及的妹妹這時成了李淵的昭儀，深受寵愛，宇文士及因此得封為上儀同。

這之後，宇文士及跟隨秦王李世民平定宋金剛、王世充，擒殺了竇建德。

竇建德殺死宇文化及時，將南陽公主與宇文士及所生的兒子宇文禪師殺死了，宇文士及算是為兒子報了仇。

南陽公主心傷愛子之死，濟然出家為尼。

宇文士及找到南陽公主，請求復合，遭到了拒絕。

宇文士及於是另娶了唐朝宗室女壽光縣主。

宇文士及病逝於唐貞觀十六年（西元 642 年），唐太宗李世民非常悲痛，追贈其為左衛大將軍、涼州都督，陪葬昭陵。

隋煬帝原本是可以避免死於江都的，但他不想活了

我們都知道，一代暴君隋煬帝是死於「江都之變」中的。

這場兵變，隋煬帝原本是完全可以避免的。

即使兵變已經發生，隋煬帝原本也是可以避免一死、繼續苟活一時的。

但是，隋煬帝自己放棄了，只求早死。

我們來看「江都之變」發生的全過程。

隋煬帝生性喜歡折騰，一生東遊西蕩，居無定所。

他在位期間，年年出巡，曾三遊揚州，兩巡塞北，一遊河右，三至涿郡，還在長安、洛陽間頻繁往返。

而且，每次出遊都興師動眾，搞得山河震動，唯恐天下人不知，沿途遍造離宮、行宮，勞民傷財，百姓號哭於途。

三征高句麗之後，國家已經民窮財盡，天下沸反盈天，農民起義軍風起雲湧，隋煬帝還是充耳不聞，興致勃勃地從東都去江都遊玩。

隋煬帝是隋大業十二年（西元 616 年）七月離開東都的，他棄守京都長安和東都洛陽，使得這兩處政治中樞在短短幾個月之後就分別遭到了瓦崗梟雄李密和李淵的圍攻。

種種跡象表明，隋煬帝在最後一次遊江都時，已經帶有幾分破罐破摔的意味了。

隋煬帝曾在隋大業九年（西元 613 年）招募大批關中勇士組建成驍果軍。

這些驍果軍由虎賁郎將司馬德戡統領，屯於江都東城。

將士們聽說瓦崗軍已進逼東都，而煬帝無意西歸，思家心切，紛紛

逃亡。

對於這種局面，最好的抉擇就是利用將士思歸的心理，揮師向西，回師長安。

但是，隋煬帝對京師長安不感興趣，他命江都通守王世充挑選江淮民間美女充實後宮，每日酒色取樂，只想永遠沉醉於江都的煙花美景之中。

為了阻止驍果將士逃亡，隋煬帝問計於裴矩。

裴矩揣摩上意，討好地回答說：「非有配偶，難以久處，請聽軍士於此納室。」

隋煬帝一聽，哈哈大笑，悉召江都境內寡婦、少女集宮下，恣將士所取。

隋煬帝在隋開皇十年（西元 590 年）曾奉命到江南任揚州總管，負責平定江南高智慧的叛亂。

在江南，他學江南方言，娶江南妻子，徹底愛上了江南。

他以為，自己替驍果將士娶了江南妻子，那麼驍果將士也會像自己一樣，徹底愛上江南，軍心穩固。

他沒有想到，自己是個奇葩、另類，不同於一般人。

對一般人而言，梁園再好，也不是久戀的家。

逃亡的驍果將士還是連續不斷。

甚至，即使參與逃亡的郎將竇賢被殺，還是阻止不了將士西歸的決心，他們前赴後繼，堅定逃亡。

統領驍果軍的虎賁郎司馬德勘為此異常擔心。

司馬德勘是一個從底層崛起的朝廷新貴。

雖說他的父親司馬元謙曾任北周都督，但很早就死了，以至於他成年後不得不以殺豬屠狗為業，養家餬口。

司馬德勘在隋文帝開皇中年投軍為侍官，漸升至大都督，後來跟隨楊素討漢中王楊諒，因功授儀同三司。

隋大業八年（西元612年），他跟從隋煬帝討遼左高句麗，得到了隋煬帝的賞識，進位正議大夫，遷武賁郎將。

面對驍果將士不斷流失的現象，司馬德戡憂心忡忡，與平時要好的虎賁郎將元禮、直裴虔通商量，說：「今驍果人人欲亡，我欲言之，恐先事受誅；不言，於後事發，亦不免族滅，奈何？又聞關內淪沒，李孝常以華陰叛，仁囚其二弟，欲殺之。我輩家屬皆在西，能無此慮乎！」元、裴二人都慌了神，問：「然則計將安出？」司馬德戡抓了抓頭皮，說：「驍果若亡，不若與之俱去。」

元、裴二人一齊豎起拇指，稱：「善！」於是，大家相互聯絡，內史舍人元敏、虎牙郎將趙行樞、鷹揚郎將孟秉、符璽郎牛方裕、直長許弘仁、薛世良、城門郎唐奉義、醫正張愷、勳侍楊士覽等人都參與同謀，日夜相結約，在大庭廣眾之下公開策劃逃跑的路線，毫無顧忌。

驍果軍統領都已經準備逃亡了，隋煬帝還是渾渾噩噩，荒淫無度。

他在江都宮中擁有一百多間房，每間擺設都極盡豪華，內住美女。

煬帝每天就以一房的美女做主人，天天做客、天天做新郎。

煬帝指定由江都郡丞趙元楷負責供應美酒飲食，他與蕭后以及寵幸的美女宴會不斷，杯不離口，從姬千餘人亦常醉。

不過，煬帝似乎也覺察到了末日將至，他退朝則幅巾短衣，策杖步遊，遍歷臺館，非夜不止，汲汲顧景，唯恐不足。

他還用學得不倫不類的江南語對妻子蕭后說：「外間大有人圖儂，然儂不失為長城公，卿不失為沈后，且共樂飲耳！」有時沉醉迷亂，又引鏡自照，顧謂蕭后尖聲高叫：「好頭頸，誰當斫之！」蕭后受驚，問其故。

煬帝非常灑脫地笑著說：「貴賤苦樂，更迭為之，亦復何傷！」煬帝為了顯示自己永駐於江南的決心，還想把國都遷到離江都不遠的丹陽。

門下錄事衡水李桐客勸阻說：「江東卑溼，土地險狹，內奉萬乘，外給三軍，民不堪命，亦恐終散亂耳。」

但是眾公卿阿諛上意，說：「江東之民望幸已久，陛下過江，撫而臨之，此大禹之事也。」

煬帝喜上眉梢，下令修建丹陽宮，準備遷都丹陽。

司馬德戡等人的逃跑計畫越來越明目張膽，越來越肆無忌憚，很多人都知道了。

有一個宮女耳聞了此事，向蕭后稟報說：「外間人人欲反。」

蕭后深諳煬帝的性格，知道自己的夫君是喜聞喜而惡聞憂的，基本是誰上報壞消息誰倒楣，她自己不敢上報，惡毒地指使宮女說：「任汝奏之。」

宮女不知其奸，傻乎乎地把這壞消息上報給煬帝。

果然，煬帝以宮女「造謠惑眾、擾亂軍心」為由，將她斬首示眾。

蕭后摸了摸自己光滑潔白的頸脖，心有餘悸，又有些悻悻然地說：「天下事一朝至此，無可救者，何用言之，徒令帝憂耳！」參與策劃逃跑計畫的虎牙郎將趙行樞、勳侍楊士覽二人與將作少監宇文智及是好朋友，楊士覽還是宇文智及的外甥，二人把逃跑計畫告訴了宇文智及，說司馬德戡等人定於三月月圓那天晚上結伴西逃。

唯恐天下不亂的宇文智及大喜，他推出了一個更為龐大的計畫，說：「主上雖無道，威令尚行，卿等亡去，正如竇賢取死耳。

今天實喪隋，英雄並起，同心叛者已數萬人，因行大事，此帝王之業也。」

趙行樞、楊士覽聽了宇文智及的話，內心怦怦直跳，卻深感字字在理，趕快回去與司馬德戡等人細商。

司馬德戡等人完全同意宇文智及的意見，鄭重邀請宇文智及加入自己的團隊，重新籌劃大事。

宇文智及認為，自己的兄長宇文化及為右屯衛將軍，位高權重，堪當起事首領。

大家一致表決通過。

宇文智及回家把好消息告訴了兄長宇文化及。

宇文化及其實是個軟腳蝦，聽了弟弟的話，臉色大變，全身冒汗，但鑑於木已成舟，只好硬著頭皮順從了眾人的安排。

司馬德戡讓許弘仁、張愷去備身府四下放出風聲，說：「陛下聞驍果欲叛，多醞毒酒，欲因享會，盡鴆殺之，獨與南人留此。」

驍果將士人人自危，互相轉告，反叛過程因此大為加速。

三月初十，風霾晝昏，司馬德戡召集全體驍果軍吏，宣布了劫持煬帝西歸的計畫。

軍吏們都說：「唯將軍命！」該日黃昏，司馬德戡帶領將士們偷出御廄馬，人人披堅執銳。

傍晚，正在值班的元禮、裴虔通控制了大殿。

三更時分，負責守城的唐奉義放司馬德戡糾合起來的數萬人入城。

一下子，城內與城外點起的火光相呼應，一片通明。

煬帝從睡夢中驚醒，撲到窗櫺上遙看那火光，耳聞宮外面喧囂聲，驚問發生了什麼事。

值班的裴虔通在屋外高聲答道：「草坊失火，外人共救之耳。」

煬帝嗯了一聲，倒頭回床，又復睡去。

宇文智及和孟秉帶了一千多人，劫持了巡夜的候衛虎賁馮普樂，安排了自己人分頭把守街道。

司馬德戡引兵順利進入宮中，將兵馬交給裴虔通。

裴虔通先讓一部分兵將替換掉守衛各門的衛士，然後率大部分騎兵到成象殿驅趕殿內值宿衛士出宮。

殿內宿衛突遇奇變，無可奈何，紛紛放下武器往外走。

右屯衛將軍獨孤盛警惕性很高，大聲質問裴虔通說：「何物兵勢太異！」裴虔通一身虎膽，回答道：「事勢已然，不預將軍事；將軍慎毋動！」獨孤盛大怒，罵道：「老賊，是何物語！」顧不上頂盔披甲，與左右十餘人跳出拒戰。

只能說，獨孤盛太衝動了，在數萬鐵了心要造反的亂兵面前，他的拒戰不過是自取滅亡，很快，他和他身邊的十幾個人就被亂兵殺死了。

千牛獨孤開遠一看大事不好，帶領數百殿內兵衝到玄覽門，高聲向隋煬帝叩請說：「兵仗尚全，猶堪破賊。陛下若出臨戰，人情自定；不然，禍今至矣。」

但是，隋煬帝已復入夢，沒有任何回應聲。

獨孤開遠隨即被擒。

原先，隋煬帝還專門挑選了幾百名勇猛矯健的官奴安置在玄武門，稱為「給使」，待遇優厚，甚至不惜許配以宮女，以防備非常之事發生。

可惜的是，宇文化及等人已勾結司宮魏氏，收買了她做內應。

而在該日下午，魏氏已矯旨放全體給使出宮。

於是，司馬德戡等人引兵從玄武門進入，竟然沒有遇到一個給使的阻擋。

隋煬帝也於這時再次驚醒，衣冠不整，摸黑逃竄往西閣。

裴虔通和元禮進兵撞開左門，進入永巷，喝問：「陛下安在？」有位寵姬戰戰兢兢地出來指出了煬帝的所在。

校尉令狐行達拔刀前去搜查。

躲在西閣窗後的煬帝情知無法再藏，只好強作鎮定地對令狐行達說：「汝欲殺我邪？」令狐行達哼了一聲，回答道：「臣不敢，但欲奉陛下西還耳。」

他從黑暗中拽出煬帝，押至裴虔通面前。

裴虔通在煬帝還是晉王時就跟隨煬帝了，煬帝見到他，對他驚呼道：「卿非我故人乎！何恨而反？」裴虔通一翻眼皮，沒好聲氣地回答：「臣不敢反，但將士思歸，欲奉陛下還京師耳。」

事已至此，煬帝不得不撒謊說：「朕方欲歸，正為上江米船未至，今與汝歸耳！」裴虔通嘿嘿冷笑，命人嚴加看守住煬帝。

也就是說，到了這時，裴虔通等人尚沒有殺害煬帝的意思，而準備劫持著他統領大軍西歸。

外面天色將明，孟秉派武裝騎兵去迎接宇文化及前來主持大局。

宇文化及渾身顫抖，話也說不清楚，見了人，唯唯諾諾，只會低頭說「罪過罪過」，以表示感謝。

裴虔通聽說宇文化及已經到了朝堂，便對煬帝說：「百官悉在朝堂，陛下須親出慰勞。」

讓人牽來自己的坐騎，請煬帝上馬。

煬帝經過短暫的慌亂，已經鎮定下來了，他嫌裴虔通的馬鞍籠頭破舊，拒絕上馬。

裴虔通只好讓人找來新的換上，提刀逼迫他上馬。

當裴虔通牽馬提刀走出宮城門時，亂兵歡聲動地。

宇文化及遠遠看見煬帝騎馬的身影，嘴裡嘟囔著說：「何用持此物出，亟還與手。」

於是，煬帝被帶回了寢殿。

裴虔通、司馬德戡等人在邊上拔白刃侍立。

煬帝嘆息道：「我何罪至此？」剛剛斬殺了煬帝寵臣虞世基的馬文舉，揚了揚刃上尚帶血跡的大刀，凜然答道：「陛下違棄宗廟，巡遊不息，外勤征討，內極奢淫，使丁壯盡於矢刃，女弱填於溝壑，四民喪業，盜賊蜂起，專任佞諛，飾非拒諫，何謂無罪！」煬帝默然低頭。

封倫這時受宇文化及之命進來宣布煬帝的罪狀。

煬帝抬頭對他說：「卿乃士人，何為亦爾？」封倫赧然而退。

煬帝看封倫退去，轉頭對馬文舉等人說：「我實負百姓。至於爾輩，榮祿兼極，何乃如是！今日之事，孰為首邪？」司馬德戡厲聲說：「普天同怨，何止一人！」司馬德戡聲如巨雷，聲音在殿內迴盪，震得人的耳朵嗡嗡直響。

煬帝的愛子趙王楊杲才十二歲，蜷縮在寢殿一側，突然被司馬德戡的聲音震嚇到，哇的一聲，哭了起來。

裴虔通聽了司馬德戡的話，殺心已起，看這楊杲號哭不已，內心煩躁，揮刀上前，一刀將楊杲劈作兩段，幾點鮮血濺到煬帝的衣服上，空氣裡瀰漫了凶殺的氣氛。

餘人血氣翻湧，一不做、二不休，紛紛揚刀要殺煬帝。

煬帝心灰意冷，說：「天子死自有法，何得加以鋒刃！取鴆酒來！」煬帝其實早料到有遇難的一天，常以罌貯毒藥自隨，對所幸諸姬說：「若賊至，汝曹當先飲之，然後我飲。」

但等到大難來臨，找毒酒時，左右皆逃，遍索不得。

這下子，只好向馬文舉等人請要鴆酒。

馬文舉等人哪有鴆酒？他們讓令狐行達按著煬帝坐下，準備找傢伙將煬帝絞殺。

煬帝於是解下自己的練巾，交給令狐行達。

令狐行達接過練巾，套到煬帝頸脖上，雙臂用力，練巾一點點絞緊，煬帝先是口鼻俱張，繼而眼球瞪出，接著舌頭吐出，最後七竅流血，魂銷氣絕。

第八章

歷史餘韻：隋朝的傳承

隋朝的國號「隋」是怎麼來的？

國號後來受少數民族政權的影響，來歷有所變化，否則，都基本與該國開國君主的爵位、封地有關。

這也很容易理解，少數民族政權在中原一無地位、二無淵源，只能因循讖語或文義來定國號了。

如與北宋對峙的契丹人，他們的國號「遼」，當然也和「遼河」有關，但「遼」字在契丹語中是「鑌」的意思，那麼，以「遼」為國號，當然就隱含有如鑌一樣堅硬的意思了。

受契丹欺壓的女真政權為了從氣勢上壓倒他們，命名為「金」，表示比鑌更堅強而有力，可以壓倒「遼」。

後來努爾哈赤的後金就沿襲了「金」這一國號。

至於後金後來改「清」，有史家認為是皇太極要避免引起尖銳的衝突。

但也有人認為，「清」為水，「明」為火，以清克明，那是以水克火。

當然，取國號最有氣勢的是元，是取《易經》上「大哉乾元」句中的「元」來的。

說回遼金之前，夏部落酋長啟建國，以夏為國號；周酋長姬發（即周武王）滅商建國，以周為國號；漢以封地漢中為國號；曹魏以曹操曾受封為魏王為國號；孫吳曾得曹魏封吳王為國號；晉以司馬昭曾封晉王為國號至於隋，是因為隋文帝楊堅之父楊忠，曾被北周封為「隨國公」。

楊忠為什麼得受封為「隨國公」？因為楊忠曾經被西魏任命為都督二荊、二襄、隨等十五州諸軍事，先後打下過南朝梁的隨郡、安陸等地，立下過赫赫戰功。

而占據了隨郡後，西魏又改隨郡為隨州。

楊堅繼承了楊忠的爵位，後來又晉封為隨王。

楊堅篡北周政權建國，以「隨」作為國號，但是楊堅認為「隨」字的「辶」偏旁有走的意思，不吉祥，硬生生地造出一個之前不存在的生字，為「隋」。

隋朝基業始自北周，天下正朔是否傳承自北朝？

中國古代改朝換代，講究民心、講究氣數、講究正朔。

歷史發展到信史時代，有文字可查的朝代更替、君主易姓，是從西周代商開始的。

西周的統治階層大力宣稱「天地革而四時成，湯武革命，順乎天而應乎人」。

指稱殷商的民心盡失、氣數盡喪，說自己取代它，是「順乎天而應乎人」。

即周家王朝已為天下「正朔」，周家王朝的最高統治者就是上天的兒子——「天子」。

就依靠這一說法，周天子從西周到東周，名正言順地當了將近八百年的天下「共主」。

秦滅六國，建立了帝制。

此外，秦始皇還別出心裁地令良工用藍田山美玉製成「傳國璽」。

但秦施暴政，民眾不堪其苦，很快出現了「秦失其鹿，天下共逐之」的亂局。

最終，劉邦在楚漢爭霸中勝出，執掌秦始皇的傳國玉璽。

也就是說，從這時候起，「傳國璽」也成了「皇權神授、正統合法」的信物。

西漢末年，權臣王莽準備篡漢代新，實在費了一番腦筋，一方面，他從皇后王政君手中強奪過傳國玉璽；另一方面，模仿古代神話中「禪讓」的傳說，強迫孺子嬰把帝位讓給自己。

雖然王莽很快被興復漢室的光武帝劉秀所滅，傳國玉璽也回到劉秀手中，重新成為漢朝的玉璽。

但王莽「復古」建立出來的「禪讓」套路，卻成了後世野心家篡位的必摹模式。

當然，篡位之前，野心家也都會先盯住傳國玉璽不放。

東漢末年，天下亂起。

何進、袁紹等人武裝誅殺十常侍，漢少帝倉皇出逃，混亂中遺失了傳國玉璽。

十餘年後，十八路諸侯討伐董卓。

董卓抵擋不住，一把火焚燒了洛陽宮廷，倉皇西逃。

率先入洛陽救火的孫堅部下在洛陽城南甄宮井中意外打撈出了傳國玉璽。

孫堅是野心家，但比他野心更大的還有袁紹兄弟。

在袁紹兄弟的威迫利誘下，孫堅交出了玉璽。

但袁紹兄弟先後被曹操打敗，玉璽又回到了漢獻帝的手裡，復歸漢家所有。

其後，曹丕按照王莽當年禪讓的劇本一絲不苟地演了一遍，從漢獻帝處接過了傳國玉璽，登上帝位。

不久，司馬炎有樣學樣，從曹魏的曹奐手中奪過傳國玉璽，重演了一齣禪讓大戲，登上帝位。

但是，西晉是個短命王朝，司馬炎死，八王亂起，隨後是永嘉之亂，匈奴部、前趙劉聰攻陷晉都洛陽，俘晉懷帝，收繳了玉璽。

所幸司馬氏餘脈未絕，衣冠南渡，在江東建立了東晉。

所以，玉璽雖在匈奴人之手，正朔尚在江東。

後來東晉的司馬德文禪讓給南朝宋劉裕，南朝宋劉準禪讓給南朝齊蕭道成，南朝齊蕭寶融禪讓給南朝梁蕭衍，南朝梁蕭方智禪讓給南朝陳霸先，史家認為，正朔一直在江東傳遞。

不過，傳國玉璽先後在前趙劉聰、後趙石勒、冉魏冉閔，以及後來的鮮卑慕容燕等國主手中傳遞。

而到了北魏分裂以後，東魏元善見禪讓給北齊高洋，西魏元廓禪讓給北周宇文覺，北周宇文闡禪讓給楊堅。

楊堅得到了傳國玉璽，就宣稱「傳國玉璽」是王朝正朔的象徵，既然「傳國玉璽」在北朝傳遞，即正朔就在北朝傳承；「傳國玉璽」到了自己手上，則王朝正朔就在自己這裡。

於是，關於南北朝誰為正統的爭議就在這裡出現了。

原本，南朝的宋、齊、梁、陳是上承漢魏晉的，脈絡分明，不管有沒有傳國玉璽，明擺著正朔在南朝這邊。

但隋朝作為大統一王朝，其身的正統性卻是得到後世史家認可的。

有人因此認為，隋文帝楊堅統一中原時，不應該以正朔的身分討伐南朝陳國，而應該走後世李唐代隋的方式，從南朝陳國中襲承正統。

當然，這是楊堅所不屑的。

但不管怎麼樣，以傳統史觀論，南北朝時期，正統的王朝在南朝。

隋楊本姓「普六茹」？李唐本姓「大野」？

前一段時間，電影《妖貓傳》很紅。

影片裡的取景地點，在日本。

導演說，日本的「唐風」比中國更濃厚。

影片裡的主角楊貴妃，是個混血美女。

導演說，要尊重原著作者，楊貴妃本來就是有一半少數民族血統的美女《妖貓傳》原著小說為《沙門空海》，作者夢枕獏，日本人。

是嗎？楊貴妃真有少數民族血統？楊貴妃出生於弘農楊氏。

弘農楊氏是可以追溯到春秋戰國的古老家族，在漢朝，特別是東漢楊震時期，已經成了名門望族，跟幾代王朝上層聯姻，其中包括西晉武帝的楊后，即在隋唐建立之前地位就很高。

弘農楊氏到了日本人嘴裡，怎麼就有了「少數民族血統」呢？其實，日本人說楊貴妃有少數民族血統並不新鮮。

因為，1930 年代，就有日本人說唐太宗李世民有少數民族血統了。

為著各種目的，不但日本人不斷宣揚李世民是少數民族，甚至連隋文帝楊堅也不能倖免。

這些人還振振有詞地說，楊堅本姓「普六茹」，李淵、李世民本姓「大野」。

甚至，還有人拿宋人筆記中唐太宗「虯鬚壯冠，人號髭聖」的形象說事，說李世民生有絡腮鬍鬚，而且鬍鬚上翹，「虯鬚上可掛一弓」，必是少數民族。

殊不知，楊、李兩家姓「普六茹」、姓「大野」的歷史，不過才短短十來年。

那是西魏宇文泰為了從精神文化入手完成統一大業，試圖把關中作為中華文明的源頭，讓隨他西征的中原將士放棄原本的祖籍，把籍貫都改成了關中或隴西，並替他們改了姓氏。

事實上，帝王有時為了向臣子示好，會賜姓，以示嘉獎。

實際上，帝王賜姓也是姓氏的主要來源之一。

早在先秦時期的賜姓，還帶有封建的性質。

也就是說，當時的國君將某地封賜給誰，誰也就能因此以該地地名為姓。

比如屈原，本姓熊，祖上是楚武王熊通的兒子，因被封在屈邑，從而改姓了屈。

秦漢之後，賜姓不再具有封賞領地的含義，在獎賞的時候，只是代表著一種精神上的褒獎。

比如漢高祖劉邦為表彰婁敬、項伯的功績，就賜婁、項二人姓劉。

另外，劉邦將一位宗室女嫁給冒頓單于，也賜冒頓單于以劉氏為姓。

這支劉姓後人中出了滅亡了西晉的劉淵、劉聰父子。

漢高祖劉邦時代賜姓的規模很小，所賜都是漢朝國姓「劉」姓。

賜姓規模最大的是西魏和北周時期。

而且，這個時期，賜的不盡是國姓。

比如位列北周「八柱國」之一的李弼，被賜姓為「拓跋」。

又比如身為東漢司徒王允後代的王軌，被賜姓為「烏丸」。

再比如隋文帝楊堅的父親楊忠，被賜姓為「普六茹」。

還有，唐高祖李淵的爺爺李虎，被賜姓為「大野」當然，也有被賜姓為北周國姓「宇文」的，如李和、劉雄、柳慶、趙昶、王悅、劉志、韓雄、叱羅協、韋、韋孝寬、薛善、令狐整、李彥、李昶、申徽、柳敏、張軌、寮允、崔猷、薛端、李昊氏、鄭孝穆、崔謙、崔說、王傑、唐瑾等。

就是在這種情況下，楊堅的父親楊忠和李淵的爺爺李虎把姓氏改了。

但是，據《隋書．高祖本紀》記載，楊堅在北周後期掌實權的時候，下令「已前賜姓，皆復其舊」；《舊唐書．高祖本紀》也記載說「至隋文帝（在北周）作相，還複本姓」。

最後，還是借用朱希祖指責那些別有用心者捏造唐太宗少數民族論的謠言的目的，其實是「誣辱之尤，淆亂種族，顛倒史實，殺國民自強之心，助耽耽者以張目」！以此敬請讀者清醒自律，不要糊里糊塗地上了假歷史的當。

介紹隋朝的「千年糧倉」

這所謂隋朝的「千年糧倉」指的是洛陽的回洛倉。

根據《隋書．食貨志》記載：隋朝的大糧倉主要圍繞著長安、洛陽兩座都城進行興建。

隋文帝時代在衛州置黎陽倉，在洛州置河陽倉，在陝州置常平倉，在華州置廣通倉。

而到了隋煬帝時代，鑑於關中物資貧乏、漕運不暢，隋煬帝要把都城遷往洛陽，命宇文愷主持東都洛陽的營建工作，開鑿大運河，並在洛河邊建三座大型倉城：含嘉倉城、洛口倉城、回洛倉城。

含嘉倉城在洛陽城內，規模較小（唐朝時進行擴建，成為最大的倉城）。

洛口倉城因位於東都鞏縣洛河入黃河之口處，故名，是把城外糧倉糧食運入城內含嘉倉的中轉倉。

這城外糧倉指的就是回洛倉。

回洛倉城位於洛陽城外七里的邙山上。

含嘉倉、洛口倉、回洛倉三座糧倉，儲存了當時全國一半以上的稅糧，被統稱為「國家糧倉」。

其中的回洛倉共有倉窖七百座左右，各倉窖的大小基本一致，窖口內徑十公尺，外徑十七公尺，深十公尺，單個倉窖可儲存糧食五十萬斤，七百座倉窖，可儲糧總數高達三億五千萬斤！2013 年 1 月，整個回洛倉城被發掘露出地面，其東西長一公里、南北寬三百五十五公尺，相當於五十個國際標準的足球場，氣勢磅礴，氣象恢宏！也因為這個回洛倉的出土，隋代被定義為中國古代大型國家糧倉建設的頂峰時期，也是中國古代地下儲糧技術發展最完備的時期。

隋朝的滅亡，與失去回洛倉息息相關。

隋煬帝大業十三年（西元 617 年）二月，李密率瓦崗軍長襲洛口倉，建立政權，國號魏，李密自稱魏公，分封百官。

緊接著，移師邙山，攻取回洛倉城。

鎮守洛陽的隋煬帝子越王楊侗募七萬「東都義兵」，以慘重代價奪回了回洛倉。

李密不甘心失敗，率十萬兵重來，大破七萬東都義兵，再次奪取了回洛倉，並圍攻東都洛陽。

該年六月，隋江都通守王世充等人率領十萬援軍擊潰圍城的瓦崗軍，拉鋸式地占領回洛倉城。

隋大業十四年（西元 618 年）正月，李密攻占洛陽東面的金墉城以為都城，四月，又拉鋸式地奪取回洛倉，使東都缺糧而陷入困境。

原本，李密占領了回洛倉，有糧食，占據了主動權。

但他的軍備供應也不行，有倉沒庫。

倉和庫是兩個不同的概念，倉是存糧食的，庫是存錢帛的。

沒有錢帛就沒法犒賞將士，當時的情況是：「（王）世充乏食，（李）密少帛。」

瓦崗軍元帥府右長史邴元真幫李密出了個餿主意：和王世充做糧食買賣，用賣糧食得到的錢和衣物犒賞將士。

李密同意，洛陽城內的隋軍得到了休整。

五月，隋煬帝在江都被弒的消息傳到洛陽，城中官民擁立越王楊侗為帝，向瓦崗軍全面反攻，李密大敗，後投李淵招致死亡。

改年，李淵以李世民為統帥，大舉東征從楊侗手中篡奪了政權的王世充鄭王朝。

李世民取洛陽的策略非常明確——占領回洛倉城，截斷大運河，斷其糧道。

李世民的策略得到手下將士的有力貫徹，王世充軍最終糧盡崩潰，全面敗亡。

李世民殺鄭王朝文武於洛河邊，毀其都城的代表性建築乾陽殿、則天門等，棄用回洛倉城，擴建城內的含嘉倉城。

雖說後來的含嘉倉城規模超越回洛倉城，到現在還可以發現儲存在那裡的炭化糧食，但「隋朝千年糧倉」的名號只屬於回洛倉。

隋名將楊素是否常送美女給青年才俊？

楊素、韓擒虎、史萬歲、賀若弼並稱為隋朝四大名將。

但韓、史和賀若三位，只是一時之豔，唯獨楊素，不但遍歷楊堅一朝的幾乎所有戰爭，而且在北周時期就獨當一面，而且，他的最後一戰——平定漢王楊諒之戰，也堪稱完美。

所以，隋朝第一名將之稱，楊素當仁不讓。

關於楊素的故事，民間流傳頗多。

最膾炙人口的，莫過於三個慷慨讓出美女、成全才子佳人愛情的故事。

第一個故事流傳極廣，甚至還演變出「破鏡重圓」這個成語。

這個故事最早見於中唐人韋述的《兩京新記》，後被晚唐人孟棨收錄入其所著的《本事詩》，並加以重構、渲染，從而熟為人知。

故事說的是，陳後主的妹妹樂昌公主與丈夫太子舍人徐德言在隋軍攻陳前夕，深恐國破後兩人失散，因破一銅鏡，各執其半，相約他年正月望日賣破鏡於都市，冀得相見。

徐德言頗有先見之明地說：「今國破家亡，必不相保。以子才色，必入帝王貴人家。我若死，幸無相忘，若生，亦不可復見矣。雖然，共為一信。」

陳亡後，隋文帝楊堅為了犒賞楊素大功，將樂昌公主賞賜給楊素為妾。

深居楊府的樂昌公主不忘前情，讓僕人於正月望日上街市賣半鏡。

徐德言也流落到了長安，出其半鏡，二者相合。

徐德言傷感之餘，題了一首詩給僕人，讓他帶回去給公主，詩云：「鏡與人俱去，鏡歸人不歸。無復嫦娥影，空留明月輝。」

公主得詩，情難自棄，泣報楊素。

楊素嘉賞其二人情深似海，讓人找來徐德言，完璧歸趙，送公主以還。

徐德言感恩不盡，偕公主歸江南終老。

這個故事的問題很大。

本來嘛，陳後主的父親陳宣帝廣納嬪妃，共生有四十二子、二十六女，那麼，他有一個女兒叫樂昌公主，先嫁徐德言，後被楊素所納，再與徐德言「破鏡重圓」，完全有可能。

另外，「破鏡重圓」這個成語如此深入人心，很多人對這個故事的真實性深信不疑。

但是，「破鏡重圓」之事史不見載，而陳宣帝二十六女中，正史只交待了第十三女齊熙公主陳淨玲下嫁沈叔安；第十四女寧遠公主於陳亡後成了隋文帝嬪妃，即宣華夫人；第二十四女臨川長公主於陳亡後成了隋文帝嬪妃，即弘政夫人；還有一女，於陳亡後被隋文帝賞賜給了平南陳的大功臣賀若弼為妾。

《陳書》、《隋書》、《南史》等書都沒有記載有賞賜陳後主妹給楊素之說，而且，都沒出現過「樂昌公主」四字，可以懷疑是韋述捏造的假名字。

至於徐德言其人，僅見於晚唐林寶所編《元和姓纂》中卷二東海郯州徐氏條，一語帶過，為「德言，陳太子舍人、隋蒲州司功」。

所以，「破鏡重圓」這個故事，應該是假的。

第二個故事，出自中唐人劉所著《隋唐嘉話》，講的是楊素作為開國大功臣，家財億萬，極其豪侈，後房婦女，錦衣玉食上千人。

李德林之子李百藥是個風流公子，與楊素的一個寵妾勾搭上了，夜夜偷入其室，與該寵妾私會。

某日，事洩，兩人雙雙被捉，人贓俱獲。

楊素醋意橫生，準備將這對狗男女一斬了之。

但是，「百藥年未二十，儀神俊秀」，在燭光燈影之下，楊素越看越喜歡，說：「聞汝善為文，可作詩自敘。稱吾意，當免汝死。」

李百藥福至心靈，接過紙筆，用盡平生文學功力，詩文立就。

楊素覽稱頌，以妾與之，並資從數十萬。

這則故事也是假的，並不存在。

楊素的奢侈作風出現在隋煬帝朝，即隋煬帝感激他領兵討平漢王楊諒叛亂，升他為尚書令，賜東京甲第一區，物二千段。

那一段時間，楊素家的僮僕有好幾千人，後院披羅掛綺的樂妓小妾也數以千計。

注意，這個時間點，是在隋大業元年（西元 605 年）之後。

在隋大業元年之前，楊素在勤儉治國的隋文帝楊堅看管下，是不會這麼張揚的。

實際上，在隋開皇十五年（西元 595 年），楊素主持營建仁壽宮，因為宮殿修得太過奢華，還遭到了隋文帝的斥罵。

隋文帝怒吼的那一句「楊素殫民力為離宮，為吾結怨天下」，楊素嚇得半死。

然而，李德林之子李百藥出生於北齊河清三年，即 564 年，在隋大業元年時，已經是個四十出頭的人了，哪裡還是什麼「年未二十，儀神俊秀」？這分明是劉沒有仔細考究，亂點鴛鴦譜，隨便編成的故事。

第三個故事最假，出自唐末杜光庭創作的唐代傳奇小說《虯髯客傳》，講的是楊素的侍妓紅拂女慧眼識珠，一眼就看出前來拜謁楊素的布衣青年李靖是個世間英才，於夜裡偷溜到李靖的房間，以身相許，與李靖私奔的經過。

這個故事假在哪呢？情節荒誕不經，比如說，紅拂女與李靖私奔後，遇到了虯髯客，虯髯客取死人心肝邀李靖共食之事；又比如說，虯髯客到太原望王氣之事；再比如說虯髯客傳了一半兵法給李靖之事等等。

事實上，李靖身出將門，祖父李崇義曾任殷州刺史，父親李詮曾官至趙郡太守，他的舅父即是隋朝名將韓擒虎。

李靖自小就熟讀兵書，有文韜武略，每與舅父韓擒虎談兵，韓擒虎常常讚不絕口，拍手稱絕。

韓擒虎還稱讚李靖是孫武、吳起一樣的人物。

李靖在隋朝入仕，先後任長安縣功曹、任殿內直長、駕部員外郎等職。

被吏部尚書牛弘稱讚為有「王佐之才」；楊素曾撫摸著自己的坐床對他說：「卿終當坐此！」那麼，「虯髯客傳兵法給李靖」之說，當然不攻而破。

最後總結一下，後人為什麼會把諸多才子佳人的傳說安插到楊素頭上呢？原因很簡單，楊素晚年坐擁姬妾上千是事實，這就為產生這類才子佳人的傳說提供了極好的背景 —— 楊素的姬妾這麼多，隨便寫他流失了一兩個，誰能考證其真假？可惜的是，故事編得太假，最終還是經不起推敲。

搶到項羽一條腿的人，他的後代建立了一個強盛王朝？

有一段時間，網路上湧現了很多題目和內容都非常相似的文章，其題目大致是：搶到項羽一條腿的小兵，他的後代建立了一個強盛王朝。

其內容大致說的是：項羽在烏江自刎身亡後，遺體被劉邦手下的五個小兵肢解。

其中，一個名叫楊喜的人，搶到了項羽的一條腿，被劉邦封為赤泉侯。

楊喜的後代裡，有一個叫楊堅的人，篡周代隋，建立了大隋王朝，統一了分裂將近三百年的南北朝。

說楊堅是楊喜的後代，是有歷史基礎的。

首先，《後漢書．楊震傳》裡有明確的文字記載：「楊震，字伯起，弘農華陰人也。八世祖喜，高祖時有功，封赤泉侯。」

即東漢人楊震的八世祖就是楊喜。

這楊震可是個了不起的大人物，他是名滿天下的大儒，門生眾多，明經博覽，無不窮究，人稱「關西孔子」，又被譽為「關西堂」、「四知堂」、「清白堂」。

其次，《北史．隋本紀》中記載有楊堅乃是「漢太尉震之十四世孫」。

《隋書．高祖紀》對楊堅的記載更詳細一些：「弘農華陰人也。漢太尉震八代孫鉉，仕燕為北平太守。鉉生元壽，後魏代為武川鎮司馬，子孫因家焉。元壽生太原太守惠嘏，嘏生平原太守烈，烈生寧遠將軍禎，禎生忠，忠即皇考也。皇考從周太祖起義關西，賜姓普六茹氏，位至柱國、大司空、隋國公。」

即楊震的八代孫叫楊鉉，楊鉉生子楊元壽，楊元壽生子楊惠嘏，楊惠嘏生子楊烈，楊烈生子楊禎，楊禎生子楊忠，而楊忠是楊堅的父親。

按《隋書．高祖紀》裡記載的世系遞算，楊堅和《北史．隋本紀》的記載一致：楊堅是楊震的十四世孫。

因此，楊堅就是楊喜的後代。

但是，「楊堅是楊喜的後代」這一說法，是遭受史家質疑的。

疑點之一：《新唐書．宰相世系表》記：「震字伯起，太尉。五子：牧、裡、秉、讓、奉。牧字孟信，荊州刺史、富波侯。二子：統、馥。十世孫孕，孕六世孫渠，渠生鉉，燕北平郡守。」即楊震共生五子，長子楊牧生楊統、楊馥二子。

楊馥的十世孫名楊孕，楊孕的六世孫名楊渠，楊渠生子楊鉉。

這麼算來，楊鉉應該是楊震的十九代孫，這與《隋書．高祖紀》所記楊鉉為楊震的第八代孫相差甚遠。

這一點，清代沈炳震在《唐書宰相世系表訂偽》已提出過質疑，由此可見《隋書》與《北史》所記載的內容有不可信之處。

疑點之二：從楊震到楊彪，弘農楊氏一門「四世太尉」，即楊震之後，弘農楊氏便成了名門望族。

但按照《隋書．高祖紀》所記，楊元壽為楊忠的四世祖，又據《周書．楊忠傳》記載：「高祖元壽，魏初，為武川鎮司馬。」

即楊元壽於北魏初年為武川鎮司馬。

事實上，北魏初期都城定在平城，武川鎮可是戍衛首都的重鎮。

在當時的情況下，北魏的統治者是不可能將如此重任交給漢族高門士族的。

疑點之三：據《隋書．外戚傳．高祖外家呂氏傳》記載：「高祖外家呂氏，其族蓋微，平齊之後，求訪不知所在。至開皇初，濟南郡上言，有男子呂永吉，自稱姑字苦桃，為楊忠妻。勘驗知是舅子，始追贈外祖雙周為上柱國、太尉、八州諸軍事、青州刺史，封齊郡公，謚曰敬，外祖母姚氏為齊敬公夫人。」

這段話說的是，楊堅的外祖父名叫呂雙周，是個寒族人氏。

北周武帝宇文邕滅北齊之後，楊堅曾多番尋訪，卻不知外祖父所蹤。

直到篡周代隋之後，山東濟南郡有個名叫呂永吉的男子，前來長安攀親，說他有個姑姑，小名叫「苦桃」，嫁給了楊姓人。

而楊堅母親的小名，就叫「苦桃」。

楊堅於是進行嚴格勘驗，最終確認呂永吉就是自己的舅舅，從而高高興興地追贈外祖父呂雙周為齊郡公，外祖母姚氏為齊敬公夫人。

大史學家陳寅恪先生認為，南北朝的士族門第等級地位分明，楊忠如果出自弘農楊氏這樣的望族，那是絕對不會與山東寒族結為親家的，他的推斷是：「從文帝母系來看，疑楊家本係山東楊氏。」

疑點之四：據《隋書．河間王弘（子慶）傳》：「河間王弘字辟惡，高祖從祖弟也。祖愛敬，早卒。父元孫，少孤，隨母郭氏，養於舅族。及武元皇帝與周太祖建義關中，元孫時在鄴下，懼為齊人所誅，因假外家姓為郭氏。元孫死，齊為周所併，弘始入關，與高祖相得。高祖哀之，為買田宅。」

這段話說的是：楊弘是楊堅的族弟，他的父親名叫楊元孫。

楊元孫自小父母雙亡，跟隨母親郭氏生長於舅舅家。

當楊忠跟隨北周太祖宇文泰在關中起兵時，楊元孫生怕被北齊政府論罪，改隨母姓，一直到死。

北齊被北周滅亡後，楊弘進入關中，與楊堅相認。

另外，《隋書．河間王弘（子慶）傳》又記：楊弘之子楊全，在任滎陽郡太守時，曾勒兵拒守占據了洛口倉的李密。

李密寫信給楊慶，裡面有「王之先代，家住山東」之語，由此可知，楊堅族群的先祖既不出於門閥士族弘農楊氏，也不是武川鎮將的後裔，而是山東寒庶。

疑點之五：史志中記載，楊堅在登基前，曾到山西省永濟祕居了四十五天，不知所為何事。

有人猜測，他是在永濟密修家譜，撰刻碑文。

疑點之六：與楊堅同時代的楊素也自稱是弘農楊氏後人，而且，他所提供的譜書中世系傳承清楚：楊震——楊奉——楊敷——楊纂——楊品——楊國——楊襲——楊隆——楊結——楊繼——楊暉——楊恩——楊鈞——楊暄——楊敷——楊素。

隋大業九年（西元 613 年），隋煬帝第二次東征高句麗，楊素的長子楊玄感發動了黎陽兵變。

這時，一個奇怪的現象發生了：弘農楊氏全都一邊倒地站在了楊玄感的一邊，紛起響應。

由此可見，隋楊的「弘農楊氏」身分並未得到弘農楊氏的認同。

疑點之七：有史家參考《漢書．楊敞傳》、《漢書．高惠高後文功臣表》、《後漢書．楊震傳》、《晉書．後妃列傳》、《晉書．楊駿傳》、《晉書．楊佺期傳》、《魏書．楊播傳》、《新唐書．宰相世系表》等正史和墓誌資料對楊氏的世系表做了一個簡單排列：楊喜生子楊敷，楊敷生子楊胤，楊胤生子楊敞，楊敞生子楊忠、楊惲，楊忠生子楊譚，楊譚生子楊寶、楊並，楊寶生子楊震、楊衡，楊震生子楊牧、楊里、楊秉、楊讓、楊奉。

楊牧生子楊統、楊馥，楊馥生子楊奇，楊奇生子楊亮，楊秉生子楊賜，楊賜生子楊彪，楊彪生子楊脩，楊脩生子楊囂，楊囂生子楊準，楊準生子楊嶠、楊髦、楊朗、楊琳、楊俊、楊仲，楊琳生子楊亮，楊亮生子楊思平、楊佺期、楊廣。

楊奉生子楊敷，楊敷生子楊眾，楊眾有孫楊炳、楊駿、楊珧、楊濟。

楊濟生子楊忠；楊珧生子楊超，楊超生子楊結，楊結生子楊珍、楊繼。

大家注意看，楊震的曾祖就叫做楊忠！另外，楊震的七世孫中有一個楊俊，九世孫中有一個楊廣。

而我們也知道，楊堅的父親也叫楊忠，楊堅有兩個兒子也叫楊廣、楊俊。

如果楊堅屬於楊震的後代，那麼，他的父親和兒子怎麼會與先祖同名？據此，楊堅一系應該是偽造牒譜，冒充為著名門閥華陰楊氏之後。

蘭陵王古屍容貌復原出來了嗎？

某電視臺於2015年推出一檔姓氏揭祕互動脫口秀節目，聲稱是針對中國姓氏文化深度挖掘，「認清自己，從姓開始」，尋根問祖，尋找先人，談古論今。

其中在該年11月有一期是專門解讀百家姓之高姓的。

主持人和嘉賓在聊歷史上的高姓名人時，不可避免地聊到了北齊高氏一族。

北齊高氏一族中，又因2013年電視劇、2014年電視劇而使蘭陵王高肅成了人氣極高的歷史名人。

高肅字長恭，又名孝瓘，北齊神武帝高歡之孫，文襄帝高澄第四子，他有兩大特點：貌美、能打。

《北齊書》、《北史》中說他「貌柔心壯，音容兼美」；《蘭陵忠武王碑》中說他「風調開爽，器彩韶澈」；《舊唐書．音樂志》中說他「才武而面美」；《隋唐嘉話》中說他是「白類美婦人」。

即蘭陵王的美是超凡脫俗的。

《北齊書》稱其打仗「驍勇，所向披靡」；《樂府雜錄》則說「神武弟，有膽勇，善戰鬥，以其顏貌無威，每入陣即著面具，後乃百戰百勝」；《教坊記》說「性膽勇，而貌婦人，自嫌不足以威敵，乃刻為假面，臨陣著之」。

現在尚流傳在世的《蘭陵王入陣曲》是紀念其以五百騎兵在邙山大破周軍、解金墉城之圍的作品。

高肅功高，前後以戰功別封鉅鹿、長樂、樂平、高陽等，終招致北齊後主高緯忌恨，賜毒酒毒死。

伶牙俐齒的脫口秀節目主持人在敘說高肅個人歷史時，一方面稱高肅是「戰神」，一方面又稱高肅是「中國古代四大美男」之一，說他和宋玉、潘安、衛階是古代 F4 組合，與西施、昭君等中國古代四大美女相對。

節目氣氛非常熱烈，妙語連珠，笑語歡騰。

但是，主持人突如其來說了一句，都說蘭陵王是美男，那他美到什麼程度呢？他嚥了一口唾沫，一副高深莫測的表情，說：「就是蘭陵王那個墓，後來也被發掘出來了，然後考古學家就公布了高長恭就拿了那個骨骼，是可以還原的嘛，生前的相貌，還原了以後，是真的非常清秀俊美。」

話音剛落，他身後的大螢幕上就出現了所謂的「高長恭古屍容貌復原圖」！聽著主持人的話，看著大螢幕上的「高長恭古屍容貌復原圖」，讓人錯愕莫名。

什麼？蘭陵王高長恭的墓什麼時候被挖掘了？電視裡做客的嘉賓低低地說了一句：「這復原圖怎麼跟現代漫畫一樣呢？」其實，這簡簡單單的一句，基本可以戳穿主持人所說事件的真相了。

這樣一幅現代漫畫怎麼可能是科學家、考古學家們本著認真負責精神研製出來的嚴肅作品呢？還是來說蘭陵王高長恭墓地和屍骨的下落吧。

高緯於北齊武平四年（西元 573 年）五月鴆殺蘭陵王高長恭，該年，高長恭尚不足三十三歲。

蘭陵王高長恭遭鴆殺後，於北齊武平五年（西元 574 年）五月才正式葬於鄴城西北，北齊皇陵兆域之西南部，今磁縣南劉莊村東路口。

陵墓封土殘高六公尺多，南北十五公尺，東西二十公尺。

其南三十公尺處有墓碑，因千餘年淤沉，碑下部已埋入地下。

清光緒二十年（西元 1894 年），磁州知州裴敏中將之挖出，今立於河北省邯鄲市磁縣南劉莊村東路口，墓塚高大，周圍建有透花圍牆，墓地建有碑亭。

幾年後，當地村民在修公路取土時，又挖出了「蘭陵王高肅碑」。

碑為青石雕成，龜座，碑首與碑身為一石，總高四點一公尺，碑圭額鐫陽文四行十六篆字「齊故假黃鉞太師太尉公蘭陵忠武王碑」。

碑文真實記載了蘭陵王高肅的生平經歷和立碑年分。

字跡遒勁、古樸，因其史料及書法藝術價值，被稱為北碑第一品。

1988 年，蘭陵王碑被政府列為重點保護文物，嚴格規定任何人、任何單位都不得擅自挖掘。

事實上，自從 1955 年發生了挖掘定陵的慘痛教訓後，政府已經明確規定：「由於文物保護方面的科學技術、手段等條件尚不具備，對大型帝王陵寢，暫不進行主動挖掘。」

所以，說「拿蘭陵王骨骼還原生前的相貌」的「高長恭古屍容貌復原圖」應該是一些媒體為收視率而惡搞出來的鬧劇！早在「高長恭古屍容貌復原圖」出來之前，網路上就流傳過一份所謂的高長恭墓考古資料了。

該文自稱出自河北省文化局，卻將墓中情境描繪得漏洞百出，已有網友將這些漏洞一一指出，全方位證明了這是一篇假文章了，在此不再贅言。

只說該假文章結尾的那一句：「壁畫布局嚴謹，人物各具神態，顯示出東魏壁畫藝術的較強功力」，就這一句足以讓人驚奇出一身冷汗！還東魏呢，高長恭都已經是北齊皇子了。

只能說，這作假者的歷史水準還有待提高。

隋人〈出師頌〉為何這麼值錢？

2003 年 7 月，中國收藏界出現了一件引人矚目的大事：一家拍賣行計劃在其十周年慶典上拍賣西晉章草書法家索靖所寫的〈出師頌〉。

索靖，字幼安，敦煌龍勒人，其書法藝術名動千古，後人盛讚「如風乎舉，鷙鳥乍飛，如雪嶺孤松，冰河危石」，險峻遒勁，堪「與羲（王羲之）、獻（王獻之）相先後也」。

王羲之、王獻之父子的書法造詣，為書壇數一數二者，索靖與之相提並論，則評價之高，不言而喻。

實際上，索靖的書法，與王羲之、王獻之父子還是有傳承的。

索靖是東漢章草書法家張芝的姐姐之孫，王羲之本人自稱「對漢、魏書跡，唯推鍾（繇）、張（芝）兩家，餘則不足觀」。

後人稱王羲之為「書聖」；東漢時人卻稱張芝為「草聖」。

索靖是張芝家書法傳承者，其成就對王羲之、王獻之草書影響亦深。

王羲之的書法老師之一、同時也是他的叔叔王導，為晉元帝的姨弟，在隨王室南渡時，隨身只在懷裡揣了疊成四折的索靖墨寶，並密縫在內衣裡。

宋人看此帖時，四疊印仍在。

現在書法界有一定論：索靖的書法是中國書法從章草向行草過渡的特殊歷史時期的代表。

惜乎其真跡稀有，盛名淡卻，後世幾忘。

但不管如何，說王羲之在索靖、陸機、鍾繇的章草基礎上創造出流行至今的行草書法，那是沒有任何異議的。

即拍賣行要拍賣索靖作品，當然轟動一時。

還有，〈出師頌〉是東漢人史孝山所寫的一篇著名文賦，作於東漢名將鄧騭出師討伐羌人前夕，文中內容氣如長虹，勢若千軍。

此文因此在南梁朝時被輯錄入昭明太子蕭統的《文選》中。

而索靖書寫〈出師頌〉，也是有著深刻的歷史背景的。

《晉書》記載：「元康中，西戎反叛，拜靖大將軍，梁王肜左司馬，加蕩寇將軍，屯兵粟邑，擊賊，敗之。」

索靖曾拜大將軍，統兵平定「西戎反叛」，那麼，他在這一時期寫下的〈出師頌〉，意義更加重大了。

在此基礎上，拍賣行還大張旗鼓為這次要拍賣的寶物造勢，他們在宣傳品上是這樣寫的：「上面有宋高宗篆書大字晉墨，乾隆御筆題跋。索靖書〈出師頌〉，米友仁題記謂之書林至寶，毫無溢譽之嫌。」

〈出師頌〉引首部分宋高宗之「晉墨」二字最具說服力，因為在宋朝，皇宮還藏有索靖的其他真跡，皇上對照題鑑，則其當為索靖作品的鐵證。

媒體因此紛紛以「中國現存最早書法」、「索靖存世真跡之唯一作品」、「中國書法第二件作品」、「晉代真跡」等詞來形容這即將現身的瑰寶。

還有媒體煽情地說：「這將是一件改變中國書法史與文物史的瑰寶，而且最終的拍賣價格還可能再創新高。」

——緊接著透露有買家欲以三千萬元的天價競購此作品。

拍賣行也將這一寶物底價訂為兩千萬，並放出風聲：「不少專家都說這是好作品，建議政府買下。故宮博物院與北京文物局都開了研討會要買這件好東西。」

隨後，拍賣行作出嚴正宣告，為了讓好作品不流失海外，只作定向拍賣，即只准博物館、國有企業等舉拍。

接下來發生的事，幾乎與拍賣行所說一致：7 月 13 日定向拍賣、兩千萬起價、故宮博物院以兩千二百萬元天價成交。

事件本來應該就此結束，但劇情發生了「逆轉」——許多親眼見過拍賣寶物的業內專家、學者指出：該作品並非索靖手筆，「故宮花重金買了假貨」。

為什麼說這是一幅「假貨」呢？作品上面有北宋大書法家米芾之子米友仁的題跋，赫然書「隋賢書」三個字。

即米友仁認為這幅〈出師頌〉是隋朝人寫的。

米友仁是北宋末年至南宋初年非常有名的鑑定家，對書畫有極高的鑑賞力，曾被召入南宋紹興內府鑑定所藏書畫，多有鑑題，存世書法墨跡也多為鑑題，可信度極高。

為此，故宮方面不得不做出了回應。

故宮博物院研究員、同時也是〈出師頌〉專家鑑定小組成員向媒體解釋，他的態度簡單明瞭：故宮從來就沒認為這個〈出師頌〉是索靖的作品，而將之視為隋代的作品。

而且，在清宮內，也是將它作為隋代作品加以保存的。

在乾隆時期刻的《三希堂法帖》中，也是將其視作隋人書。

既然已經知道它是一件「偽作」，為什麼還要花大價錢拍下呢？研究員說：「對於古代字畫的鑑定首先必須明確鑑定的主旨。對於有款題的作品，鑑定的主要目的在於論證此作品是否確為落款作者的手筆，這裡有真作和偽作的區別；而對於沒有款署的作品，是沒有所謂『真偽』問題的。因此，對無款作品〈出師頌〉大談是真還是假，是真跡、摹本還是偽作，都是沒有意義的，是缺少基本的書畫鑑定常識的。」

那麼，既然明知不是「晉墨」——不是晉朝人的作品，而是隋朝無名人氏臨摹之作，為什麼還要堅持購買呢？研究員回答：「隋代存在的歷史年代非常短暫，則其能夠流傳下來並確定是隋代名家的書畫作品十分稀少。即使有，也往往被認作是六朝或者是唐代的作品。而〈出師頌〉是以明確的隋書身分出現的。目前，故宮收藏的隋代作品只有一部寫經。而〈出師頌〉完全可以彌補故宮博物院在隋代書法藏品中的空白，所以院方決定購買。」

然而，敦煌出土隋人寫《妙法蓮華經》的拍賣價僅為六萬元，現在這個隋朝無名人氏的作品卻需要兩千兩百萬元，它到底值不值這個價錢？代表故宮從拍賣行購回〈出師頌〉的研究員的回答是：「值！每次辦書法展，西晉有陸機〈平復帖〉，東晉有王羲〈伯遠帖〉，唐代就更多了，而隋代作品是個缺件。〈出師頌〉回歸後，故宮的館藏書法就能夠『串』起來了，而與敦煌出土隋人寫《妙法蓮華經》不同，隋人〈出師頌〉屬於名蹟。」

應該說，故宮方面的解釋可以平息一切爭議了。

但是，事情還沒有完。

有人提出，所謂「隋人〈出師頌〉」的說法也是靠不住的。

另名專家指出：「宋高宗與米友仁是一殿君臣，在此卷中有米友仁題字：右〈出師頌〉，隋賢書，紹興九年（西元 1139 年）四月七日，臣米友仁書。事實上米友仁因精於鑑賞而被任命為御用鑑定師。文獻記載，高宗每得法書、名畫，命之鑑定題跋於後，或謂一時附會帝意，畫頗未佳而題識甚真者。如果米定為隋賢，高宗不會在卷首書晉墨，如果高宗已題晉墨於首，附會迎合帝意的米友仁斷不敢再定為『隋賢』。嘉德版本的〈出師頌〉在歷史上出現在明朝，當時過眼之人沒有晉墨的記載，而在清初安儀周《墨緣匯觀》時出現了『晉墨』的記載。可見晉墨是明朝人加上去的。」

專家的這一說法極具殺傷力，宋高宗與米友仁為一殿君臣，既然有米友仁題「隋賢書」就不會有宋高宗書「晉墨」；有宋高宗書「晉墨」，就不會有米友仁題「隋賢書」，足見此條幅是後人作假。

另兩名專家又指出：「晉墨」兩字是寫在有五爪龍的紙上的，而「宋只有三爪龍、四爪龍，沒有發現過五爪龍，這兩字不可能是宋高宗所寫」。

一位書法專家加入研討，說：「一眼就可以看出，這幅作品不是隋唐之前的東西，因為它沒有晉代書法的時代韻味，隋唐之前的作品與其後的相比，要質樸豐富得多，唐之前毛筆用短鋒，下筆就有厚重感，從筆法、結構、氣勢上來看，這幅作品下筆單薄，很可能是明人摹本。」

完了，〈出師頌〉不但不是晉人索靖的作品，也不是隋朝無名氏的作品，而是「明人摹本」，這回，故宮方面該怎麼說？研究員都曾強調：故宮每次購買文物，都會組織專家反覆論證。

這次決定購買〈出師頌〉前，故宮組織六位專家成立六人小組，召開過鑑定論證會的。

當時六人小組中最權威的書法家，他在接受記者採訪時，明確表示：「晉墨兩字是假的，那是明朝的紙，宋高宗怎麼可能在明朝的紙上寫字？拍賣行是商業行為，亂炒！炒得越高越好。這就是他們的想法。我們從沒有向政府推薦買這件東西。」

記者又電話採訪了六人小組中的國寶級鑑定大師，問：「聽拍賣行說您向政府建議購買這件作品。」

大師立刻回答說：「沒有這個事情，絕對沒有這個事，我沒有寫任何東西。報導說我講這個東西非常好，讓政府買，我已經讓他們更正了。政府問我什麼態度，我就說了。哪些部分是假的，我也跟政府說了。媒體我一概不說。不要理它，炒作起來要加幾倍的價格，吃虧的是政府。」

最後，對這事情做出有力回應的還是那名研究員，他說：「〈出師頌〉屬於故宮藏品，1922 年被溥傑攜帶出宮，後來流失。現在重新出現，故宮當然要不遺餘力地回購收藏。」

時任故宮博物院院長也說：「因為種種歷史原因，大量的故宮藏品流失。故宮博物院一直都在透過各種途徑收回屬於自己的藏品。如今成功購得〈出師頌〉，使得一件離開故宮八十年的珍品重新『回宮』，這是為保護珍貴的國家文物所做出的努力，故宮所做的這一切，很值得！」不管怎麼樣，故宮購回〈出師頌〉已成不可改變的事實。

一名專家卻因此哀嘆，稱：「如果沒有媒體炒作，一千萬都賣不掉，媒體的炒作占了百分之五十，現在所有的媒體都是道聽塗說，沒有做實際調查。」

張伯駒賣掉北京胡同裡十五畝豪宅，只為購這幅〈遊春圖〉

「隋人〈出師頌〉回購事件」雖然已經過去了十多年，但在這次事件中、包括事件後，有一個人卻屢屢被後人提起，並致以誠摯的敬意。

這個人，就是著名收藏鑑賞家、書畫家、詩詞學家張伯駒先生。

這樣說吧，上面研究員提到的，故宮館藏書法作品中，遠比「隋人〈出師頌〉」更具收藏價值的西晉陸機的〈平復帖〉，就是張伯駒慷慨捐贈給故宮博物院的！實際上，除了〈平復帖〉，故宮收藏的唐代詩人李白的手書〈上陽臺帖〉、杜牧唯一傳世手書長卷〈張好好詩〉、中國南宋女畫家楊婕妤的〈百花圖卷〉、范仲淹唯一傳世楷書長卷〈道服贊〉、蔡襄自書詩冊、黃庭堅〈諸上座帖〉、元趙孟〈千字文〉等一百一十八件世間珍稀的一等一書畫作品，全是張伯駒慷慨捐贈給故宮博物院的！可以說，故宮博物院頂級書畫藏品中，張伯駒的捐贈占了半壁江山！張伯駒的女兒張傳綵曾開玩笑說：「那些書畫父親隨便留給我們一件，就夠我們幾代人吃不完的，那可是百萬富翁、千萬富翁啊！」、「很多人不理解父親，把好大一座房子賣了，換了一個帖子，再把這個帖子捐出去，到底為的是什麼？但我能理解他，我真的能理解他。父親就是這樣一個人，他是一個愛國家的人，他認為這些文物是屬於一個國家、一個民族的，只要國家能留住它們，他付出多大代價也在所不惜。」

張傳綵的語氣雖然平淡，但也透露出張伯駒先生當年為收購這些書畫所經歷的艱辛。

以購〈平復帖〉為例。

〈平復帖〉出於西晉著名文學家、書法家陸機之手，本身是一封用禿筆寫於麻紙上的信札，因文中有「恐難平復」之語，故名。

此帖筆法縱橫，筆意婉轉，是漢字由隸書向楷書過渡的重要佐證，為歷代名家所推崇，於宋徽宗朝進入皇家內府，明萬曆年間歸韓世能、韓逢禧父子，再歸張丑。

清初遞經葛君常、王濟、馮銓、梁清標、安岐等人之手，上面印滿了收藏章記，由此被收藏界尊為「中華第一帖」。

「中華第一帖」於乾隆年間再次進入皇家內府，由乾隆帝賜給皇十一子成親王永瑆。

光緒年間為恭親王奕訢所有，並由其孫溥儒（溥心畬）繼承。

清朝末世，皇子、皇孫的生活也不好過，溥儒為了一家人的生計，曾將唐代韓幹〈照夜白圖〉賣與他人，致使這件作品流失海外。

張伯駒知〈平復帖〉在溥儒手裡，生恐此寶重蹈〈照夜白圖〉的覆轍，登門向溥儒求購。

溥儒眼皮抬都不抬，說道：「一口價，二十萬大洋。」

張伯駒當時所能拿得出的全部資金，只有六萬大洋，他無比沮喪。

但張伯駒不死心，又請張大千說合：「全盤託底，自己只有六萬大洋。」

溥儒搖頭道：「分文不少。」

年底，溥儒喪母。

張伯駒心知溥儒急需用錢，有心藉機求購〈平復帖〉，但又覺得這是乘人之危，非君子所為，於是請教育總長溥增湘出面，主動借溥儒一萬元，以資周轉。

曾有一個白姓字畫商人事後透露，當時有日本人欲購得此帖，出價便是二十萬元。

但溥儒被張伯駒的誠意打動，主動降價，表示「我邦家之光已去，此帖由張叢碧（張伯駒號「叢碧」）藏也好。〈平復帖〉只要四萬元。」

張伯駒購得〈平復帖〉，夜不能眠，燈下看了一遍又一遍，激動得流淚，寫下這樣一行字：「在昔欲阻〈照夜白圖〉出國而未能，此則終了夙願，亦吾生之一大事。」

誰能想得到，後來他竟將此帖連同其他一百多件寶物全部捐贈給了故宮博物院！另外，還有一件作品不可不提。

該作品就是有「天下第一畫卷」之稱的〈遊春圖〉。

〈遊春圖〉為隋代畫家展子虔所繪。

前面說了，故宮博物院僅僅因為「隋人〈出師頌〉」是隋人作品，也不管這個「隋人」是名家還是無名人氏，不惜豪擲千金回購，則以展子虔在隋朝史學地位和藝術地位之尊，其〈遊春圖〉不知比「隋人〈出師頌〉」高出多少倍了。

而和「隋人〈出師頌〉」一樣，展子虔〈遊春圖〉也是「末代皇帝」溥儀透過溥偉偷運出宮而變賣到民間的。

之後，〈遊春圖〉落入了北京琉璃廠古玩商馬霽川手中。

古玩商和收藏家不同，古玩商重在「商」字，說穿了，就是倒買倒賣，在一入一出中賺取差價，悶聲發大財。

果然，1946 年，張伯駒就聽說馬霽川準備把〈遊春圖〉賣往海外。

張伯駒急得不行，直奔馬霽川家，進門便是一聲吼：「〈遊春圖〉可在你手中？」馬霽川咧嘴一笑，獅子大開口，說：「這〈遊春圖〉舉世無雙，是真正的瑰寶，如果賣給洋人，少說也得一千兩黃金。你拿出八百兩黃金，畫就交給你了。」

十幾年來的收藏，張伯駒已耗盡萬貫家財。

況且，這之前不久，他剛以一百一十兩黃金買了范仲淹的〈道服贊〉，家中已空無餘財。

張伯駒悻悻而歸，輾轉反側了好幾個夜晚，只好厚著臉皮，前往故宮博物院央求：「你們去買下來吧」但幾日過去，故宮方面毫無回應。

迫不得已，張伯駒便到琉璃廠一家家店鋪裡發話：「〈遊春圖〉是中華文化瑰寶，如果有誰為了多賺金子，把它轉手洋人，誰就是民族敗類，我張某人絕不輕饒他。」

馬霽川看見張伯駒使出這種「流氓」招數，氣又氣不得、笑又笑不得，只好主動找到張伯駒，說：「你出兩百二十兩黃金，畫就給你了。」

這已經是大降價了。

但張伯駒囊空如洗，拿不出錢。

怎麼辦？張伯駒咬牙想了一夜，狠起心腸，把自己住的房子賣了！張伯駒的住宅地處巷弄狹小，占地十五畝，原為清朝太監李蓮英私邸，有四五個小院子，種滿了花草、果樹，極適合追求雅緻生活的人居住。

觀復館館主估算，這個宅院若擺到現在，光拆遷就得一億！張伯駒捧著賣宅子得來的兩百二十兩黃金大步地撲往馬家。

馬霽川看著金子，露出「奸商」本色，說這黃金成色不好，要再加二十兩。

張伯駒欲哭無淚，只好回家跟夫人潘素哭鬧，要夫人賣首飾湊足二十兩金。

潘素起初不肯，張伯駒就像小孩子一樣，躺在地上耍賴。

最終，張伯駒透過賣房子、賣首飾，才買回了夢寐以求的〈遊春圖〉。

後來又將之捐獻給故宮博物院。

為此，有關部門特地頒發了一張獎狀給他。

「難道你耗盡家業，就為了得到這樣一張獎狀？」張伯駒的一位摯交非常不理解，當面這樣問他。

張伯駒灑脫一笑，說：「不知情者，謂我蒐羅唐宋精品，不惜一擲千金，魄力過人。其實，我是歷盡辛苦，也不能盡如人意。因為黃金易得，國寶無二。我買它們不是賣錢，是怕它們流入外國。」

1981 年，已是八十三歲高齡的張伯駒醉心於北京戲曲、北京崑曲的研究。

1982 年正月，張伯駒患病，被送進醫院，和七八個病人擠在一間病房裡。

家人想換安靜一點的病房，卻被拒絕。

1982 年 2 月 26 日，等到女兒張傳綵終於拿到同意調換醫院的批令時，張伯駒已經離開了人世。

張伯駒臨終前，寫了一首七律詩和一首〈鷓鴣天〉詞。

詞的最後兩句是：長希一往昇平世，物我同春共萬旬。

張伯駒好友是這樣描述他的：「閱讀張伯駒，我深深覺得，他為人超拔是因為時間座標系特異，一般人時間座標系三年五年，頂多十年八年，而張伯駒的座標系大約有千年，所以他能坐觀雲起，笑看落花，視勳名如糟粕、看勢力如塵埃。」

隋末瓦崗寨今何在？

現在的滑縣東南部、距縣城三十五公里有一個瓦崗寨鄉政府。

這個地方，屬於平原地區，一馬平川，四通八達。

古代農民起義軍要斫木為兵、舉旗跟朝廷唱反調，是不會選擇這樣一個四面受敵的平原地帶作為大本營的。

他們必須是聚嘯山林。

這裡既然沒有山林，那麼就不應該是歷史上那個曾經聚積了數十萬大軍、震爍一時的瓦崗寨了。

可是，它現在為什麼又叫瓦崗寨鄉呢？原本，這個瓦崗寨鄉的本名叫「瓦堽」。

「瓦堽」和「瓦崗」讀音相近，一不小心就會混淆。

1974 年，滑縣向相關單位申請，將「瓦堽」改為「瓦崗」。

1981 年又乾脆把「瓦崗」擴展為「瓦崗寨」；1983 年改稱「瓦崗寨鄉」。

事實證明，滑縣這一做法，頗具前瞻性。

現在的瓦崗寨鄉已經被打造成隋末瓦崗軍的發祥地，所謂「歷史悠久，聞名中外」，開發建設起了「一街兩景」，「一街」指「隋唐商業街」，「兩景」為瓦崗寨景區開發和生態旅遊園。

那麼，隋末農民起義的瓦崗寨到底在現在的哪個位置呢？隋末農民起義的瓦崗寨應該是在現在的浚縣大伾山一帶。

浚縣在隋唐時期被稱為黎陽，西依太行、東臨黃河，形勢險要，是歷代兵家必爭之地。

昔日東漢光武就是在黎陽立營以障河北，取幽、併二州而併天下的。

三國時曹操與袁紹交兵，也以黎陽為致勝之樞。

這黎陽境內有大伾、浮丘二山，東面有紫金、鳳凰二山，西面有童山、白祀、善化等山環布。

眾山互為犄角，可謂易守難攻，正是藏龍臥虎之所。

瓦崗軍興起之初，翟讓用李密之計斬殺了隋朝大將張須陀，繼而攻破洛陽附近的興洛倉，再破洛口倉和黎陽倉，聲威大震。

特別強調一下，新、舊《唐書》以及《資治通鑑》都交代得非常清楚，李密計斬張須陀時，是在山中密林裡埋下伏兵的，現在的滑縣瓦崗寨鄉沒有山，哪裡埋得了伏兵？還有，李密與宇文化及激戰之所童山陂，就在現在浚縣小河鄉境內，距離大伾山西南二十公里處。

現在大伾山也有不少瓦崗寨的遺跡，如大伾山頂禹王廟前，就是瓦崗寨用以練兵點將的中軍亭；山北坡觀音巖旁有懋功宅等。

最重要的是，1969 年衛河清淤時，人們在大伾山西南羅莊發現了李密墓誌銘。

綜上所述，隋末農民起義根據地瓦崗寨應該是在現在的浚縣大伾山一帶。

承亂啟盛的大隋！黃袍加身，重塑天下格局：

戰馬嘶鳴、江山動蕩，隋朝短暫卻波瀾壯闊的三十七年！

作　　者：覃仕勇
責任編輯：高惠娟
發 行 人：黃振庭
出 版 者：崧燁文化事業有限公司
發 行 者：崧燁文化事業有限公司
E-mail：sonbookservice@gmail.com
粉 絲 頁：https://www.facebook.com/sonbookss/
網　　址：https://sonbook.net/
地　　址：台北市中正區重慶南路一段 61 號 8 樓
8F., No.61, Sec. 1, Chongqing S. Rd., Zhongzheng Dist., Taipei City 100, Taiwan

電　　話：(02)2370-3310
傳　　真：(02)2388-1990
印　　刷：京峯數位服務有限公司
律師顧問：廣華律師事務所 張珮琦律師

定　　價：499 元
發行日期：2025 年 01 月第一版
◎本書以 POD 印製

國家圖書館出版品預行編目資料

承亂啟盛的大隋！黃袍加身，重塑天下格局：戰馬嘶鳴、江山動蕩，隋朝短暫卻波瀾壯闊的三十七年！/ 覃仕勇 著 . -- 第一版 . -- 臺北市：崧燁文化事業有限公司 , 2025.01
面；　公分
POD 版
ISBN 978-626-416-219-7(平裝)
1.CST: 隋史 2.CST: 通俗史話
623.7　113020277

電子書購買

爽讀 APP

臉書